Treue – Trauung – Trauma?

Martin Haizmann (Hrsg.)

PORTA-STUDIEN ist eine Reihe, die von der SMD - einem Netzwerk für Christen in Schule, Hochschule und Beruf - herausgegeben wird. .Dieser Band ist die zweite veränderte Neuauflage der Erstveröffentlichung von 1993. Er erscheint in Koproduktion mit dem Verlag der Francke-Buchhandlung. Die in ihm gesammelten Artikel spiegeln die geistlichen Erfahrungen wider, die in der Arbeit der SMD gemacht wurden. Zugleich sind sie von umfassender Relevanz für jeden, der sich mit dem Thema Partnerschaft beschäftigt.

PORTASTUDIEN

Martin Haizmann (Hrsg.)

Treue –
Trauung –
Trauma?

Biblische Perspektiven
zu Partnerschaft und Ehe

denken.glauben.erleben. **smd**₊

FRANCKE
Verlag der Francke-Buchhandlung GmbH

Herausgeber der Reihe PORTA-STUDIEN:
SMD

Bibliografische Information Der Deutschen Bibliothek
Die Deutsche Bibliothek verzeichnet diese Publikation in der
Deutschen Nationalbibliografie; detaillierte bibliografische Da-
ten sind im Internet über http://dnb.ddb.de abrufbar.

ISBN 3-86122-622-7
ISSN 0177-8056

Veröffentlicht im Verlag der Francke-Buchhandlung GmbH
35037 Marburg an der Lahn
3. veränderte Auflage 2003 von PORTA STUDIEN 21

Inhalt

III. Die Ehe – Was Gott uns anvertraut hat

IV. Die Freiheit – Warum Leben gestaltet werden muss

8

Vorwort

Wir leben in einer Zeit, in der Menschen versuchen, sich im Rückzug auf das eigene Ich zu verwirklichen. Die Sehnsucht nach einer gelingenden Beziehung ist aber geblieben. Da es kaum positive Vorbilder gibt, ist man auf dieser Suche häufig allein gelassen. Dieses Buch möchte helfen, inmitten des Marktes heutiger Wertvorstellungen biblisch begründete Leitlinien für die Gestaltung einer Partnerbeziehung zu finden.

Den Einstieg in das Thema gibt ein niedergeschriebener Vortrag, der unter der Überschrift *Ich wünsch' mir Liebe ohne Leiden* an vielen Hochschulen Deutschlands gehalten wurde. In diesem Artikel wird deutlich gemacht, dass es in der Frage von Beziehung und Partnerschaft um wesentliche Aspekte unseres Menschseins geht, aber auch ganz zentral um die Frage nach unserer Gottesbeziehung.

Im ersten Kapitel *Die Liebe – Wie wir's erlebt haben* geben Menschen verschiedener Generationen Anteil an ihren eigenen Erfahrungen: Erfahrungen beim Aufbau einer Beziehung, Erfahrungen des Wartens, des Gelingens und des Scheiterns, Erfahrungen beim Durchstehen innerer Kämpfe und äußerer Konflikte. Und in all dem wird das Ringen deutlich, in der Gestaltung der eigenen Beziehung Gottes guten Weg für unser Leben zu suchen.

Das zweite Kapitel *Der Weg – Wie es gelingen kann* zeichnet wichtige Schritte auf dem Weg zu einer gelingenden Beziehung nach: die Versöhnung mit der eigenen Lebensgeschichte, den Weg in die Selbständigkeit, den Umgang mit der eigenen Sexualität. Weitere Artikel geben Hilfen zum Aufbau einer tragfähigen Beziehung und zum Umgang mit Konflikten in Beziehungen. Sie machen Mut, in Beziehungskrisen die Chance zu erkennen, sich selbst kennen zu lernen und zu tieferen Beziehungsebenen durchzudringen.

Im dritten Kapitel *Die Ehe – Was Gott uns anvertraut hat* wird nach biblischen Maßstäben gefragt: Wie können wir in unserem heutigen gesellschaftlichen Umfeld Ehe und Beziehung entsprechend dem Willen Gottes leben? Diese Artikel sind keine leichte Kost. Sie möchten zu einem intensiven Studium biblischer Texte und biblischer Zusammenhänge herausfordern.

Das Vierte Kapitel *Die Freiheit – warum Leben gestaltet werden muss* gibt – salopp gesagt - Antwort auf die Frage, was Christen mit dem Standesamt, mit staatlichen Institutionen und generell mit Ordnungen zu tun haben: Ist die Gestaltung einer Beziehung reine Privatsache? Haben Christen ein Interesse oder gar eine Verpflichtung, mit ihrer Beziehung und der Art, in der sie diese Beziehung gestalten, auch Verantwortung für unsere Gesellschaft und für zukünftige Generationen zu übernehmen? Da uns für diese Dimension im Zuge der Individualisierung in den vergangenen Jahren fast jedes Verständnis verloren gegangen ist, nimmt diese Frage in diesem Buch einen ungewöhnlich breiten Raum ein.

Marburg 2003
Martin Haizmann

Martin Haizmann

Ich wünsch' mir Liebe ohne Leiden -
Wie wir Beziehung wagen können[1]

Wir leben in einer Gesellschaft, die in extremer Weise versucht hat, das Leben im Rückzug auf das eigene Ich zu definieren und zu gestalten. Das Glück des eigenen Ich ist der oberste Wert. Das hat aber nichts daran geändert, dass Menschen Sehnsucht nach einer Beziehung haben. Das Magazin DER SPIEGEL hat unter dem Stichwort "Ego-Gesellschaft" resümiert: *"Es bleiben Leerstellen und Sehnsüchte: nach Sexualität, nach Nähe und danach, die wichtigste Person im Leben eines anderen Menschen zu sein."* So ist es. Es geht beim Thema "Beziehungen" um viel mehr als um ein bisschen Verliebtsein und Zärtlichkeit. Es geht dabei um den Wert meiner Person. Den Wert meiner Person kann ich mir nicht selbst zusprechen. Er muss mir von außen zugesprochen werden. Den Wert meiner Person erfahre ich in der Liebe eines anderen Menschen, darin, dass mir jemand zuspricht: Du bist mir wertvoll, du bedeutest mir etwas.

Ich will zu drei Aspekten dieses Themas etwas sagen:

1. zu den Schmerzen der Liebe

2. zur Dauer der Liebe

3. zur Heilung der Liebe

1. Die Schmerzen der Liebe

"Ich wünsch' dir Liebe ohne Leiden", so hat einst Udo Jürgens in einem Lied für seine Tochter gesungen. Das ist ein verständlicher Wunsch. Niemand leidet gern. Eine Liebe ohne Leiden ist aber ein sehr zerbrechliches Beziehungsideal. Es ist ein Verständnis von Glück und von Liebe, das Tränen und Schmerzen, aber auch das Durchleiden von Tiefen von vornherein ausschließt. Folgender Ausschnitt aus einem Gedicht von Hilde Domin klingt da sehr viel nüchterner:

---

[1] Der vorliegende Text ist aus Vorträgen entstanden, die wiederholt auf Hochschultagen der SMD zum Thema „Beziehungen" gehalten wurden.

Der Wunsch nach der Landschaft
Diesseits der Tränengrenze
Taugt nicht,
der Wunsch, den Blütenfrühling zu halten,
der Wunsch, verschont zu bleiben
taugt nicht.
Es taugt die Bitte,
dass die Frucht so bunt wie die Blüte sei,
dass noch die Blätter der Rose am Boden
eine leuchtende Krone bilden.

Dieses Gedicht mahnt zur Nüchternheit. Es weiß aber auch, dass hinter den Schmerzen ein zutiefst lohnender Weg steht.

Schmerz und Liebe sind Zwillinge. Schon deshalb, weil ich im Gegenüber zu einem geliebten Menschen erst einmal mich selbst erfahre: Ich erfahre meine Begrenzungen, meine Ängste, meine Unfähigkeit zu lieben, meine Eifersucht, meine Macken usw. Eine Beziehung ist die Chance, mich der Wahrheit über mich selbst und dem Schmerz, der damit verbunden ist, zu stellen. Die Liebe des anderen ist der Raum, in dem ich mich verändern und in meiner Persönlichkeit wachsen kann.

Zur Liebe gehören auch die Enttäuschungen und Verletzungen. Der Mensch, den ich am meisten liebe, kann mich am tiefsten verletzen. Die Frage dabei ist nicht, ob wir es schaffen, Verletzungen zu vermeiden, sondern ob wir lernen, einander zu vergeben. Jede Beziehung entwickelt ihre eigenen Mechanismen im Umgang mit Verletzungen. Bei den einen wird es furchtbar laut, bei den anderen ganz still. Manche ziehen sich gekränkt zurück, andere lassen einfach Gras darüber wachsen. Ich denke, dass es für die Beziehung ganz wesentlich ist zu lernen, alle Enttäuschungen, Verletzungen und Vorwürfe auszusprechen, den Streit auszutragen und einander zu vergeben.

Es gibt im Neuen Testament den schönen Vers: "Lasst die Sonne nicht über eurem Zorn untergehen" (Eph 4,26), ehe ihr einander verzeiht. Meine Frau und ich haben uns das schon vor der Hochzeit vorgenommen. Und dann hat es Situationen gegeben, in denen hat es gekracht. Wenn es bei uns kracht, dann wird es ziemlich leise. Da wird geschwiegen, und abends legt man sich ins Bett und weiß genau: "Lass die Sonne nicht untergehen über deinem Zorn, ehe du verzeihst." Unsere Beziehung ist uns zu wertvoll, um uns einfach umzudrehen und am nächsten Morgen weiterzumachen, als wäre nichts gewesen. Aber wer fängt an zu reden? Natürlich der andere, denn der ist ja wohl schuld. Manchmal lagen wir Stunden nebeneinander, bis endlich einer seinen Stolz überwand und anfing zu sprechen. Aber anders als durch Worte kann man die Dinge nicht wieder zusammenkriegen.

Im Rückblick können wir sagen: Diese Erfahrungen des Vergebens, des Immer-wieder-zueinander-Findens nach Enttäuschungen und Verletzungen, sind die wertvollsten Bausteine unserer Beziehung. Es gibt den schönen Ausdruck: "Ich mag dich leiden." Das heißt: Du bist mir so viel wert, dass ich bereit bin, dich zu erleiden. Natürlich will ich auch Freude an dir haben, aber ich bin auch bereit, deine Macken und Abgründe zu tragen. Wo wir das von einem anderen Menschen erfahren, dass er uns annimmt, trotz der Schmerzen, die ich ihm zufüge, ist das eine der tiefsten Erfahrungen an Liebe und an Wertgeschätztsein, die wir machen können. Ich denke, darum ist es das Ganze auch wert. Die Schmerzen der Liebe können zur Schönheit der Liebe werden.

2. Die Dauer der Liebe

Gemäß der kirchlichen Trauliturgie versprechen sich Menschen am Altar, in guten und in bösen Tagen beieinander zu bleiben, bis der Tod sie scheidet. Darunter kann man sich heute fast nichts Gutes mehr vorstellen. Ich sehe da immer die Karikatur von Uli Stein vor mir, wo Maus und Mäuserich am Altar stehen und diese Stelle verlesen wird und Frau Maus schüchtern den Zeigefinger hebt und sagt: "Kann ich die Stelle mit den schlechten Tagen noch mal hören, bevor ich mich entscheide?" Heute stellt man die Treue über alle Krisen und Veränderungen hinweg völlig in Frage. Ist es nicht ehrlicher, Schluss zu machen, wenn die Liebe nachlässt? Oder sich von vornherein die Option offen zu halten: "Beziehung ja, Bindung nein. Lieber Beziehung ‚light' als Eheleid." Ich habe dafür Verständnis. Ich will aber versuchen zu zeigen, was hier eigentlich auf dem Spiel steht.

Es gibt zwei schöne alte deutsche Worte; das eine heißt *"dingen"*, das andere *"freien"*. *"Dingen"* bedeutet: jemanden unter Be*ding*ungen stellen: Wenn, dann ...; wenn du das, dann ich das ...; solange du meine Erwartungen erfüllst; solange es nicht zu anstrengend ist; solange es mir etwas bringt ... *"Freien"* heißt, dass ich jemand in die Freiheit helfe. Ich werde ihm die Person, die ihm keine Bedingungen mehr stellt. Er kann sein, wie er will: Er gehört zu mir und ich zu ihm. Und das ist es, was sich jeder zuinnerst wünscht: dass es einen Menschen gibt, der mich in diesem Sinne *"freit"*. So erfahre ich ein Ja zu meiner Person und nicht nur zu bestimmten Eigenschaften. Und darum geht es letztlich auch bei dem Trauversprechen: "in guten und in bösen Tagen, ... bis dass der Tod euch scheide." Wenn uns diese Worte heute so schwer über die Lippen gehen, dann zeigt das, dass das Lebensmuster der Bedingungen heute nicht nur die Arbeitswelt, sondern auch unsere Beziehungen bestimmt.

Wir sind bereit, uns auf einen Menschen einzulassen - aber nur soweit meine Freiheit dadurch nicht angetastet wird. Beziehung meint man, ist Beeinträchtigung meiner Freiheit. Die eigentliche Freiheit erfahre ich aber gerade darin, bedingungslos geliebt zu sein! Wo ich das erfahre, kann ich "ich selber" sein, ich selber werden. Ich muss nicht Angst haben: Wenn das jetzt noch von mir rauskommt, wenn der andere erfährt, wer ich wirklich bin, dann wird er weggehen. Wer sich alle Optionen offen hält, verliert Beziehungsqualität und verzichtet auf die tiefsten Erfahrungen von Geborgenheit und Angenommensein. Von der Angst und von dem Zwang, mit einer Maske zu leben, werde ich erst befreit, wenn ein anderer mir verbindlich zusagt: "Ich stehe zu dir!" Dann erfahre ich, dass ich "ge*freit*" werde.

Die Angst vor einer verbindlichen Beziehung kann aber auch daran liegen, dass ich nicht fähig bin zu vertrauen. Das liegt sehr häufig daran, dass in meinem Leben Vertrauen nicht gefördert, sondern zerbrochen wurde. Ich bin dann angenagt von Misstrauen und grüblerischen Gedanken. Ich will mich zwar gerne auf eine Beziehung einlassen, aber doch nie so ganz. Die Gruppe PUR singt: "Ich hab' geredet, hab' mich dir erzählt, ich traue dir. Doch du bleibst hochgeschlossen, nur ich zieh' mich aus. Lass mich in dich, lass mich zu dir ... dieses Schloss in deiner Seele wegzuzaubern. Ich gäb' so viel dafür." Das ist genau das, worum es geht: dass jemand Vertrauen lernt und es lernt, sich zu öffnen. Das ist ein mühsamer und langsamer Prozess. Man muss Vertrauen einbringen, in ganz kleinen Schritten. Man muss Enttäuschungen einstecken können und bereit sein, es wieder von neuem zu wagen. Vertrauen kann sich aber nur entfalten, wo ich auf der anderen Seite Vertrauenswürdigkeit und Verlässlichkeit erfahre.

Wir können uns das deutlich machen an einer Geschichte, die die Bibel erzählt. Es heißt von den ersten Menschen, Adam und Eva: "Sie waren beide nackt ... und schämten sich nicht." (1. Mose 2,25) Damit ist noch viel mehr gemeint als die körperliche Nacktheit. Hier konnten zwei Menschen, Mann und Frau, einander gegenüberstehen, sich die Innenseite ihres Lebens, ihres Herzens zeigen, ohne sich schämen zu müssen. Als dann ihre Beziehung zu Gott zerbrach, zerbrach auch diese Offenheit füreinander. Es heißt dann nach dem Sündenfall: "Sie wurden gewahr, dass sie nackt waren und flochten Feigenblätter zusammen und machten sich Schurze." Sie konnten es sich nicht mehr leisten, mit der Innenseite ihres Lebens einander gegenüber zu stehen. So geht es uns bis heute. Wir müssen uns voreinander schützen, wir brauchen ein Image, müssen eine Rolle spielen, um voreinander bestehen zu können. Gleichzeitig würden wir es uns sehnlich wünschen, offen und transparent sein zu können. Wir wissen: dort, wo wir uns zu erkennen geben können und gleichzeitig geliebt werden, da ist Heimat. Heimat ist, wo ich nach und nach entdecke, wer ich eigentlich bin, wo ich lerne, mich zu öffnen und dabei die Erfahrung mache, dass der andere trotzdem zu mir steht. Das ist Treue. Und nur dort, wo ich Treue erfahre, kann ich mich fallen lassen, kann ich angstfrei Ich selbst sein, mich dem anderen anvertrauen und Geborgenheit erfahren. Aus gewährter und erfahrener Treue wächst Vertrauen. Wo dieser Schutzraum fehlt, müssen Beziehungen in einer gewissen Weise oberflächlich bleiben.

Wenn wir, statt unbedingte Treue zu leben, an Bedingungen festhalten, geben wir die Möglichkeit aus der Hand, tiefe und kostbare Beziehungen zu leben. Das ist ein Verlust, der bis in die sexuelle Erlebnisfähigkeit hineinreicht, da dieses sich wesentlich von diesen inneren Bedingungen einer Beziehung her entfaltet - oder auch nicht. Das alles ist also der Sinn des Satzes "bis dass der Tod euch scheide." Es geht hier nicht um eine kirchliche Schikane, sondern um die Tiefe und den Wert unserer Beziehungen. Liebe stellt keine Bedingungen, und Treue setzt keine zeitliche Grenze.

3. Die Heilung der Liebe

Liebe bringt unvermeidbar Schmerz mit sich. Wir erfahren Enttäuschungen, Verletzungen und Ängste. Wir erleben unsere Unfähigkeit, zu lieben und zu vertrauen. Unsere Möglichkeiten, einander zu tragen und zu erleiden, sind schnell erschöpft. Oder wir machen gar die Erfahrung des Scheiterns und stehen vor den Scherben einer Beziehung - erfüllt von Enttäuschung und Bitterkeit, die bis zum Hass reicht. Die Frage ist dann nicht mehr nur: Wie kann Beziehung gelingen?, sondern noch viel grundsätzlicher: Wie kann mein Leben (wieder) heil werden?

Douglas Coupland hat in dem Buch 'Generation X' das Leben der jungen Generation in Amerika beschrieben: völlig bindungslos, ohne Verpflichtungen, ohne politische Verantwortung, ohne Religion. In seinem nächsten Buch, "Life after God" (1994) setzte er diese Beschreibung fort. Ganz am Ende dieses Buches stößt man ziemlich unvermittelt auf folgende Sätze: "Und dies ist mein Geheimnis: Ich werde es dir sagen, mit einer Offenheit des Herzens, die ich wohl niemals wieder erlangen werde ... Mein Geheimnis ist, dass ich Gott brauche - dass ich krank bin und allein nicht mehr weiter kann. Ich brauche Gott,

- damit er mir hilft *zu geben,* denn ich scheine zum Geben nicht länger in der Lage zu sein;

- damit er mir hilft *gut zu sein,* denn ich scheine zur Güte nicht länger imstande zu sein;

- damit er mir hilft *zu lieben,* denn ich scheine über die Fähigkeit zu lieben hinaus zu sein."

"Mein Geheimnis ist, dass ich Gott brauche", sagt der Autor. Ich glaube, das stimmt. Wenn wir über Beziehungen und Liebe reden, dann müssen wir irgendwann auch über Gott reden. Erfahrungen des Scheiterns sind ein Hinweis darauf, dass in unserem Leben mehr kaputt ist, als durch ein paar Tipps und guten Willen zu kitten ist. Wir brauchen Gott.

Es ist mit den Beziehungen zu nahen Personen so wie mit einem Strauß Schnittblumen. Solch ein Strauß frisch geschnittener Blumen ist etwas Schönes und Faszinierendes. Und doch ist er von Anfang an zum Tode bestimmt, zum Verwelken. Denn die Blumen sind von ihrer Wurzel getrennt. Genauso ist es mit unseren Beziehungen und unserem Menschsein überhaupt. Beziehungen sind etwas Faszinierendes, Erfüllendes und Schönes. Wie die Schnittblumen tragen sie aber immer den Hauch des Todes in sich. Dabei stellt sich die Frage nach der Verwurzelung unseres Lebens. Die liegt nicht in der Beziehung zu einem Menschen, sondern in der Beziehung zu Gott: "Mein Geheimnis ist, dass ich Gott brauche."

Auch die Einsamkeitserfahrungen, die wir in unseren Beziehungen machen, sind ein Hinweis auf dieses Geheimnis unseres Lebens. Bei aller Vertrautheit erfahren wir immer wieder, dass wir von dem anderen weder gekannt noch erkannt sind:

> „Wenn du vor mir stehst und
> mich ansiehst, was weißt du
> von den Schmerzen, die in
> mir sind und was weiß ich
> von deinen?" (pur)

Einsamkeitserfahrungen halten in unserem Leben die Gottesfrage offen. Sie bewahren uns vor der Illusion, dass ein Mensch die Beziehungssehnsucht eines anderen Menschen ganz ausfüllen könnte.

Das Buch Couplands endet mit einer merkwürdigen Szene. Ein Mensch geht ins Wasser, langsam und immer tiefer hinein. Und während er so ins Wasser geht, streckt er sich aus nach Händen: "Hände, heilende Hände; Hände, die halten, Hände, nach denen wir verlangen, weil sie besser sind als alles Verlangen ... Diese Hände - fürsorgliche Hände, formende Hände,

Hände, die die Lippen berühren, Lippen, die die Worte sprechen - die Worte, die uns sagen, dass wir heil sind." So endet das Buch.

Als ich diese Zeilen das erste Mal las, stand vor mir das Bild von Jesus von Nazareth. Seine Hände haben geheilt, nach seinen Händen haben sich die Hände von Menschen ausgestreckt. Seine Lippen haben Worte gesprochen, die Menschen heil gemacht haben. Das zeigt uns auch eine Begebenheit, die im Neuen Testament überliefert ist (Lk 7, 36-50) und die viel mit unserem Thema zu tun hat:

Ein Pharisäer namens Simon, ein Mann also, der es ganz ernst nahm mit Gott, hat Jesus mit anderen zum Essen eingeladen. Eine Runde von achtbaren Männern; es wird ernste, tiefgründige Gespräche gegeben haben. Mitten in diese Runde platzt diese Frau hinein - ziemlich peinlich für Simon. Ich kann mir vorstellen, wie er schon die Schlagzeilen der Boulevardpresse des nächsten Tages vor sich sieht: "Prostituierte bei Pharisäer Simon". Der Frau aber scheint gleichgültig, was man von ihr denkt. Sie hat nur ein Ziel: Jesus. Sie wirft sich ihm zu Füßen, weint hemmungslos, trocknet mit ihren Haaren Jesu Füße von ihren Tränen und salbt sie dann mit Salböl. Diese Frau hat eine ganz leidvolle Beziehungsgeschichte hinter sich. Unter dem Stichwort "Liebe" hat sie meist das Gegenteil von Liebe erfahren. Sie wurde entwürdigt und missbraucht, war verbraucht und verlebt. Hunderte sind in ihr Haus gekommen, aber bei keinem einzigen war sie zu Hause. Diese Frau ist jetzt bei Jesus.

Sie sagt kein Wort, die ganze Geschichte hindurch. Sie zeigt Jesus ihre Liebe ohne Worte. Sie zeigt ihm, was sie von ihm erhofft, allein durch ihr Verhalten. Auch Jesus sagt lange nichts zu ihr, erst ganz am Ende spricht er sie an. Aber auch er teilt ihr ohne Worte Entscheidendes mit, nämlich dadurch, dass er sie einfach gewähren lässt. Er schämt sich dieser Frau nicht. Wenn er auch nur rot geworden wäre - und das hat man ja nicht im Griff - , dann wäre für diese Frau alles verloren gewesen. Aber er wird nicht rot, er zuckt nicht zusammen, als diese Frau sich ihm nähert. Er wendet sich ihr zu (V. 43a!) und gibt ihr dadurch zu verstehen: Ich nehme dich an, ich verstehe deine Verzweiflung, deine Liebe; du darfst hier weinen und dein Leben vor mir ausbreiten.

Erst ganz am Schluss spricht Jesus zu der Frau. Es sind nur drei kurze Sätze. Der erste Satz: *"Dir sind deine Sünden vergeben."* (Lk 7,48) Das sagt er zu dieser Frau, die so viel Zerstörendes erlebt und selber gelebt hat. Mit diesem Satz löst Jesus sie von ihrer Vergangenheit: Alles, was passiert ist mit deinem Leben, kann und darf dich nicht mehr binden. Du darfst noch einmal neu anfangen zu leben. Du darfst noch einmal ganz neu Beziehung wagen. Was könnte das für unsere Beziehungen bedeuten, durch dieses Wort von Jesus von der Schuld unserer Vergangenheit, von allen belastenden Erfahrungen gelöst zu werden!

Der zweite Satz lautet: *"Dein Glaube hat dich gerettet."* (Lk 7,50). Anders ausgedrückt: Dein Vertrauen hat dich heil gemacht. Diese Frau hat es gewagt, sich Jesus anzuvertrauen. Sie hat darauf vertraut, dass dieser Mann anders ist als alle Männer, die sie bisher kennen gelernt hat. Was hier passiert, ist die Wiederanwurzelung einer fast schon verwelkten Lebensblume. Es ist die Heilung des Lebens eines Menschen, mit all seinem Scheitern. Es ist die Heilung seines Liebens. Wenn ein Mensch Jesus begegnet, dann begegnet er dem Geheimnis seines eigenen Lebens. Durch sein Wort wird uns die entscheidende Verwurzelung unseres Lebens in Gott zugesprochen. Es ist das Wort, das uns sagt, dass wir heil sind.

Und der dritte Satz: *"Gehe hin in Frieden!"* Dir ist Frieden mit Gott geschenkt, denn er hat dir deine Sünde vergeben. In diesem Frieden darfst du leben - versöhnt mit Gott und auch mit dir selbst. Kein Mensch kann sich diesen Frieden selbst zusprechen, kein Mensch hat Macht über die Unruhe seines eigenen Herzens. Verwurzelt in Gott und beschenkt mit seinem Frieden darf die Frau nun Schritte in ein neues Leben und in neue Beziehungen wagen.

Das sind heilende Worte, die Jesus dieser Frau zugesprochen hat. Diese Worte gibt es sonst nirgends in der Welt! Sie haben diese Frau heil gemacht, und sie sind auch heute imstande Menschen zu heilen, wo ihre Beziehungen gefährdet oder zerbrochen sind.

I. Die Liebe – Wie wir's erlebt haben

Claudia und Johannes Seemann

Freundschaft gestalten – Geschenk und Aufgabe

Im Dezember '89 – einen Monat später als in der DDR – kam auch bei uns die Wende: Nach 15 langen und oft langatmigen Monaten Vorwärmzeit starteten wir ins Lebensprojekt Liebe: Rechtzeitig zum Weihnachtsfest begann unsere Freundschaft!

Nicht wie „man" Freundschaft gestaltet, möchten wir beschreiben – aber gerne über unsere Erfahrungen und Entscheidungen in dieser wichtigen Zeit berichten. Sie war schön, unsere Freundschaft, aber sie stellte uns zugleich in kräftige Herausforderungen. Dass wir nun seit acht Jahren verheiratet – und dabei sehr glücklich – sind, ist uns deutliches Zeichen für den roten Faden der Liebe und Führung Gottes auf unserem Weg. So ist unser Anteilgeben zugleich ein kräftiges „Danke!" für seinen spürbaren Segen.

Die ersten drei Abschnitte unseres Berichtes sind von Claudia, die letzten von Johannes geschrieben.

Ein Gespräch werden

Es ist das Geheimnis einer guten Freundschaft, ein Gespräch auf vielen Ebenen zu werden – seelisch, geistig, körperlich. Ich erinnere mich an viele lange Spaziergänge, wo wir einander aus unserem Leben erzählten. Das waren tiefe, glückliche Stunden, in denen durch Offenheit und Ehrlichkeit unser Vertrauen wuchs. Jeder brachte mehr als 20 Jahre eigener Lebensgeschichte mit, die prägend waren. Wie ermutigend, wirklich ehrlich sein zu können, ohne Maske sagen zu können: Sieh, so *bin* ich!

Echtes Zuhören erfordert Hinwendung und Aufmerksamkeit. Viele unserer Missverständnisse beruhten auf mangelnder oder unklarer Kommunikation. – In der Freundschaft kann die Kunst wachsen, transparent zu werden, ohne gläsern zu sein. Für mich war es ein Liebeserweis, nie zum Gespräch gedrängt zu werden, wo ich noch nicht dazu fähig war. Aber wir erlebten auch, dass bei wachsendem Vertrauen Sprachlosigkeit behutsam überwunden werden kann. Auch in gemeinsamem Schweigen konnten wir glücklich sein.

Ein Gespräch zu werden, hieß für uns: gemeinsam Bücher zu lesen, miteinander zu beten und Bibel zu lesen. Es hieß, Briefe zu schreiben statt permanent zu telefonieren, miteinander zu arbeiten, kreativ zu sein, über Gott und die Welt zu diskutieren. Es hieß, sich Schwieriges aus der Vergangenheit und Träume für die Zukunft mitzuteilen. Wichtig war, dass beide den Willen hatten, *Zeit* zu investieren.

Einander verstehen lernen, war manchmal harte Gesprächsarbeit für uns – zwei Charaktere prallten aufeinander. Johannes lernte meinen großen Gesprächsbedarf zu achten und sich seelisch tiefer mitzuteilen; ich lernte, das zu schätzen, was er nicht durch Worte, sondern durch Taten ausdrückt. Wichtig war für uns auch das Gespräch mit anderen Paaren – solchen, die ähnlich „weit" waren und solchen, die schon lange verheiratet sind. Und auch durch ein „Seminar für Verliebte und Verlobte" bekamen wir viele Impulse für unser Lebens-Gespräch.

Der Blick über den Zaun

Frisch verliebt sehnt man sich nach nichts anderem, als den Partner ganz für sich allein zu haben: Stunden der Zweisamkeit bauen enorm auf! Aber es kann nie darum gehen, „Egoismus zu zweit" zu leben, sich abzukapseln oder Aufgaben an anderen zu vernachlässigen. Uns beschäftigte der herausfordernde Satz des Paulus: „Fortan sollen auch die, die Frauen haben, sein, als hätten sie keine" (1 Kor 7,29). Es war uns wichtig, die Kontakte zu unseren ledigen Freunden nicht aufzugeben. Wir lernten uns dabei im Umgang mit Dritten besser kennen, und die Singles konnten einige Illusionen über die „vollkommene Romantik" abbauen. Wir entschieden uns, einander freizugeben für den bereits bestehenden Freundeskreis, für Dienste in der Gemeinde und in der SMD. Dabei erlebten wir, dass Gott diese Bereitschaft segnet – wir kamen emotional nicht zu kurz, und die Freundschaft blieb lebendig, weil sie nicht um sich selbst kreiste. Im Blick auf eine ein-

einhalbjährige Trennungszeit wegen meiner Mitarbeit in einem IFES-Team[1] war uns klar, dass Gottes Wege mit uns im Zentrum stehen sollen, auch mit den Schmerzen, die das mit sich bringt. Schon vor Beginn der Freundschaft war diese Berufung klar, und so lernten wir – manchmal mit Mühe –, Gott ganz zu vertrauen und uns gegenseitig loszulassen für ihn. Während jüngere Freunde meist skeptisch waren („Wer weiß, ob ihr zusammenbleibt ..."), machten uns ältere Paare Mut, dass der Herr uns in dem Auf und Ab einer räumlichen Trennung trägt. Sie haben Recht behalten!

In der Trennung lernten wir: Es gibt kein „Recht" aufeinander, jeder gemeinsame Tag ist ein Geschenk. Und wo wir als Jünger in Gemeinschaft mit anderen Christen stehen, sind wir Teil einer liebenden, tragenden Familie. Unsere erste, bleibende Loyalität gilt Jesus Christus, während der Partner für eine gewisse Wegstrecke des Lebens geschenkt wird.

Geistliche Einheit – Wunschtraum oder Selbstverständlichkeit?

Wir waren beide in der SMD, hatten lebendige Gemeinde erlebt und einige Jahre als Christ hinter uns – sollte das nicht als Basis zu optimaler Einheit genügen? Wir haben in diesem Bereich anfangs einige Nöte miteinander gehabt, vieles gelernt und auch Gottes Herrlichkeit erlebt.

Gerade mit dem geistlichen Vergleichen hatten wir Probleme. Wichtig wurde uns: Jeder steht und fällt *seinem* Herrn! Unterschiedlicher Frömmigkeitsstil kann von Jesus her eine große Chance sein, die eigene Prägung zu überdenken. Wir erlebten, dass wir beide verändert wurden und die Einheit durch geduldiges Vertrauen zu Jesus und Fürbitte füreinander wuchs.

Während ich mir vor der Freundschaft einen Mann erträumte, der mir geistliches Vorbild ist, empfand Johannes mich als „geistlich stark" und damit bedrohlich. Beide merkten wir, wie wichtig es ist, Väter und Mütter im Glauben zu haben, die uns in dieser Hinsicht Vorbilder sind.

Geistliche Einheit ist nur möglich auf der Basis geistlicher Selbständigkeit – jeder von uns braucht sein eigenes geistliches Leben. Wir lernten, dass wir einander geistliches Gegenüber werden, indem jeder allein vor Jesus steht und sich umgestalten lässt. Es war ein langsamer, manchmal schmerzlicher Prozess des Wachsens. Als es mir schwer fiel, Johannes Freiraum für seine eigene Stille Zeit zu lassen, stellte meine Seelsorgerin mir gute Fragen: „Was willst du? Einen schmalen, schwachen Baum, der im dichten

---

[1] IFES: International Fellowship of Evangelical Students.

Wald wuchs, gestaltlos ist und den jeder Wind umschlägt? Oder eine starke Eiche mit prägnanter Form, die auf freiem Feld wuchs und dem Sturm standhält, weil sie tiefe Wurzeln hat?"

Auch die Art unserer Zweifel war sehr unterschiedlich. Für mich war nie die Frage, ob Gott existiert, wohl aber in Krisen, ob er der liebende Vater sei. Bei Johannes war es genau umgekehrt! Auf dem Weg zur Gemeinschaft wurde es uns wichtig, viel Gespräch zu haben über unsere Sicht der Bibel, über Gottesverständnis, Gestaltung von Stille, Umgang mit Anfechtung.

Manchmal haben wir Angst gehabt: Wird der andere mich irgendwo hinziehen, wo ich unter keinen Umständen landen will? Werden wir einen guten Weg finden, Evangelikales, Charismatisches und Lutherisches unter ein Dach zu bringen? Da gilt: „Furcht ist nicht in der Liebe" (1 Joh 4,17).

Zärtlichkeit und Sexualität entfalten

Wie viele Paare vor uns machten auch wir die tolle Entdeckung: Zärtlichkeit und Sexualität sind großartige Geschenke Gottes – durch sie können wir unserer wachsenden Zuneigung und Vertrautheit Ausdruck geben, durch sie wird unsere Liebe erst ganzheitlich und „rund". Wie gut, dass unser Gott nicht leibfeindlich ist!

Doch was für Claudia einfach spannendes Neuland war, löste bei mir eher Ängste aus: Werde ich es lernen, mit der Sexualität und ihrer Dynamik so umzugehen, dass sie unsere Beziehung nicht in ungesunder Weise dominiert? Aber diese Sorge erwies sich als unbegründet: Es kann tatsächlich gelingen, dass Zärtlichkeit zwischen uns wächst, ohne dass wir sexuellem Drängen einfach ausgeliefert sind – oder uns verkrampft dagegen wehren. Das erfuhren wir als großes Geschenk Gottes, aber ebenso als Frucht bewusster Entscheidungen über Ziel und Gestaltung unserer Zärtlichkeit vor der Ehe.

Sehr früh sprachen wir darüber, vor der Ehe nicht miteinander schlafen zu wollen – biblisch wie auch wachstumsmäßig wäre es falsch gewesen, diesen einen Bereich herauszureißen und vorwegzunehmen. Dabei wurde uns schnell klar, dass dieses Ziel ohne den Weg nicht zu haben ist: Er wird noch nicht gut durch Grenzmarkierungen, sondern durch bewusste Gestaltung. Unser Bild dafür war das Besteigen eines Berges: Wir fliegen nicht mit dem Helikopter bis fast zum Gipfel, sondern klettern so gemächlich, dass wir keine Blume am Wegrand auslassen – sprich: Wir wollen die vielen kleinen und zarten Gesten der Liebe Schritt um Schritt entdecken und stehen dabei unter keinerlei zeitlichem Druck. Dieser Weg hat für uns auch im Rückblick nichts von seiner Schönheit verloren – in einer Welt, die alles sofort haben muss, ist es gut, einmal sehr bewusst Spannung, Vorfreude und – noch unerfüllte – Sehnsucht erlebt zu haben!

Das Klischee stürmischer Mann – bremsende Frau war uns nicht hilfreich und für mich eher abstoßend: Ich wollte es lernen, mit Claudia über Zärtlichkeit zu sprechen und *mit ihr* unseren Weg zu gestalten.

Die lange Trennungszeit erwies sich als besondere Aufgabe: Man würde so gerne an einem Wochenende alles nachholen, was man in acht Wochen vorher vermisst hat ... Oft sprachen wir über unser Auftreten in der Öffentlichkeit, über die Gratwanderung, die ein unverkrampftes Miteinander und die Rücksicht auf andere (Singles, Ex-Befreundete ...) verbindet. Bewegt hat uns dabei immer neu die Spannung, dass Gott uns große Freiheit schenkt, uns aber auch in Lebensräume (SMD-Gruppe, Mitstudierende ...) stellt, denen wir nicht individualistisch entfliehen sollen, weil unser Vorbild sie mitgestaltet.

Was tun, wenn die Träume zerbrechen?

Vielleicht ist es gut, dass (fast) jede Freundschaft mit dem Traum beginnt, „dass unsere Liebe ganz anders wird als alle bisherigen". Unsere begann auch so – sicher noch verstärkt durch unsere Herkunft aus sehr konfliktarmen Elternhäusern und die (an sich ja zutreffende) Vermutung, dass es in Konflikten meist nicht ohne Sünde abgeht: „Siehe, wie fein und lieblich ist's ...". Aber auch für uns war der Traum bald ausgeträumt – und unsere Freundschaft erwies sich als wichtige Lernzeit in Sachen Konfliktbewältigung. Zu lernen war vor allem der Umgang mit der Enttäuschung, dass das so geliebte Gegenüber auch Sünder ist und durchaus nicht willens, alle meine Wünsche zu erfüllen. So hat uns unsere Freundschaft noch einmal tiefer gezeigt, *wie* weit unsere Selbstbezogenheit geht und wie sehr wir Gottes Gnade brauchen.

So schmerzhaft das ist – wir sind dankbar, dass wir in der Freundschaft lernten, Konflikten nicht auszuweichen, aber auch Wege zu ihrer Begrenzung einzuüben (das ist für die Ehe dann ausgesprochen hilfreich!). Je näher mir der andere ist, desto größer ist mein Wissen um seine Schwachpunkte und die Versuchung, ihn gerade hier zu verletzen. Wir haben oft darum gerungen – und tun es noch immer –, den Tag nicht unversöhnt zu beenden, dem Gift, das in Konflikten oft liegt, keinen weiteren Wirkungsraum zu geben: „Lasst die Sonne nicht über eurem Zorn untergehen, und gebt nicht Raum dem Teufel" (Eph 4,29f).

Noch tiefer als Konflikte geht, was wir „Nöte" nennen: Probleme in uns, die wir in die Freundschaft mitbrachten und die einen bleibenden Schatten warfen. Am schmerzlichsten trafen uns Minderwertigkeitskomplexe, die ich „einbrachte" und die sich an Claudias Gaben und Stärken entzündeten. Die daraus wachsende Frustration ging bei uns beiden to tief, dass unsere Beziehung dadurch manchmal gefährdet war. Gott schenkte an diesem Punkt Loslassen und einen gültigen Neuanfang – dafür sind wir ihm dankbar. Aber es blieben bei uns beiden Schwächen, mit denen wir schon in der Freundschaft leben lernen mussten, wo sich immer neu die Frage stellte: Erträume ich mir den Partner nach meinem Bild, oder erbitte ich mir von Gott Kraft und Phantasie, ihn auch in dem geduldig zu tragen, was mir Mühe macht?

Drum prüfe ewig, wer sich bindet ... – auf dem Weg zur Ehe

Wollen wir das wirklich, was unsere Liebe uns nahelegt – nämlich vertiefte Verbindlichkeit und schließlich ausschließliche Bindung auf Lebenszeit?

Wir nahmen beide Stimmen wahr: die „moderne" Sicht, möglichst viel offen zu lassen, mit Verbindlichkeit eher zu warten, auf Sicherheiten zu setzen – und die andere, die vor allem ältere Ehepaare überzeugend (und oft sehr radikal) vertraten: Beziehungen können in die Tiefe wachsen, wo man sich fest aneinander bindet und – aus Liebe – Alternativen ausschließt. Diese zweite Grundhaltung hat uns immer stärker fasziniert, und mit ihr haben wir gute Erfahrungen gemacht:

So sprachen wir schon am Beginn unserer Freundschaft über die Ehe als Wunsch und Ziel (was die Freiheit zum Aussteigen natürlich einschloss!). Weil wir wussten, dass wir beide grundsätzlich aneinander festhalten wollten, konnten seelische Offenheit und Vertrauen zueinander wachsen. Besonders deutlich wurde uns das, als ich (in einer Zeit, wo uns vieles Mühe machte) Claudia versprach, ich werde sie nie wegen einer anderen Frau verlassen. Diese Zusage ermöglichte es ihr, sich noch einmal viel tiefer auf mich einzulassen und war ein wichtiger Schritt auf unsere Verlobung hin.

Die Angst, die uns vor solchen Zusagen beschlich, war die des Versagens und Schuldigwerdens aneinander. Wer bin ich, dass ich für meine Treue und Liebe garantieren kann? Aber diese Angst ist überwindbar: Der letzte Halt für unsere Verbindlichkeit liegt nicht in uns selbst, sondern in dem liebenden Gott, der uns dazu die Kraft schenkt. Und wo wir versagen, ist er es, der die Liebe erneuert.

Elisabeth Elberskirch

Und wenn eine Beziehung zerbricht?

Man hat mich gebeten, über eine Erfahrung zu berichten, die vermutlich auch mancher Christ macht und die in das Bild eines von Gott geführten Lebens nicht passen will: die Erfahrung einer zerbrochenen Beziehung.

Unsere Freundschaft begann im Jugendbibelkreis unserer Gemeinde, der sich als gemischter Kreis nach der Konfirmation gebildet hatte. Er war damals für eigentlich alle Teilnehmer ein Stück Zuhause. Und nach einer gewissen Zeit entwickelten sich mehrere Beziehungen zwischen Mädchen und Jungen, so auch unsere. Ganz langsam begann das bei meinem Freund und mir, wir waren gern zusammen, konnten bei den Gesprächen kein Ende finden – wie das eben so läuft. Ich denke, dass ich damals diese Beziehung stärker forcierte als er, ich wollte sie und zog ihn ein Stück mit.

Meine Schulzeit endete ein Jahr früher als seine, so dass es Abschied nehmen hieß. Da mein Studienort sehr weit entfernt lag, sahen wir uns recht selten, schrieben Briefe und freuten uns auf die Semesterferien. Auch als er mit dem Studium begann, waren wir weiter durch große Entfernung getrennt. Trotzdem entwickelte sich unsere Freundschaft weiter. Nach drei Jahren endlich konnten wir am gleichen Studienort studieren und erlebten eine sehr intensive Zeit zusammen, in der wir uns auch verlobten. Als mein Studium sich dem Ende zuneigte, ergab es sich natürlich, dass wir über das Heiraten nachdachten. Wir beschlossen, vor dem Beginn der zweiten Ausbildungsphase bei mir zu heiraten (das hieß in etwa einem halben Jahr), und teilten das auch den Eltern mit.

In den letzten Semesterferien vor meinem Abschluss befand ich mich bei meinen Eltern, und wir telefonierten wie gewohnt miteinander. Und bei einem dieser Telefongespräche spürte ich, dass etwas sehr Entscheidendes nicht in Ordnung war. Ich fuhr so schnell wie möglich zu ihm. Er eröffnete mir, dass unsere Beziehung nach Erkenntnissen, die er über sich gewonnen habe, so nicht weitergehen könne. Für mich drohte eine Welt zusammenzubrechen. Wie einen Strohhalm hielt ich die Hoffnung fest, dass sich alles doch wieder einrenken könnte. Ich war bereit, ziemlich viel zu investieren. Aber er war dazu nicht bereit, und so zerbrach unsere Beziehung nach acht Jahren, ein halbes Jahr vor unserer Hochzeit.

Für mich zerbrach damit die Welt, in der ich acht Jahre lang zunehmend intensiv gelebt hatte. Ich hatte das Gefühl, vor dem Nichts zu stehen. Ich war es doch so gewohnt, mein Leben „zu zweit" zu gestalten und zu planen – wie sollte das plötzlich allein gehen? Aber schlimmer noch waren der Schmerz und die Beschämung über dieses Ende. Ich hatte ihn doch geliebt – und jetzt dieser Bruch! Hatte ich mich selbst so sehr getäuscht? Wie hatte er mich so täuschen können? Hatten wir uns nicht in der Gewissheit verlobt, die Heirat beschlossen, dass Gott uns zusammenstellt? Hatten wir nicht regelmäßig gebetet, nach Gottes Willen gefragt? Was war da falsch?

In den ersten Tagen nach diesem Gespräch war ich nicht in der Lage zu beten. Ich konnte dieses Geschehen in mein Leben mit Gott nicht einordnen. Sehr dankbar bin ich, dass damals Freunde für mich vor Gott einstanden und einfach liebevoll da waren. Die erste Zeit lebte ich wie betäubt. Jedes Nachdenken schmerzte entsetzlich. Und doch spürte ich, dass Gott mir auf eine Weise nahe war, wie ich sie noch nie erlebt hatte.

Als ich etwas ruhiger geworden war, begann ich, meine alten Tagebuchaufzeichnungen zu durchforsten. Vielleicht ließ sich daraus irgendein Schlüssel zur Einordnung, zur Erklärung finden. Hierbei fiel mir auf, dass mir trotz der Länge unserer Freundschaft die Entscheidung zur Heirat nicht leicht gefallen war. Und die Tagebuchaufzeichnungen drückten eigentlich bis zum Schluss eine gewisse Unruhe über dieser Entscheidung aus. Trotz ständigem Bitten darum hatte ich keinen wirklichen Frieden von Gott darüber bekommen. Ganz langsam dämmerte in mir die Erkenntnis auf, dass Gott mir durchaus schon mehrere Hinweise darauf gegeben hatte, dass diese Beziehung für uns beide nicht gut sei.

Ich erinnere mich zum Beispiel noch sehr gut daran, dass mir in der Tageslese ein Vers ins Auge gefallen war, den ich mir im ersten Augenblick als Trauspruch vorstellen konnte. Mose sagt zu Gott: „Wenn nicht dein Angesicht vorangeht, so führe uns nicht von hier hinauf." (2 Mo 33,15). Aber schon im nächsten Moment hatte ich diesen Vers wieder verworfen. Was sollte der als Trauspruch? Jetzt aber wurde mir deutlich: Gott hatte mich darauf hinweisen wollen, dass sein Angesicht auf diesem Weg nicht vorangehen würde. Aber das hatte ich nicht wahrhaben wollen. Es wurde mir klar, dass ich diese Beziehung gewollt hatte, nicht Gott. Und ich war nicht wirklich bereit gewesen, auch ein Nein Gottes zu akzeptieren. Immer hatte ich nur Gottes Bestätigung für das Ja gesucht, für das Nein war ich taub gewesen. Gott hatte weiter gesehen. Diese Beziehung wäre für uns nicht gut gewesen. Und ich begann zu ahnen, dass Gott mich aus Liebe zu mir vor dieser Beziehung hatte bewahren wollen. Da ich auf seine Hinweise nicht hören wollte, musste er sie so brutal zerbrechen.

Im Rückblick musste ich mir zudem sagen: Du hast fünf Jahre studiert, fachlich viel gelernt, aber persönlich und geistlich bist du eigentlich nicht weitergekommen. Da du in diesem entscheidenden Punkt nicht bereit warst, wirklich Gottes Willen zu tun, konnte er dir auch in anderen Dingen nichts sagen, konnte dein wachsendes Wissen über sein Wort keine Umsetzung im Alltag, konnte das falsche Verhalten keine Korrektur erfahren. Zunehmend wurde mir bewusst, dass mich dieser eigene Weg Gott gegenüber und auch im Verhältnis zu anderen blockiert hatte. Diese Erkenntnis beschämte mich sehr. Doch ich durfte erleben, dass Gott mir vergab. Er schenkte mir einen neuen befreiten Anfang in der Beziehung zu ihm.

Trotzdem war damit die Wunde nicht sofort verheilt. Aber der Heilungsprozess hatte begonnen. Und ich durfte erleben, wie Gott mich in diesem Prozess Schritt für Schritt weiterführte. Froh war ich, dass das Ende des Studiums einen Ortswechsel mit sich brachte, sodass ich auch äußerlich neu anfangen konnte. Zunächst musste ich wieder lernen, allein zu leben, dazu noch im beginnenden Berufsalltag, ohne schützenden SMD-Hintergrund. Meinen Beruf lernte ich kennen und lieben, sowohl mit seinen Anforderungen und Schwierigkeiten als auch mit seiner Bestätigung, Freude und Anerkennung.

Intensiv bemühte ich mich um geistliche Gemeinschaft, vergeblich am Anfang in der Gemeinde, dann mit Erfolg im CVJM, später begann nach vielen entmutigenden Anläufen ein Mini-Hauskreis in der Gemeinde. Ich aktivierte mein Hobby, die Geigerei, wieder neu in einem Orchester, versuchte in einer Gymnastikgruppe Anschluss zu finden. Ich verbot es mir, mir einen Fernseher zu kaufen, um im Bemühen um neue Freunde nicht zu erlahmen. Ich lernte, auch einsame Stunden und Wochenenden zu füllen. Plötzlich hatte ich sehr viel Zeit zum Gebet, zur Verarbeitung auch all der neuen Erfahrungen im Beruf, Zeit für andere. Neu lernte ich es schätzen, meine Zeit ganz allein einteilen zu können, ohne auf irgendjemanden Rücksicht nehmen zu müssen. Und so baute ich mir langsam einen neuen Lebensbereich auf, und die Wunde begann zu heilen.

Aber ein entscheidender Schritt geschah fast ein Jahr später auf einer Silvesterfreizeit. Im Jahresrückblick brach die Wunde noch einmal so richtig auf. Gottes Liebe zu mir hatte ich in den vergangenen Monaten langsam wieder sehen gelernt, aber eines konnte ich noch nicht: meinem ehemaligen Verlobten wirklich vergeben, dass er die Freundschaft beendet und mich doch so getäuscht hatte. Ich wusste, dass sich in mir in Gedanken daran mein Stolz sehr aufbäumte. Und solange das so war, musste die Wunde immer wieder aufbrechen. Gott zeigte mir, dass eine wirkliche Heilung nur möglich war, wenn ich diesen Stolz loslassen und vergeben konnte. Er

schickte mir eine Freizeitteilnehmerin in den Weg, vor der ich das ausspre-
chen konnte und die mir von Gott her half, vergeben zu können. Das war
wohl der letzte entscheidende Schritt auf dem Weg zur Heilung.

Im Rückblick bin ich sehr dankbar, dass Gott mir gerade in diesem
schmerzhaften Erlebnis seine Liebe zeigte und mich wieder zu einer intensiven Beziehung zu sich geführt hat. In den folgenden Jahren durfte ich
erleben, dass er mich führte und mein Leben reich beschenkte durch seinen
Frieden – auch ohne Partner. Gott ließ mich gerade im Alleinsein reifen
und lehrte mich die völlige Abhängigkeit von ihm und das Vertrauen in
seinen guten Weg mit mir. So lernte ich, mein Leben als Ledige anzunehmen und dafür von Herzen dankbar zu sein.

Nach etwa vier Jahren durfte ich einem Menschen völlig neu vertrauen
lernen. Das erlebte ich als Wunder; ich habe nicht gedacht, dass das möglich sei. Gott hat mich meinen Mann kennen und lieben lernen lassen. Und
es ist mir auch noch sehr wichtig, dass dies nicht aus einem Gefühl des
Defizits heraus geschah (so nach dem Motto: Dem Leben als Ledige fehlt
eben das Entscheidende, und deshalb muss irgendwo ein Partner her), sondern in dem Bewusstsein gerade eines erfüllten und von Gott reich be-
schenkten Lebens allein als Ledige. Ich denke, nur von dieser Basis her
konnte ich wirklich erfahren, was es heißt, wenn Gott zwei Menschen
Schritt um Schritt zusammenführt.

Auch da gab es Schwierigkeiten und Hindernisse, aber sein Friede begleitete jeden Schritt. Unsere Beziehung wuchs in der großen Freiheit zu Ja und
Nein. In jedem Schritt aufeinander zu lag eine entscheidende Ehrlichkeit, in
jedem Schritt in großer Verbindlichkeit zugleich die Freiheit des Einander-
Loslassens vor Gott. Gemeinsame Tage auf Freizeiten und Gespräche mit
anderen halfen uns dabei.

Und entscheidend wichtig für uns beide erwies sich die Erfahrung der tiefen Ruhe und des Friedens, der von Gott her unser Miteinander bestimmte.
Wir brauchten einander nichts vorzuspielen; keine Verlustangst, kein Streben nach Macht über den anderen bestimmte unser gegenseitiges Verhalten. Jeder wusste den anderen Gott verantwortlich. Und Gott würde seinen
guten Weg mit jedem von uns gehen, getrennt oder gemeinsam.

Und so stehe ich staunend vor Gottes Güte. Er kann auch aus unseren Feh-
lern Gutes machen. *Seine Güte ist es, dass wir nicht gar aus sind. Und
seine Barmherzigkeit hat noch kein Ende, sondern sie ist alle Morgen neu,
und seine Treue ist groß* (Klgl 3,22f)!

Gott ist mir wichtiger geworden als meine Beziehung

Als Stefan und ich uns kennen lernten, dachte ich, ich hätte die Liebe meines Lebens gefunden. So verliebt war ich noch nie. Ich war damals schon seit einiger Zeit Christin, und es war mir deswegen gleich zu Anfang wichtig, mit Stefan über Glauben und Gott zu sprechen. Er erzählte mir viel über sein Engagement in der Jungen Gemeinde[1] und sagte mir auch, dass Gott für ihn wichtig sei. Ich war vollkommen glücklich: ein so wunderbarer Mann und auch noch mit christlichem Hintergrund, was wollte ich mehr.

Wir waren drei Jahre zusammen, und ich verbinde sehr viele schöne Erinnerungen mit dieser Zeit. Aber es zeigte sich in Abständen immer wieder, dass wir uns über den Glauben lange nicht so einig werden konnten, wie ich mir das gewünscht hatte. Als ich zum ersten Mal in seiner Jungen Gemeinde war, merkte ich schnell, dass dort Bibel lesen, beten oder die lebendige Gemeinschaft mit Gott überhaupt nicht wichtig waren. Das Gruppenerlebnis stand im Vordergrund, und Gott war mehr ein Lückenfüller. Als ich genauer nachfragte, waren alle, einschließlich Stefan, davon überrascht, dass ich mich so anstellte. Und was für mich das Schlimmste war: Stefan stellte sich erst nach langem Zögern auf meine Seite.

Stefan und mir war es wichtig, Gedanken und Gefühle in allen Bereichen zu teilen. Wir führten eine sehr glückliche Beziehung, teilten viele Hobbys und Erlebnisse und waren auch nach drei Jahren immer noch genauso ineinander verliebt wie zu Anfang. Aber wenn es um Glaubensfragen ging, erstarb das Gespräch meist sehr schnell. Lange erschien mir das nicht so gravierend, aber mit der Zeit geschah es immer häufiger, dass ich ihm etwas erzählte oder ihn etwas fragte und er einfach nicht verstand, um was es mir ging. Das betraf eigentlich alle geistlichen Bereiche: sei es, dass ich versuchte, eine verfahrene Situation aus christlicher Sicht zu beleuchten oder eine für mich drängende Frage von der Bibel her zu beantworten: Stefan schwieg dazu. Er sagte immer wieder, dass er mir da nicht helfen könne, weil er sich damit noch nicht beschäftigt hätte. Ich erwartete nicht, dass er mir 100-prozentige Lösungen bieten könnte, aber ich begann, mich zu fragen, warum er mir zu keinem Bereich des Glaubens je irgendetwas erzählte.

---

[1] Landeskirchliche Gemeindejugend in der damaligen DDR.

Auch das gemeinsame Gebet hatte ich mir immer gewünscht oder überhaupt irgendwelche gemeinsamen Punkte in unserem geistlichen Leben. Stefan sträubte sich jedoch sehr energisch gegen Anfragen in diese Richtung, und ich muss zugeben, dass ich mich nach einiger Zeit von dieser Vermeidungshaltung anstecken ließ. Ich ging nur noch selten in den Gottesdienst und schob Gott auch aus meinem alltäglichen Leben immer weiter hinaus, weil ich Stefan nicht verlieren wollte. Die ganzen Glaubensfragen erschienen mir nicht mehr so wichtig. Ich sagte mir immer wieder, dass jeder Mensch seine eigene Art Glauben zu leben hätte und dass ich dazu fähig sein müsste, das zu akzeptieren. Allerdings kam es doch einige Male vor, dass ich Stefan deswegen große Vorwürfe machte. Meistens dann, wenn Gott mir begegnet war und ich nach einer begeisterten Erzählung meines Erlebnisses auf großes Unverständnis traf. Nach einer erneuten Auseinandersetzung stellte Stefan klar, dass diese die letzte gewesen sein müsse, weil er diese Vorwürfe nicht ertragen könne. Im Nachhinein weiß ich, dass ich Druck ausgeübt habe, wo ich mein Leben konsequent auf Gott hätte ausrichten müssen, und dass ich nicht nur mir selber alles viel schwerer gemacht habe, sondern auch im Umgang mit Stefan sehr schuldig geworden bin.

Letzten Endes kam es dann noch einmal zu einer Auseinandersetzung über Gott und den Glauben und damit zur Trennung. Vorausschicken möchte ich noch, dass in den zwei Monaten vor der Trennung für mich ganz klar feststand, dass sich in der nächsten Zeit entscheiden musste, ob wir heiraten oder nicht, da ich unsere Beziehung sonst als unehrlich empfunden hätte. Und ich denke, auch Stefan machte sich in dieser Hinsicht Gedanken, obwohl er, anders als ich, der Ansicht war, dass man auch ohne Heirat zusammenleben könne. Ich hatte Gott in dieser Zeit sehr oft um ein klares Zeichen gebeten.

Zum Streit kam es nach einer Semesterendrüste meiner SMD-Gruppe. Ich hatte Stefan häufig zu SMD-Veranstaltungen eingeladen. Weniger, um ihn geistlich zu beeinflussen, sondern weil ich mich gefreut hätte, wenn er die Leute kennen gelernt hätte, die ich so mochte. Aber er hatte diese Einladungen zunehmend schroffer abgelehnt. Die Rüste war für mich ein geistliches Höhenflugerlebnis. Ich hatte Gott so lange schon irgendwie aus dem Blick verloren und auf dieser SMD-Rüste erfüllte er mich plötzlich wieder ganz mit seiner Gegenwart. Und ich hatte dort zwei sehr tiefe Gespräche mit Männern unserer Gruppe. Als ich nach Hause kam, war der beherrschende Gedanke in mir: „Warum kann ich mit Stefan nicht so reden und beten?" Und dieser Gedanke ließ mich nicht mehr los.

Als ich Stefan das nächste Mal traf, konnte ich nur damit herausplatzen. Und das war dann der Anfang vom Ende. Genau das habe er befürchtet, sagte Stefan, ich sei immer so anders, wenn ich auf einer Freizeit mit anderen Christen gewesen wäre, und jedes Mal habe er mich weniger verstanden. Und als ich ihm voller Freude von den Gesprächen erzählte, warf er mir „geistliches Fremdgehen" vor. Ich würde ihn mit anderen in der SMD betrügen, und er wisse schon, warum er nie mitkommen wollte. Jetzt weiß ich, dass er mit diesen harten Sätzen genau den Punkt getroffen hatte.

Wir versuchten noch eine ganze Woche lang, unsere Beziehung zu retten. Aber es ließ sich nicht ändern: Ich wollte Gott als Mittelpunkt in meinem Leben und in unserer Beziehung. Mir war wieder klar geworden, dass ich Gott meine ganze kompromisslose Hingabe schenken wollte. Stefan sagte immer wieder, dass Gott für ihn zwar wichtig, aber nur ein Faktor von vielen sei. Und dass er sich schon lange denken würde, dass er ohne Gott wahrscheinlich viel besser zurecht käme. Am schlimmsten war für mich, als ich realisierte, dass Stefan einfach nicht konnte. Seine Beziehung zu Gott sah komplett anders aus als meine, und er wollte und konnte nichts daran ändern. Aber ich konnte mich auch nicht mehr auf einen Kompromiss einlassen. Obwohl wir einander so lieb hatten, war diese Kluft nicht zu überwinden.

Während ich das schreibe, spüre ich wieder den Schmerz, der mir damals fast das Herz zerriss. Eine ganze Woche lang schlief ich kaum, ich war wie „von Sinnen", und ich weiß, dass es Stefan genauso ging. Aber in den Monaten danach hat sich mein Gott so gnädig meiner angenommen, wie nur er es vermag. Ich bin fast direkt nach der Trennung als Köchin auf eine Norwegenfreizeit mitgefahren, und Gott hat dort mit ganz viel Sanftheit und Liebe angefangen, meine Wunden zu heilen.

In den darauffolgenden Wochen hat er mir immer dann Gespräche, Freunde, Einladungen oder einfach seine Gegenwart geschenkt, wenn ich vor Einsamkeit kurz vor dem Verzweifeln war. Und er hat mich getragen, als mir Stück für Stück klar wurde, dass sich mit einem Schlag meine ganzen Erwartungen an die Zukunft zerschlagen haben. Und in dieser Zeit wusste ich trotz allem Schmerz ganz genau, dass meine Entscheidung die richtige gewesen war.

Ich habe Freundinnen, die als Christinnen mit Nichtchristen zusammen sind und die mir sagen, dass nur Liebe errettet und dass ihre Liebe diese Männer vielleicht zu Gott führt. Und ich bin auch Menschen begegnet, die mir vorgeworfen haben, dass ich Stefan wohl nicht genug geliebt habe, sonst wäre ich trotz dieses Unterschiedes bei ihm geblieben. Ich kann noch nicht einmal sagen, ob Stefan Christ ist oder nicht. Aber ich weiß, dass ich Gott mit aller Kraft in meinem ganzen Leben will, auch in meiner Liebe zu einem anderen Menschen. Ich konnte keinen Mann heiraten, mit dem ich vielleicht nie meinen Glauben hätte teilen können. Und ich habe gewusst, dass Gott von mir jetzt diese Entscheidung für ihn wollte, dass er Gehorsam verlangt. Er ist mir in dieser Situation wichtiger geworden als alles andere.

Vor einem halben Jahr hat Gott mir eine neue Beziehung geschenkt. Eine Beziehung, in die ich mit beträchtlichen Ängsten gegangen bin. Ängste vor einem erneuten Zerbrechen und Ängste davor, dass ich vielleicht mit dem Herzen noch zu sehr bei Stefan bin. Aber Gott hat mir diese Ängste nach und nach genommen. Matthias und ich wissen, dass Gott uns zueinander geführt hat. Und mit Matthias zusammen kann ich jetzt auch beten und über Gott und unseren Glauben sprechen. Wir haben uns beide bewusst entschieden, unser gemeinsames Leben ganz mit Gott zu leben. Wir können unsere Zweifel miteinander teilen, und wir können die Freude über Gott miteinander teilen. Das ist ein riesengroßes Geschenk. Gott geht einen guten Weg mit uns, und wir dürfen das beide gemeinsam immer wieder erleben.

Katharina Weyandt

Heim-Werker oder
Die unausweichliche lebenslängliche Konfrontation[1]

Wir haben geheiratet. – Ich kannte Wilfried schon über ein Jahr, als eines Abends ans Licht kam, welche einzigartige Bedeutung wir füreinander hatten. Wir waren voneinander fasziniert. Ich fand bei ihm eine überraschende Weite, geistig wie emotional. Und er hatte festgestellt, dass er sich mit niemandem über so vieles unterhalten konnte wie mit mir.

Als wir am nächsten Tag als verliebtes Paar auftraten, fielen unsere gemeinsamen Bekannten aus allen Wolken. Während der folgenden zwei Jahre gewöhnten sie sich daran, und manche begannen sich zu wundern, dass wir nicht schon längst eine gemeinsame Wohnung hatten, wo wir uns doch augenscheinlich so gut verstanden. Wir sind jedoch erst vor ein paar Monaten zusammengezogen, und zwar, nachdem wir ein großes Fest gemacht haben und einander auf dem Standesamt und in der Kirche versprochen haben, unser Leben lang zusammenzubleiben. Die Ankündigung unserer Hochzeit war für viele aus unserem näheren Umkreis erst recht Anlass zum Kopfschütteln: „Wollt ihr euch wirklich lebenslänglich aneinander binden? Bei den vielen gescheiterten Beziehungen, die es gibt ... – So eine Ehe wie die meiner Eltern möchte ich euch jedenfalls nicht wünschen. – Ich finde es besser, eine schöne Beziehung zu nehmen, wie sie kommt, und sie nicht krampfhaft festzuhalten, wenn es eines Tages nicht mehr klappt."

Wie kamen wir zu dem Entschluss zu heiraten? Zum einen waren wir füreinander so wichtig geworden, dass wir uns eine gemeinsame Zukunft wünschten. ‚Zum anderen wollen wir als Christen, dass auch der Bereich unserer Partnerschaft von dem Bild der Liebe und Treue Gottes geprägt ist. Schon bevor wir uns gekannt haben, bejahten wir grundsätzlich die Ehe, aber die konkrete Entscheidung zu heiraten, verlangte Zeit. Zwei Jahre brauchten wir, um einander langsam kennen zu lernen.

---

[1] Aus: Votum, Ein Flugblatt von Studenten für Studenten, Marburg (o. J.), Bearbeitung vom Herausgeber.

Wir unterhielten uns zum Beispiel über unsere ganz unterschiedlichen Erfahrungen in unseren Familien und während der Schulzeit. Ich entdeckte, wie ich durch Wilfrieds anderen Lebenshintergrund bereichert wurde: von seinem sozialen Milieu über seine Konfession bis zu seinen Denkstrukturen. Manchmal erschraken wir auch über die Fremdheit des anderen und hatten heftige Auseinandersetzungen. Wir versuchten, uns in dieser Phase nicht unter Druck zu setzen, was wir denn nun alles gemeinsam tun müssten. Wir wollten mit unserer tatsächlichen Entwicklung Schritt halten. So wurden wir langsam unserer Entscheidung füreinander sicherer. In dieser Zeit wurden uns die Voraussetzungen für das Wir bewusst. *Erstens*: „Ohne Ich kein Du, kein Er, keine Sie usw. Nichts ist, wo nicht Ichs sind" (KURT MARTI). Ohne Entwicklung der eigenen Persönlichkeit kann ich mich nicht mit dem Anderen zum Wir verbinden. *Zweitens* wurde uns bewusst, dass das Du immer ein eigenständiger Mensch sein wird, nie nur eine harmonische Ergänzung meines Ichs.

Wir fingen an zu planen, wie wir das Leben gemeinsam gestalten wollten. Wir hörten aber gleichzeitig in uns selbst die misstrauische Stimme: „Wir können doch heute nicht wissen, ob wir in zehn Jahren noch zusammenleben wollen – so, wie sich ein Mensch im Laufe seines Lebens verändert ..." Ehrlich gesagt, ich weiß nicht, ob wir von allein den Mut zum Heiraten gehabt hätten. Obwohl wir es eigentlich wollten, hätten wir es vielleicht nicht gewagt. Der entscheidende Anstoß kam aus unserem Glauben an Gott.

Nach Aussage der Bibel hat er Mann und Frau mit der Fähigkeit zu lieben geschaffen und der Liebesbeziehung zwischen ihnen die Form einer lebenslangen, engen und öffentlichen Gemeinschaft gegeben. Das heißt für uns: Jeder darf wissen, dass wir für immer zusammengehören. Wir brauchen keinen Bereich aus unserer Gemeinschaft auszuklammern. Wir brauchen nicht die Möglichkeit offen zu halten, uns wieder zu trennen. Wir glauben, dass Gott uns hilft, unsere Ehe zu gestalten. Als Schöpfer hat er uns die Fähigkeit gegeben zu lieben, nämlich uns am Partner zu freuen, geschenktes Vertrauen nicht zu missbrauchen, das Glück des anderen als unser eigenes zu erleben.

Durch unseren Egoismus ist diese Fähigkeit verschüttet. Neuen Zugang zu Gottes reicher Liebe bekommen wir aber, wenn wir Jesus Christus in unser Leben aufnehmen, der den Egoismus überwunden hat. So ausgestattet, können wir das Haus unserer Beziehung bauen. Dabei ist das, was uns zum ersten Mal sagen ließ *Ich liebe dich*, die „Aktivierungsenergie", mit der wir beginnen können.

Was brauchen wir als *Heim-Werker*? Wir müssen Geduld und Zeit für jeden „Bauabschnitt" aufbringen. Kein Schritt darf übersprungen werden. Auf den rohen Mauern hält die Tapete nicht. Harmonie durch körperliche Zärtlichkeit ohne den Untergrund von vielleicht mühsamen Gesprächen hält auch nicht. Wir haben Zeit für eine tragfähige Konstruktion, weil wir unser ganzes Leben in diesem Haus verbringen wollen.

Wird ein Bau vernachlässigt, ist das bald sichtbar. Wir müssen in unserer Beziehung die Augen offen halten, um drohende Schäden schnell zu erkennen. Zum Beispiel: Denke ich nur an meine Pläne, oder denke ich auch an die Selbstverwirklichung und die Gefühle des anderen?

Kein Zusammenleben geht ohne Kompromisse. Mit dem Wachsen unserer Beziehung müssen wir letztlich dazu bereit sein, uns selbst zu verändern. Will ich mich darauf einlassen? Ich ahne: Zu zweit kann ich nicht das bleiben, was ich allein bin. Zu zweit kann ich das werden, was ich allein nicht sein könnte. Hier liegen das Wagnis und die ungeheure Chance der Ehe.

Ich kann mich Wilfried gegenüber öffnen, wie ich es in anderen guten Freundschaften nur stückweise kann. Denn er hat ein Ja zu mir gesagt, auf das ich mich verlassen kann – auch wenn meine Fehler immer mehr auftauchen! In diesen Momenten muss ich bereit sein, meine Fehler einzugestehen, und versuchen, sie zu überwinden. Ich lasse oft meine Ungeduld an meinem Partner aus und schimpfe wegen Kleinigkeiten mit ihm. Wenn er sich über mein unbeherrschtes Verhalten beklagt, weiche ich aus, indem ich ihm seine eigenen Fehler vorhalte. Darunter leide ich.

Wilfried und ich haben schon jetzt erfahren, dass unsere Liebe nicht ausreicht als ständiger Antrieb, um so miteinander umzugehen, wie wir es uns wünschen. Dass Jesus uns die Kraft gibt, um Verzeihung zu bitten und selbst rückhaltlos zu verzeihen, das eröffnet uns die Chance, in echtem Frieden miteinander zu leben und auch nach Verletzungen wieder neu anzufangen. Ich merke: So ein gegenseitiges Verzeihen ist nötig; denn das gemeinsame Leben ist die härteste Konfrontation zwischen dem Scheinbild von mir und dem Partner, zwischen seinem und meinem wirklichen Wesen.

Darin fanden wir uns von einem Zürcher Arzt und Psychotherapeuten bestätigt, der schreibt: „Die Ehe dauert bis zum Tode; mit dieser Absicht wird sie eingegangen. Die unausweichliche lebenslängliche Konfrontation ist ihr tiefer Sinn. Der Individuationsweg der Ehe besteht darin, dass man nicht die Möglichkeit hat, der Aus-einandersetzung mit sich und dem Partner auszuweichen, auch dann nicht, wenn es schwierig und unangenehm wird" (ADOLF GUGGENBÜHL-CRAIG). Darin sehen wir einen Freiraum, Schwierigkeiten wirklich durchzustehen und daran zu reifen, statt zum Beispiel in andere Beziehungen auszuweichen. – Wir behaupten nicht, dass das einfach ist.

Uns fällt auf, dass unsere Liebe mit der Zeit tiefer und stärker geworden ist. Uns ist aber bewusst, dass wir in unserer Gemeinschaft nicht die völlige Erfüllung finden können. Die Erwartung vollkommenen Glücks führt zu gegenseitiger Überforderung oder zu tödlicher Abhängigkeit. Unsere Liebe zueinander ersetzt nicht Gottes Liebe zu uns, die das tiefste Bedürfnis nach Vertrautheit und Geborgenheit stillt.

Käte Brandt

Ledig, verheiratet – und wieder allein
Führungen Gottes[1]

Ihr erlaubt sicher, dass ich nicht nur einen Lebensbericht gebe, denn man kann zu viel von sich selbst reden. *Ledig sein, verheiratet sein und wieder allein sein*: In allem, was ich dazu an Grundsätzlichem sage, stecke ich selber drin. Ich sollte einmal eine Bibelarbeit halten über *Es ist nicht gut, dass der Mensch allein sei*. Da kam die notvolle Frage: „Gott, warum tust du eigentlich an mir, was nicht gut ist? Ist dieses Wort für mich als Gottes Wort tragbar?" So habe ich gefragt.

Im ersten Buch Mose, Kapitel eins und zwei, ist Gottes Konzeption für den Menschen: Mann und Frau sind geschaffen – verschiedenartig, gleichwertig und zu gegenseitiger Ergänzung, auch im Berufsleben, nicht nur in der Ehe. Aber die Ehe ist da als Ausschließlichkeit, als Ganzheitlichkeit der Beziehungen von Mann und Frau zueinander und zum Fruchtbarsein und Sich-Mehren. So will es Gott, auch wenn viele heute anders leben. Doch diese drei Elemente in der Ehe waren für mich ausgeschlossen. Was mich umtrieb als Ledige: „Ich stehe außerhalb dieser Kostbarkeiten"; und so hatte ich damals oft das Gefühl: Was man so richtig *Leben* nennt, vital und ganz, das geht an mir vorbei. Bin ich wirklich *ganzer Mensch* als Unverheiratete? Warum klaffen Konzept Gottes und unsere Wirklichkeit auseinander?

Nein, die Menschheitsgeschichte geht nicht paarweise auf. Da sind Kriege, und Millionen fallen; so traf es viele nach dem Ersten Weltkrieg; nach dem Zweiten traf es uns. Viele meiner Mitarbeiter blieben allein. Jetzt war es hautnah. Die Statistik sagte: zehn Frauen, ein Mann. Die Rechnung geht nicht auf: „Es ist nicht gut, dass der Mensch allein sei." Darüber hinaus greift der Tod ein.

Ich erinnere mich an eine zarte, schöne Freundschaft noch in der Schulzeit. Aber der Freund brach beim Schlittschuhlaufen ein und war tot. Ich erinnere mich an manche anderen Freundschaften, die entstanden, aber dann, so

---

[1] Vortrag auf der Frühjahrskonferenz der SMD 1986. Aus: BRANDT, K.; EGELKRAUT, H.: *„... denn die Liebe ist stark wie der Tod"*. *Biblische Perspektiven zu Partnerschaft und Ehe.* Marburg: 1986. (PORTA-STUDIEN 10) S. 10-18.

heißt der Ausdruck, „ging es auseinander". Oder ich machte Schluss, weil es zu „schwül" wurde.

Ich denke an die vielen, die geschieden sind und nun allein leben, und schließlich an die unübersehbare Zahl derer, für die die Ehe die leibhaftige Hölle ist; ich weiß von christlichen Frauen, die geschlagen werden. Also, die Rechnung geht nicht einfach auf. Wir haben teil an der gefallenen Welt, und wir können nicht Gott den schwarzen Peter zuschieben. Wir sind es ja selbst, die Kriege machen, die Unfrieden haben, der sich bis auf Weltebene fortsetzt.

Sackgassenlösungen

Für die Betroffene bleibt aber die Frage: „Wie werde ich damit fertig?" Es boten sich und bieten sich eine Anzahl von Sackgassenlösungen an. Ich erinnere mich, als ich vor meinem Studium einsam im Reisedienst im Ruhrgebiet war, wie mich da manchmal die Sehnsucht nach einem Partner zu verschlingen drohte.

- Die erste Sackgasse ist die Flucht in die Fantasie. „Wenn du jetzt von der Reise zurückkommst, liegt vielleicht von *ihm* ein Brief da ...", und ich leerte den Briefkasten – mit Drucksachen und Rechnungen.

- Oder das andere: Ich nehme mir etwas, was Gott mir nicht gibt, was mir nicht zugeführt worden ist. Wie viele meiner Schwestern stürzen sich, mir begreiflicherweise, in sexuelle Abenteuer, mal eben so im Urlaub.

- Oder sie sagen: Heiraten um jeden Preis, um dieser schrecklichen Einsamkeit zu entrinnen! Vielleicht gibt man eine Anzeige auf oder dergleichen. Und dann kommt dieser kritische dreißigste Geburtstag. Mit dreißig ist es wahrscheinlich vorbei, greif jetzt zu, ganz egal wie. – Ich wurde gehalten. Ich war in der glücklichen Lage, Eltern zu haben, die nicht darauf lauerten, ob ihre Tochter bald heiraten würde, sondern die ein tiefes Verständnis für meinen Dienst als Ledige hatten.

- Eine weitere Sackgasse. Ich mache mich auf zum Single-Dasein mit Verachtung des anderen Geschlechts: „Diese blöden Männer!" Man rächt sich auf diese Weise und lügt sich etwas vor, aber hat für Augenblicke mal den Dampf abgelassen. Man bringt sich das Gruseln bei vor dem Kindergeschrei, oder dass sie nach oben sich übergeben und nach unten die Hose voll machen, vor den nächtlichen Störungen und so weiter. Stattdessen bin ich ja frei zum Reisen, für Konzerte und anderes. Und vielfach wurde man noch von Verheirateten bestärkt: „Du hast es gut, dass du so frei bist!"

- Eine weitere Sackgasse: Der Weg in die Versuchung gleichgeschlechtlicher Beziehung. Das kann ganz sanft anfangen. Ich habe es als Primanerin vollkommen ahnungslos erlebt mit einem entsetzlichem Schreck, als wir in der Jugendherberge abends in den Betten lagen und meine Klassenkameradin sagte: „Komm doch 'rüber, ich möchte dich lieb haben." Ich habe es dann später erlebt in der Seelsorge. Sie wurde merkwürdig oft begehrt. Häufiges Beten wurde gewünscht, doch von seelisch bestimmtem Beten geht manchmal etwas Unheimliches aus. Dann kam das Angebot: „Was kann ich dir tun?" Und dann wird man verwöhnt: „Ich packe dir den Koffer, ich bringe ihn dir zur Bahn." – Was tun? Einsteigen, die Einsamkeit beenden? Oder entdecken: Hier sind seelische Kräfte, die binden wollen? Hier gibt es nichts als Flucht, Flucht und Zuflucht zu Gott, nichts als Trennung. Auch hier habe ich zu danken für großartige Bewahrung Gottes, gerade in der Jugendarbeit, wo die Gefahr sich dauernd anbot.

- Und noch eine Sackgasse: der Groll. Ich verpasste eine einmalige Gelegenheit: Er wollte mich, bevor es in den Krieg in den Osten ging, besuchen; ich war nicht zuhause. Ich grollte, dass ich weg gewesen war, ich grollte ihm, dass er nicht wiederkam, ich grollte über die Gedanken und Reden der anderen Menschen, die sagten: „Ich begreife nicht, wie die Männer so dumm sein können und eine Frau wie dich nicht heiraten." Und es gibt den Groll über sich selbst: Ich sage zwei ernsthaften Bewerbern ab – sie waren auch noch Christen! – und sagte mir hinterher: „Vielleicht wäre es doch nicht schlecht gewesen." Aber der Zug war abgefahren. Groll ist immer eine Sackgasse, und wer darin bleibt, der verkrüppelt. Fast ausschließlich wird man Groll nur durch Beichte los.

- Die letzte Sackgasse, die ich nennen will, ist das Sublimieren, das Abheben vom Kreatürlichen, von der Polarisation zwischen Mann und Frau. Konnte man sich nicht im dienstlichen Bereich, auf geistiger und geistlicher Ebene neutral begegnen? Man genießt die Interessengemeinschaft, man versteht sich gut, man kann sogar miteinander beten – und im Tiefsten doch nur den Partner suchen. Man kann sich sehr betrügen.

Seinen Weg weitergehen

Aber es gibt nicht nur Sackgassen, um mit diesem Ledigsein *fertig zu werden*, sondern es gibt positive Schritte und Wege. Und alles fasst sich für mich zusammen in dem Ja zur Führung Gottes. Aber dabei ist die Frage *Ledig oder verheiratet?* nicht zu isolieren von der Ganzheit des Lebens. Ich habe das grundlegend erfahren: Ich kam solange nicht klar, solange ich mich vor dem Risiko der kommenden Ehelosigkeit drücken wollte und meine Lebensführung nicht Jesus anvertraute. Ich merkte, ich durfte einen Mann, den ich nur siebzigprozentig liebte, nicht mit einem Ja betrügen. Weil ich nicht sagen konnte: „Nur du", sagte ich ihm nach zu langem Zögern ab. Und dann wurde ich frei von der Frage: „Wie kriege ich vielleicht doch noch einen Mann?", sondern ich konnte mein Leben mit den Gaben, die mir mein Schöpfer gegeben hat, zu seiner Ehre leben und gestalten.

Wo die Dimension des Reiches Gottes am Horizont erscheint und ich aus der stickigen Luft der Ichbezogenheit herausgeholt werde, ergreife ich das Angebot: „Wer ledig ist, sorgt um des Herrn Sache, nämlich wie er dem Herrn gefällt."(1 Kor 7,32). Solchen Weg und solche Gabe wähle ich mir nicht, aber ich empfange sie. *Dem Herrn gefallen* geschieht nicht automatisch, nur weil ich unverheiratet bin. Auch wir Frauen sind dem Reich Gottes nicht näher; auch uns hilft gar nichts anderes als eine Erlösung durch Jesus selbst. Nicht ich fühle mich selbst plötzlich frei oder ich nehme mich selbst an – damit bleibe ich allein. Nur „wen der Sohn frei macht, der ist wahrhaft frei" (Joh 8,36). Und ohne diese Befreiung durch Jesus läuft nichts, auch nicht in der Ehe, denn Ehe als solche ist keine Erlösung. Die Erlösung aber macht mich nicht zu einer Art „dritten Geschlechts". Gott will, dass die Unverheiratete auch schöpfungsgemäß eine echt durchblutete Frau ist. Nun bleibe ich aber nicht allein, sondern brauche die Gemeinschaft heute und mit der „Wolke von Zeugen" (Hebr 12,1) von gestern.

Wir leben in einer Zeit, die uns mahnt, dass das „Schema dieser Welt vergeht" (1 Kor 7,31). In der neuen Welt werden wir nicht mehr freien oder gefreit werden, sondern wie die Engel werden wir sein (Lk 20). Und doch heißt es, hier auf der Erde seinen Weg weiterzugehen, nüchtern zu bleiben und nicht dem Irrtum aufzusitzen, es gäbe einen Eheersatz. Den gibt es nicht.

Wir denken an mittelalterliche Strömungen, die *Christusminne*, die bis ins Sinnenhafte hineinging. „Christus, mein Bräutigam", das sagte die *Gemeinde*, aber da gibt es keine sinnenhafte *Christusminne* oder Eros. Es ist kein kampfloser Weg. Die Führung will immer neu bejaht werden. Es war kostbar, als meine Mutter, als ich in einer Krise war, mich einfach ermutigte zu beten: „Habe deine Lust an dem Herrn, und er wird dir geben, was dein Herz wünscht" (Ps 37,4). Gott hat mehr gegeben, mitten im ehelosen Leben. Ich habe nie persönlich die Berufung zur Ehelosigkeit (Mt 19,12) auf mich anwenden können, aber ich habe eine Hochachtung vor denen, die sie empfangen, und ich denke an die vielen Diakonissen, die ihre Ganzhingabe an Jesus unter Beweis stellten, oder auch an die, die das kommunitäre Leben führen. Aber ich werde immer etwas erschrocken, wenn sie das so problemlos nach irgendwelchen Gefühlen tun und meinen. Aber auch dieser Weg der Ehelosigkeit ist nie selbstverständlich und ohne Anfechtungen. Auf ihm bewahrt Gott allein, denn wer leibhaft lebt, der kennt die Versuchungen und hat sie zu bestehen.

Aus der Praxis gewonnene Erkenntnisse

Man stelle den Ledigen kein Bein

Man lasse der Ledigen den Raum, den sie zur Selbstwerdung braucht, auch zur Ablösung aus dem Elternhaus. Das Gleiche gilt für den jungen Mann, der nur dann zur guten Ehe fähig wird, wenn er sich von den Eltern, besonders von der Mutter abgelöst hat. Ich glaube, dass eine Neubesinnung in der Gesellschaft und in der Kirche der ledigen Frau gegenüber nötig ist. Wie oft wird gesagt oder gedacht: „Die Ledige ist ein halber Mensch, eine alte Jungfer, sie ist sitzengeblieben." Oder die Frau wird in einer grausamen Welt Freiwild und Objekt. In der Gemeinde gibt es immer noch entwürdigende Situationen. Da sagt doch ein Pfarrer: „Wir haben da so ein liebes Mädchen in unserer Gemeinde, hat keiner einen Mann für sie?" Und verletzend ist auch, wenn frühere Kollegen, nun verheiratet, so mitleidig auf uns, die wir nicht heirateten, herabgesehen haben. Die Ledige braucht kein Mitleid; das wäre eine Herabsetzung. Aber sie braucht Raum und Achtung.

Der Takt der Ledigen ist nötig den Ehepaaren gegenüber

Gertrud von le Fort sagte: „Die alleinstehende Frau ist die Hüterin der Ehe." Denn die Alleinstehende kann schnell Bemerkungen machen über die Kinderzahl und über das Angebundensein der verheirateten Frau und sie verunsichern, weil sie nicht berufstätig ist: „Du hast keine Freiheit, du hast kein eigenes Geld; das ist doch kein Dasein." Als ob das alles ist! Als ledige Frau gilt meine Freundschaft zuerst der Frau. Aber ein Geschenk ist es, wenn dann eine Freundschaft mit dem Ehepaar entsteht.

Das Leben der Ledigen im Beruf

Das orientiert sich auch an 1 Mo 1,26. Wir sind einander gleichwertig. Das ist zwar nicht immer deutlich gewesen – etwa in Gremien –, aber es darf gelten, ohne dass ich es als Frau erstampfen und erkämpfen muss. Ich bin in Gremien gewesen als einzige Frau. Da wurde deutlich: Je ehrlicher ich meine eigenen Kämpfe durchgestanden habe, desto leichter gewinne ich meine Stellung ohne Verbissenheit, ohne Ironie. Es ist schlimm, wenn wir Frauen anfangen, militant zu werden. Weiß ich um Gottes Ja zu mir, dann weiß ich auch um das Ja seiner Führung und um die Art, wie ich mich einfüge und einbringe. Dann wird mir *vieles zufallen* (Mt 6,33); das habe ich erlebt, nicht zuletzt in der SMD. Aber ich habe wach zu sein, wo ich mich einsetzen kann für andere Frauen, die ihre Stimme nicht laut werden lassen können.

Wir sind gleichwertig, aber nicht gleichartig. Im Beruf müssen wir diesen Unterschieden Rechnung tragen und werden dann viel Schönes entdecken. Wir wollen ja nicht sein wie die Männer, sie aber auch nicht verachten, sondern wir wollen uns ergänzen.

Lernen, allein zu sein

Ganz privat habe ich zu lernen, allein zu sein, und zu erkennen: Man kann nicht alles haben. Das kann ein mühsames Schwimmen gegen den Strom heutiger Tendenz sein. Da will man nicht allein sein, man will im Beruf sein, man will Kinder haben, kurz, man will alles haben. Auch die Ledige kann nicht alles haben. Ich muss lernen, allein zu sein, und aus diesem Alleinsein anderen etwas mitzubringen.

Aber ich muss nicht allein bleiben. Es gibt das Geschenk der Freundschaft, mit der verbindlichen Fürbitte, oder wo man zusammenkommt ohne Verabredung, wo man immer willkommen ist, wo man miteinander klagen, weinen, beten und sich stärken kann. Und ich werde selbst die Initiative ergreifen und brauche das auch, weil ich ja sonst „komisch" werde in der Isolierung. Als ich einmal aus dem Semester kam, sagte meine Mutter: „Du bist richtig komisch geworden, weil du nur für dich gelernt und gelebt hast."

Zusammenfassend kann ich nur sagen: Gott hat bei allem Kampf, bei allem Erleiden der Einsamkeit großen Reichtum geschenkt, nicht zuletzt durch Vorbilder, durch ledige Menschen, die Gott verfügbar waren. Er schenkte das Wunder von Jesaja 54,1: „Die Einsame hat mehr Kinder als die den Mann hat, spricht der Herr. Mache den Raum deines Zeltes weit, und breite aus die Decken deiner Wohnung, spare nicht, spanne deine Seile lang und stecke deine Pflöcke fest." Die ganze Weite des Lebens im ledigen Stand wird da genannt, und die durfte ich erfahren.

Reich an Ideen

Als Gott mir – ich war schon fünfzig – die Ehe schenkte, da war es nicht das Erlebnis *Nun endlich doch noch*, sondern es war ein ganz neues Wunder, das ich mit zitternder Freude empfing. Eben nicht als schlussendliche Ergänzung, weil das andere ja doch nur halb war, sondern als etwas ganz anderes. Ein Kirchenführer meinte damals sagen zu müssen (er hat es später zurückgenommen): „Das hat doch eine Frau wie Käte Kreling nicht nötig, noch zu heiraten." Nein, das war es auch nicht, sondern es war das Geschenk. Ein *donum superadditum*. Es war das große Staunen, sagen zu dürfen. „Du bist *mein* Mann!" Das war etwas ganz Neues und Großes, weniger aber auch nicht. In vielen Gesprächen heißt es: „Ich weiß nicht richtig, ob ... Ja einerseits, aber andererseits Nein." Nein, ich darf klar sagen: „Du bist es!" oder: „Du bist es nicht."

Aber ich hatte auch umzulernen: *Wir* sagen statt *ich*! Das *Ich* hatte sich bei mir sehr eingerastet. Ich war das Alleinsein gewöhnt. Wunderbar, dieses neue Abgeschliffenwerden. Gott hört ja nie auf, mit uns anzufangen. Die zum Egoismus verführende Freizügigkeit – ich tue, was ich will – ist die große Gefahr im Ledigenstand. Nun gibt es das Miteinander. Genau das habe ich einfach gebraucht – und bin dabei beschenkt worden, durch das Zusammengehören, nicht zuletzt in Krankheitszeiten. Die wunderbare Erfüllung wertet die Zeit vorher nicht ab; sie bleibt wesentlich. So reich an Ideen ist Gott, uns zu gestalten.

Wieder allein

Und die dritte Phase: wieder allein. Schmerzlich – und doch das Süße darin: Du warst geliebt, innig geliebt. Merkwürdig, dieses Alleinsein nachher ist mir schwerer gefallen als das Alleinsein vor der Ehe. Ich verstehe, dass Ingrid Trobisch in ihrem Buch *Lernen, allein zu leben* schreibt, „wie mit einer Axt wurde ich in zwei Teile gespalten. Kann ich je wieder ein ganzer Mensch werden?" Von der Reise nach Hause kommen und allein in der alten gemeinsamen Wohnung sein? Es bedeutete viel, als nach einer langen Auslandsreise meine Freunde, ein Ehepaar, mich abholten und mit mir in meine Wohnung gingen, nicht nur mein Gepäck hinaufbrachten, sondern in die Wohnung gingen und mit mir Gott dankten. So war es kein Ankommen in der leeren Wohnung mehr. Wunderbare kleine und sehr tiefe Erfahrungen. „Es ist Gott, der die Einsamen nach Hause führt", steht im Psalm 68,7.

Es ist nötig, dass man an Gott wieder neu erstarkt und fest wird und seinen Weg weitergeht und nicht stecken bleibt.

Für mich wurde die Frage nach der Zucht sehr akut. „Allein kochen? – lohnt doch nicht! Allein den Tisch decken, lohnt auch nicht. Tut es nicht auch ein Spiegelei, die Stulle in der Hand, in der Küche eben schnell gegessen?" Nein, so nicht. Auch im Alleinsein muss ich gehorsam und treu gegen die Schöpfungsordnung bleiben, vor allem aber die Wirklichkeit der *Wolke von Zeugen* erfahren, die um uns ist, und das Ziel, die *über alle Maßen wichtige Herrlichkeit* (1 Kor 4,17), vor Augen haben. Verbindung nach oben, Verbindung nach vorn. Staunend darf ich erfahren, wie Gott noch einmal einen vielleicht kleinen, aber neuen Lebensanfang schenkt, bei dem Jesus selbst seine Türen auftut, neue Räume und Dienste erschließt. So bleibt nur das Bekenntnis: „Christus hat mich in allen Stücken reich gemacht durch das Evangelium." (1 Kor 1,5). Es lohnt, ihm zu folgen, ob allein oder in der Ehe: „Erkennt doch, wie der Herr die Seinen wunderbar führt" (Ps 4,4).

Agnes und Kurt Sauer

Ein Mensch, den ich liebe[1]

Mein liebes Patenkind!

Ganz herzlich danke ich dir für deinen lieben Brief und die Einladung zu deiner Hochzeit. Dass ich daran nicht teilnehmen kann, tut mir sehr, sehr leid. Aber du wirst verstehen, dass ich Onkel Kurt die Anstrengungen einer so weiten Reise nicht zumuten kann, ihn aber auch nicht gern ein paar Tage allein lasse. Dass ich an deinem Hochzeitstag mit vielen guten Wünschen und Gedanken bei dir sein werde, das verspreche ich dir.

Leider kenne ich deinen Verlobten noch nicht, aber da du ihn dir zum Lebensgefährten gewählt hast, bin ich sicher, dass er deiner Wahl würdig ist. Ganz besonders freut es mich, dass ihr, wie du schreibst, bemüht sein wollt, eine christliche Ehe zu führen. Nach meiner Erfahrung ist der gemeinsame Glaube der tragende Grund für eine Ehe. Es freut mich auch, dass ihr den Mut habt, in dieser Zeit mit der so trüben Zukunft eine Familie zu gründen. Ganz abgesehen davon, dass zum Heiraten immer Mut gehört – die Aussichten für euch junge Menschen sind ja wirklich nicht rosig. Als Onkel Kurt und ich uns Anfang der Dreißigerjahre verlobten, waren die Verhältnisse jedoch noch weniger einfach. Damals hatten wir sechs Millionen Arbeitslose.

Dein Onkel und ich lernten uns 1929 beim Studium in Göttingen kennen. Wir sangen zusammen im *Singkreis Göttinger Studenten*, einem Kreis, der aus der *DCSV*, der *Deutschen Christlichen Studentenvereinigung*, hervorgegangen war und dessen Mitglieder fast ausschließlich Naturwissenschaftler und Theologen waren. Beim Singen, Wandern und Volkstanz hatten wir die beste Gelegenheit, uns kennen zu lernen. Schon bald stellten wir fest, dass wir in unserer Weltanschauung und Lebensauffassung gut zusammenpassten. Kurt, der Naturwissenschaftler, kam aus dem *B. K.* (*Bibelkreis höherer Schüler*), ich, die Theologin, aus dem *Wandervogel*. Wir waren davon überzeugt, dass der gemeinsame Glaube und die Herkunft aus der Jugendbewegung eine gute Grundlage für eine Ehe geben könne, abgesehen von der Liebe natürlich! Es war ein unbeschreibliches Gefühl, einen Menschen zu haben, dem man sich ganz aufschließen und dem man restlos vertrauen konnte.

---

[1] Aus: PORTA 34 (1984), 24-27; Originalüberschrift: *In guten und in bösen Tagen.*

Mit der Heirat haben wir dann noch vier Jahre warten müssen. Erst mussten wir unser Studium zu Ende führen, und die Aussichten für den Lehrberuf, den Kurt anstrebte, waren bei der schlechten wirtschaftlichen Lage denkbar ungünstig. Während der zweijährigen Referendarausbildung gab es keinerlei Zuschüsse. Ich schloss mein Studium mit dem ersten theologischen Examen ab. Als Kurt nach der Referendarzeit beim Schulkollegium vorsprach, bedeutete man ihm, er solle in zehn Jahren wieder einmal nachfragen. Da wurde ihm die Leitung eines Freizeitheimes des westfälischen *B. K.* an der Ostsee angeboten, und daraufhin konnten wir heiraten.

Wir haben sehr bescheiden angefangen, aber die Freude, nun endlich einander ganz angehören zu dürfen, machte alles leichter. Die Arbeit mit Schülern und anderen Gästen des Hauses (wir beherbergten zum Beispiel Dietrich Bonhoeffer mit seinem *Predigerseminar* der *Bekennenden Kirche* für sieben Wochen auf unserem Hof) erfüllte uns ganz. Kurt hatte viele Kämpfe mit Partei und *Hitlerjugend* auszufechten, denen das christliche Heim ein Dorn im Auge war und das sie gar zu gern geschluckt hätten.

Im zweiten Sommer wurde unsere erste Tochter geboren, die bei der Geburt starb. Das war ein großer Schmerz, der uns aber enger verband. Als eineinhalb Jahre später unsere Renate zur Welt kam, hatte Onkel Kurt mittlerweile eine schlecht bezahlte Stelle an einer kleinen Privatschule. Wir gehörten zu den „Volksgenossen, die Anspruch auf verbilligte Margarine" hatten! Nach siebzehn Monaten wurde Gertrud geboren; da war mein Mann schon Assessor an einem Mädchengymnasium seiner Heimatstadt. Wir konnten schon ein wenig aufatmen. Doch ein Jahr später brach der Zweite Weltkrieg aus, der uns für mehr als sechs Jahre auseinander riss.

Ihr Jungen könnt kaum ermessen, was es für eine Ehe bedeutete, jahrelang getrennt zu sein. Viele Ehen sind daran zerbrochen. Dabei hatten wir es noch gut; mein Mann blieb als Meteorologe innerhalb der Reichsgrenzen und war nicht stärker gefährdet als die Zivilbevölkerung auch. Ich lebte mit meinen drei Kindern fast vier Jahre lang in einem kleinen Ort an der polnischen Grenze, wo wir ruhig schlafen konnten und die Kinder in ländlicher Freiheit heranwuchsen. Im Herbst 1944 kehrten wir auf Kurts Wunsch in unsere Heimatstadt zurück, wo gerade die Serie der großen Bombenangriffe begann, weshalb wir ein winziges Behelfsheim auf dem Lande bekamen, wo wir am 1. April 1945 das Kriegsende erlebten.

Nun erst begann für uns der Kampf um das Überleben in seiner ganzen Härte. Die Probleme um das tägliche „heil, rein, satt und warm", also die elementaren Lebensbedürfnisse, waren oft unlösbar. Im Januar 1946 kehrte Kurt aus der Gefangenschaft zurück. Wir waren beide am Ende unserer

Kraft, wir waren um die besten Jahre unseres Lebens betrogen, aber nun konnten wir die Anstrengungen dieser Zeit wieder gemeinsam tragen. Im Herbst 1946 konnte mein Mann endlich in den Schuldienst zurückkehren, und wir bezogen unsere nur leicht bombengeschädigte Wohnung. Als im eisigen Winter 1946/47 die Temperatur in der Küche, dem einzigen heizbaren Raum, nicht mehr über acht Grad stieg, fing für mich das nächtliche „Kohlenklauen" an.

Immer wieder erlebten wir Wunder gnädiger Durchhilfe. Freunde aus Südafrika und uns unbekannte Christen aus Kanada schickten Pakete mit Lebensmitteln und Kleidung. Im Januar 1948 kam trotz aller Entbehrungen der von mir so heiß ersehnte kleine Martin gesund und kräftig zur Welt. Nach der Währungsreform im Juni 1948 normalisierte sich das Leben allmählich wieder – notvoll blieb es noch lange. Und doch denken wir an jene Zeit mit großer Dankbarkeit zurück: Wir waren wieder zusammen, Kurt war befriedigt in seinem Beruf, und gemeinsam uns an unseren Kindern erfreuen zu können, das war ein Glück, das uns so viele Jahre versagt gewesen war.

In Bezug auf die Erziehung unserer Kinder waren wir uns von Anfang an einig gewesen. Wir hatten uns zum Ziel gesetzt, sie zu fröhlichen Christenmenschen zu erziehen und ihre Jugend so schön wie möglich zu gestalten. Es ging noch jahrelang sehr knapp bei uns zu, aber wir haben gespielt und gesungen und Hausmusik gemacht. Immer waren Freunde und Freundinnen im Haus, es war oft „etwas los" bei uns. Wir haben unsere Kinder schon früh „an langer Leine" laufen lassen, und sie haben es uns gedankt, indem sie uns nicht enttäuschten.

Und mein Beruf? Vor fünfzig Jahren gab es noch keine verheirateten Theologinnen. Ich hatte mich für Familie und Kinder entschieden und schied damit automatisch aus dem Kirchendienst aus. Doch bin ich mein Leben lang vom Dienst an der Kirche nicht losgekommen.

Während des Krieges habe ich drei Jahre lang die verwaiste Gemeinde meines Schwagers in Ostdeutschland betreut, und in den letzten fast vierzig Jahren war ich in unserer Gemeinde tätig (natürlich ehrenamtlich). Ich habe Frauenhilfen geleitet, mich um Alte und Kranke gekümmert, Gottesdienste und Freizeiten gehalten. Auch Kurt hat jahrelang in der Gemeinde mitgearbeitet, und so wuchsen die Kinder ganz von selbst in das Gemeindeleben hinein. Die Arbeit in der Gemeinde hat mich davor bewahrt, im Kleinkram des Haushalts aufzugehen. Ob ich mich „selbstverwirklicht" habe? In meiner Jugend gab es das Wort noch nicht, und ich habe auch später nie Zeit gehabt, mir darüber Gedanken zu machen.

Und nun wirst du fragen: Haben sich die Wünsche und Erwartungen, mit denen ihr eure Ehe begonnen habt, erfüllt? Hat es nie Spannungen, Krisen bei euch gegeben? Als wir einmal ein junges Brautpaar zu Besuch hatten und ich davon sprach, dass es in jeder Ehe Spannungen und Krisen gebe, meinte unser damals dreizehnjähriger Jüngster: „Nur bei euch nicht!" Wir haben uns über diesen Ausspruch gefreut, merkten wir doch daran, dass die Kinder unter elterlichen Spannungen nicht gelitten hatten.

Aber Spannungen hat es natürlich bei uns auch gegeben. In einer so engen Gemeinschaft, wie eine Ehe sie darstellt, muss es zwischen zwei Menschen mit ausgeprägten Charakteren zu Spannungen kommen, es sei denn, der eine Partner gibt sich ganz auf und ordnet sich ganz dem anderen unter. Das kann aber nicht der Sinn einer Ehe sein. Es gibt keine „vollkommene Ehe", weil es keine vollkommenen Menschen gibt.

Ein Sprichwort sagt: „Liebe mag blind sein, aber die Ehe ist ein ausgezeichneter Augenarzt." Ein Mensch kann sich nicht pausenlos von seiner besten Seite zeigen. So bröckelte auch in unserem Ehealltag manches ab von den Idealvorstellungen, die wir uns von dem geliebten Menschen gemacht hatten. Übrig blieb ein unvollkommener Mensch, aber eben ein Mensch, den ich liebe und von dem ich mich geliebt weiß. Es hat in unserer Ehe immer wieder Krisen gegeben, und nicht selten ist die Sonne über unserem Zorn untergegangen. Das war aber kein Grund, auseinander zu laufen. Am Ende haben doch immer wieder Liebe und Treue gesiegt und die Gewissheit: Wir gehören zusammen, trotz allem. Ich glaube, bei der abenteuerlichen Reise durch die Ehe muss man außer Liebe eine gute Portion Geduld, Humor – und vielleicht auch ein ganz klein wenig Resignation im Reisegepäck haben.

Es ist eine Gnade, miteinander alt werden zu dürfen, aber es ist auch eine Aufgabe, die jeden Tag neue Kraft erfordert. Die Kräfte des Geistes und des Körpers nehmen ab, bei dem einen mehr, bei dem anderen weniger schnell. Man wird eigensinniger; Eigenschaften, die früher verdeckt waren, treten schärfer hervor. Man nimmt manches Unwichtige zu wichtig. Ich glaube, gerade für die alte Ehe gilt das, was Manfred Hausmann sagt: „Liebende leben von der Vergebung." So sind wir dankbar für jeden Tag, den wir noch zusammen sein dürfen, und darüber hinaus für vieles andere. Wir haben keine wirtschaftlichen Sorgen, sind leidlich gesund und freuen uns an Kindern und Enkeln.

Nun ist mein Brief viel länger geworden, als ich beabsichtigt hatte. Du wirst ja gewiss nach der Eheschließung in deinem Beruf bleiben, zumindest, bis Kinder kommen (und ich hoffe sehr, dass ihr euch Kinder wünscht!). Aber lass darüber deine Ehe nicht zu kurz kommen! Was ich euch wünsche für euren gemeinsamen Lebensweg? Nicht den Himmel auf Erden (den kriegt ihr sowieso nicht), nicht die Ehe als sanftes Ruhekissen, aber ich wünsche euch, dass eure Liebe alle Wandlungen und Stürme übersteht und ihr einmal sagen könnt, was Matthias Claudius seiner Frau zur Silbernen Hochzeit schrieb:

> *Ich war wohl klug, dass ich dich fand,*
> *doch ich fand nicht,*
> *Gott hat dich mir gegeben.*
> *So segnet keine andre Hand.*

Dich, mein liebes Patenkind, und deinen Verlobten grüßt recht herzlich

Deine alte Patentante

Ralph und Elke Pechmann

Alles Wesentliche beginnt zweimal
Erfahrungen aus der Kindheit müssen nicht das letzte Wort haben[1]

Ralph und Elke sind seit 21 Jahren verheiratet, haben vier Jungen und leben seit 1980 in der OJC. Ralph ist Studienleiter der Tagungsstätte Schloss Reichenberg, Elke arbeitet mit im „Deutschen Institut für Jugend und Gesellschaft".

Ihr kommt beide aus geschiedenen Elternhäusern. Woher habt Ihr den Mut genommen, zu heiraten?

Elke: Es stimmt, die Scheidungen unserer Eltern haben uns beide geprägt. Wir hatten schon in unserer Freundschaftszeit heftige Konflikte, die allerdings so gelöst werden konnten, dass wir uns zutrauten, auch zukünftig Meinungsverschiedenheiten und unsere Unterschiedlichkeit aushalten zu können. Zudem haben wir immer gehofft, dass unsere Beziehung zu Christus als dem „Mittler" eine Korrektur ermöglichen kann, die über alles menschliche Wollen und Können hinausgeht.

Ralph: Wir entdeckten einen großen Reichtum gemeinsamer Interessen bereits während unserer Freundschaft. Wir führten unzählige Gespräche über Politik, Glauben, uns selbst. Aber mit der beginnenden Freundschaft wurde unser Gespräch wesentlich persönlicher und ich damit auch unsicherer, mich mitzuteilen. Ich war z.B. nicht gewohnt, über Erwartungen oder gar Konflikte zu reden. Sprachloses Hoffen, der andere wüsste, was ich meine, bestimmten mein Verhalten. Konflikte wirkten auf mich sehr bedrohlich. Elke konnte deutlicher äußern, was sie wollte und sich abgrenzen. Von Anfang an erlebte ich aber Meinungsverschiedenheiten mit ihr mehr als eine Einladung zum Gespräch, denn als Beziehungsabbruch.

Elke: Aber bis zum Tag unserer Hochzeit begleitete uns die Unsicherheit, ob das Experiment Ehe gut gehen werde. Wir wussten um die Gefahr des Scheiterns.

---

[1] Mit freundlicher Abdruckgenehmigung des Artikels „Alles Wesentliche beginnt zweimal – Warum Ehekrisen nicht zwangsläufig in Scheidung enden müssen" aus „Salzkorn", Freundesbrief der ökumenischen Kommunität Offensive junger Christen (OJC), September – Oktober 5/2001

Und heute, nach 21 Ehejahren, würde ich sagen, dass diese innere Stimme sich zu Recht meldete. Denn erst in unserem täglichen Zusammensein stellten sich mit der Zeit die schwierigeren Verhaltensweisen heraus.

Ralph: Ich bin heute noch zwei befreundeten Ehepaaren dankbar. Sie gewährten mir Einblick in ihre Ehe und stimmten mich zuversichtlich, dass die Erfahrungen meiner Kindheit nicht das letzte Wort haben müssen.

Die Friedensstiftung zwischen Mann und Frau sah ich als Teil des messianischen Wirkens Jesu. Außerdem habe ich das Jahr, in dem Elke im Ausland arbeitete, als Vertiefung unserer Beziehung erfahren. Wir schrieben uns viele Briefe. Ich musste deutlicher mitteilen, was mich bewegte und meinen Alltag prägte.

Was waren die Hauptkonflikte in Eurer Ehe?

Elke: Konflikte gab es immer in unserer Beziehung. Auch die scheinbar kleineren Konflikte sind im Augenblick des Erlebens ja groß.
Die innere Distanz zu meinem Mann entstand aber nicht durch die Konflikte. Was viel gravierender war: das Sich-Fremdwerden, das Gefühl, mit Ralph keine innere Verbindung mehr zu haben. Für mich wurde das da sichtbar, wo ich nicht mehr argumentieren wollte und konnte, mich nur noch verletzt zurückzog. Ich ging in die Sprachlosigkeit und in die Beziehungsverweigerung.
Irgendwann half nur noch herauszufinden, weshalb ich so verletzt und mein Herz so hart geworden war. Die Ursachen fanden sich meistens nicht bei meinem Mann, sondern in meiner Lebensgeschichte. Je mehr ich Zugang zu alten Verletzungen und Lebenswunden bekam, desto eher fand ich meine Sprache und die innere Beziehung zu Ralph wieder.

Ralph: Unsere vier Kinder waren die Seismographen für unsere Eheschwierigkeiten. Wir stritten über Erziehungsfragen, die sich häufig als Beziehungskonflikte entpuppten. Die Lebendigkeit unserer Kinder machte mir deutlich, wie sehr ich im Kopf lebte und mir unangenehme Herausforderungen des Alltags vom Leib hielt. Ich kannte mich nicht.
Im Arbeits- und Familienalltag stieß ich zunehmend auf meine Eigenart, mehr zu versprechen, als ich zeitlich und kräftemäßig einzulösen vermochte. Dadurch war ich recht verunsichert und unwillig. So steigerte ich meine Bemühungen noch. Doch anstatt etwas zu verbessern, verschlimmerte sich das Klima und damit mein Zorn, dass mein Engagement nicht ausreichte. Die Arbeit mit jungen Erwachsenen war mir sehr wichtig, aber die Familie ebenso. Doch wenn es um eine Entscheidung ging, dann gab ich der OJC-Arbeit den Vorrang. So hatte ich zwar feste Zeiten mit den Kindern, war aber innerlich angetrieben, dies schnell „über die Bühne" zu bringen. Wenn

ich im Haushalt mithalf, geschah es mit der Vorwurfshaltung, mich auch hier in einem endlosen „Geschäft" engagieren zu müssen.

Hattet Ihr irgendwann einmal die Hoffnung aufgegeben und an Scheidung gedacht?

Elke: So weit gingen meine Gedanken nicht, aber der Zustand, dass es in unserer Ehe nicht vorwärts ging, sich nichts mehr bewegte, war sehr zermürbend. Im Alltag mussten wir während unserer Krise - auch um der Kinder willen - erst einmal „normal funktionieren", was einen Beziehungsabbruch zeitlich hinauszögerte.

Ralph: Mit der Geburt unseres vierten Sohnes lief das Fass über. Was sich zwischen uns über die Jahre an Spannungen angesammelt hatte, entlud sich jetzt in einer Ehekrise. Meine Gedanken schienen sich zu bestätigen: „Frau und Kinder sind eine Zumutung."
In meiner Bequemlichkeit phantasierte ich mir eine Ideal-Familie zurecht. Vor diesem Ideal erschien meine Frau mir immer mehr als die falsche Partnerin. Den Weg der Scheidung hatte ich noch nicht eingeschlagen, aber mit dem Gedanken habe ich gespielt.

Wie gelang Euch die Wende?

Ralph: Durch die morgendliche Stille gelangte ich langsam an die Wurzel meines Verhaltens. Nach Gesprächen mit einem Freund verstand ich immer besser, dass ich es mit Schwierigkeiten in meiner eigenen Lebensgeschichte zu tun hatte.
Bisher hatte ich durch meine viele Arbeit den Schmerz betäubt. Die Familie war nicht der Grund, sondern nur der Auslöser. Was ich eigentlich suchte, war Anerkennung und Wertschätzung. Damit war ich ganz bei mir gelandet. Die bisher gelebte Maßlosigkeit und jetzt erlebte Begrenzung schmerzte einerseits sehr, wurde aber andererseits das Tor zu einer neuen Freiheit und Freude.
Heute kann ich diese Zeit als eine Erziehung Gottes zur Verantwortung für das eigene Leben und das Leben anderer beschreiben.

Elke: In dieser Zeit erlebte ich, dass mein Mann von sich aus wieder auf mich zukam und sich veränderte. Dadurch konnte auch ich mich ihm gegenüber wieder öffnen.
Das Vertrauen wuchs erneut. Dass das Herz wieder „weich" wurde, erlebte ich als Handeln Gottes an uns.
Wie schon zuvor gesagt, wurden wir durch diesen Schmerz aufmerksam auf tiefere Lebens- und Verhaltensmuster, die sich durch diesen Konflikt zu Wort meldeten.

Keiner wird durch die Ehe blind. Gab es auch Zeiten, wo Ihr Euch in jemand anderen verliebt habt?

Ralph: Verliebtheit habe ich in der Regel als einen Blitzableiter für Defizite in unserer Ehe erlebt. Weil wir uns entschieden hatten, dem anderen davon zu erzählen und es nicht geheim zu halten, sind mir diese Erfahrungen eher in guter Erinnerung.
Wie froh bin ich, dass wir in diesen empfindlichen Zeiten wieder zu einem Gespräch fanden, bei dem ich meine Frau tiefer und neu kennenlernte, aber selbst auch meine stillen Erwartungen zu formulieren begann.

Elke: Gefühle sind erst einmal ernst zu nehmen. Sie sagen mir etwas über mich und meine Beziehung zu meinem Mann.
Gefühle einfach auszuleben, eine Affäre zu beginnen, verstehen wir beide nicht nur als Verstoß gegen das Treueversprechen, sondern auch als Ausweichmanöver, sich nicht der konkreten, bestehenden Beziehung zu stellen. Seitensprünge, Dreiecksbeziehungen u.a., die immer mehr in Gesellschaft und sogar Kirche gerechtfertigt werden, sind tödlich für eine Beziehung. Sie blockieren die Energien für eine Konfrontation.
Wenn wir dagegen darüber sprachen, kamen Ralph und ich uns wieder näher.
Wir haben gelernt, für „Vitamine" für unsere Beziehung zu sorgen, damit sie lebendig bleibt. Gespräche über uns, etwas Schönes nur zu zweit unternehmen, sich erinnern an besonders glückliche Zeiten und sich ab und zu sagen, was wir am anderen schätzen, hat uns geholfen.

Was hat sich sonst noch als hilfreich für Eure „Langzeitehe" erwiesen?

Elke und Ralph: Es gab Zeiten, in denen der „Eheabend" für uns besonders wichtig war. Das hieß: einmal pro Woche trafen wir uns zum Gespräch oder gingen gemeinsam spazieren. Wir unternahmen miteinander Dinge, die uns beiden Freude bereiteten. Besonders hilfreich erlebten wir die gemeinsame Lektüre von Jürg Willi und anderen Paarberatern. Aber auch Seminare gaben uns neue Impulse, den Alltag zu gestalten.

Ralph: Seit sechs Jahren reservieren wir eine Woche pro Jahr für die gemeinsame Seelsorge außerhalb der Gemeinschaft, eine Ehewoche. Wir leben in einem dichten Alltag mit Menschen und Aufgaben. Da ist es eine Wohltat, in dieser Zeit eigenen Fragen nachzugehen und unserer Beziehung Raum zu geben.

Was macht Eure Beziehung für Euch einmalig?

Elke: Durch die schönen und schwierigen Erfahrungen bin ich vielleicht reifer und liebesfähiger geworden. Dies sind für mich wichtige Lebensqualitäten, obwohl es weiteren Wachstumsbedarf gibt. Meine Freude am Leben, an meinem Mann und den Kindern ist größer geworden. Ich bin dankbar, dass ich mich immer noch besser kennenlerne mit ihnen und durch sie. Dankbar bin ich auch, dass uns Gott in den guten und schlechten Zeiten begleitet und manchmal durch die „finsteren Täler" hindurchgeschleppt hat.

Ralph: Viele der schwierigen Erfahrungen in unserer Ehe hätte ich mir nicht ausgesucht. Doch die intensive Arbeit zur Klärung haben uns einen größeren Beziehungsreichtum, mehr Freude und Gelassenheit beschert.

II. Der Weg – Wie es gelingen kann

Hans Bürki

Willst du Glück oder Segen?
Die Versöhnung mit meiner Familiengeschichte[1]

Die Idealisierung von Ehe und Familie ist besonders unter Christen weit verbreitet. Gerade dies macht eine nüchterne Einschätzung der eigenen Familiensituation noch schwieriger, als sie es ohnehin schon ist. Dabei ist die nüchterne Einschätzung ein wichtiger Schritt auf dem Weg zur Reife. Das *Streben nach Glück* wurde zu einem natürlichen Recht des Menschen erklärt, und viele gläubige Eltern fühlten den Druck auf sich, ein glückliches Paar sein und ein glückliches Familienleben führen zu müssen. Aber es ist an der Zeit, dass wir den entscheidenden Unterschied zwischen einem *gesegneten* Leben und einem *glücklichen* Leben wieder erkennen. *Glück allein* möchte das ausschließen, was der *Segen* einschließt: ein großes Maß an Trauer, Traurigkeit, Schmerz, Verlust und Versagen.

Am Ende vom ersten Buch Mose, das ja eine Familiengeschichte über mehrere Generationen hinweg darstellt, eine Mischung von Liebe und Hass, Vertrauen und Eifersucht, Täuschung und Enttäuschung, Hoffnung und Verzweiflung, wird folgendermaßen zusammengefasst, was Segen bedeutet: „ihr gedachtet es böse mit mir zu machen, aber Gott gedachte es gut zu machen, um zu tun, was jetzt am Tage ist, nämlich am Leben zu erhalten ein großes Volk" (1 Mo 50,20). Das ist *Segen,* dass ein guter Gott aus den verworrenen Fäden des menschlichen Lebens etwas Gutes hervorbringt, das über das persönliche und familiäre Glück hinausgeht.

---

[1] Nachdruck aus der Reihe *Ethik. Eine Arbeitshilfe für SMD-Mitarbeiter zu „ora et labora" für das Gebet und die missionarische Arbeit in den SMD-Gruppen.* Jan. 1987 (= *In Touch* 2/80, S. 6). Übersetzung von Sabine Maier; Bearbeitung vom Herausgeber.

Es kann hilfreich sein, im Zusammenhang mit Fragen des Familienlebens einmal die *Seligpreisungen* zu betrachten (Mt 5,3ff): „Selig sind die Armen, die Leidtragenden, die Trauernden, die Sanftmütigen, die da hungert und dürstet nach der Gerechtigkeit, die Barmherzigen, die reinen Herzens sind, die Friedensstifter." Wie siehst du deine Eltern, deine Kindheit und Jugend im Licht dieser Seligpreisungen?

Das verlorene Paradies

Dass sich das verlorene Paradies auch auf unsere engsten Beziehungen auswirkt, wird innerhalb der Familie und im Verhältnis zu Gott am schmerzlichsten empfunden. Viele Christen geben sich der Illusion hin, dass es in der Familie noch das Paradies auf Erden gibt. Aber wo die innigste Vertrautheit möglich ist, entsteht auch das tiefste Leiden, weil dort die innere Distanz zwischen Menschen am unerträglichsten ist.

Im letzten Vers des Alten Testaments wird alles Hoffen und Verzweifeln in einer Aussage zusammengefasst, die das menschliche Dasein in seinem Kern berührt (Mal 3,24): „Der [kommende Prophet] soll das Herz der Väter bekehren zu den Söhnen [das ist Segen!] und das Herz der Söhne zu ihren Vätern, auf dass ich nicht komme und das Erdreich mit dem Bann schlage" (die zerstörerische Kraft entfremdeter Herzen zerstört auch die Umwelt). So ist es auch mit der engen Beziehung zu Gott; Jesus gebraucht die Worte des Propheten: „Dieses Volk ehrt mich mit seinen Lippen, aber ihr Herz ist ferne von mir." (Mt 15,8).

Es besteht ein gewaltiger Unterschied zwischen dem bloßen Reden vom Glück und der Erfahrung eines zutiefst gesegneten Lebens. Der Anspruch, eine glückliche Familie sein zu müssen, steht der herzlichen Offenheit füreinander im Wege, die zu echtem Segen führen könnte. Wie oft bleibt die Umkehr zu Jesus Christus unwirklich und kraftlos, weil sie nicht zu einer von Herzen kommenden Umkehr in der Familie führt. Wie steht es damit bei dir?

Die Erlösung der Familie

Die Beziehungen in Ehe und Familie bedürfen von Anfang an und in ihrem innersten Kern der Erlösung. Viele Christen denken hier, sie hätten genug Liebe, guten Willen und Weisheit als Ehepartner und als Eltern. Aber wenn zwangsläufig das innere Wesen ans Licht kommt, wenn Menschen in der intimen Atmosphäre der Familie zusammenstoßen, bleibt von den natürlichen Quellen kaum ein Tropfen übrig. Und dann wird der Mangel an echtem Vertrauen und Fürsorge überspielt durch die geheuchelte Liebe, die so leicht zur Hand ist (Röm 12,9) und die Situation nur verschlimmert („Ich wollte nur das Beste für dich.").

Das Neue Testament ist sehr streng, wenn es um Sünden innerhalb der Familie geht. Unsere leiblichen Väter, heißt es da, straften uns nach ihrem Gutdünken, Gott aber (!) erzieht uns zu unserem Besten (Hebr 12,10). Der Gedanke, dass wir die Erlösung von unseren persönlichen Sünden brauchen, ist uns vertraut, aber 1 Petr 1,18 stellt daneben noch den Gedanken der Erlösung von der Leere traditioneller Verhaltensweisen, die wir von unseren Vätern übernommen haben; *leer* deshalb, weil die Formen nicht mehr mit Leben gefüllt sind.

Dieser Vers bezieht sich zunächst auf jüdische Traditionen, dann auf religiöse Traditionen im Allgemeinen und damit auch auf den Ort, an dem diese Traditionen bewahrt werden können: die Familie. Wenn die Erlösung in diesem Bereich nicht als kontinuierlicher Prozess geschieht, dann kann die Bindung an eine Familientradition einen Menschen daran hindern, Christus nachzufolgen, hinein in die Freiheit seiner Liebesgemeinschaft mit dem Vater. Ein Beispiel dafür ist die Begebenheit, bei der Jünger Jesu die Gruppe durch ihr kindisches Verhalten in zwei ärgerliche Parteien spalten. Ihre unbegründeten Forderungen hängen mit den Ambitionen der Mutter zusammen (vgl. Mk 10,35-37 mit Mt 20,20f).

In einer Familientradition kann ungeheuer viel Selbstgerechtigkeit und Gruppenegoismus stecken, und es ist schwer, sich davon zu lösen, weil man ja selbst ein Teil dieser Struktur ist. Nirgends kann die Wahrheit und Tiefe der biblischen Analyse in Röm 2,1 besser illustriert werden als in der Familie: „Indem du den anderen verurteilst, verdammst du dich selbst, weil du dasselbe tust." Viele Söhne und Töchter kamen in die heilsame Krise, als sie begriffen: „Ich tue dasselbe und lege dasselbe Verhalten an den Tag, das ich bei meinem Vater oder bei meiner Mutter verurteile." Auch Eltern können hier zu der Einsicht kommen: „Ich stelle an mein Kind Forderungen und kritisiere es gerade in den Punkten, in denen das Kind mich selber widerspiegelt."

Praktische Hilfen

• Ein Leben, das völlig von elterlichen Forderungen bestimmt ist sowie die Auflehnung, die ihren Ausdruck darin findet, dass genau das Gegenteil des Geforderten getan wird, sind beides Zeichen der Bindung. Reife erreicht man durch die Frage: „Was kann ich aus dem Verhalten meiner Eltern übernehmen?"

- Du kannst diese Frage besser beantworten, wenn du lernst, deine Eltern mehr von ihrer menschlichen Seite her zu sehen. Als Kind hieltest du sie für perfekt, fast für Halbgötter. Als Erwachsener ärgerst du dich vielleicht, weil sie dein Bild von einem perfekten Vater oder einer perfekten Mutter zerstören.

Eine Hilfe ist es, ein Blatt zu falten und auf die linke Seite alles aufzuschreiben, was du als hilfreich empfindest, und auf die rechte Seite alles, was dir bei deinen Eltern Mühe macht. Das kannst du dann als Grundlage für dein Gebet benutzen, und zwar um zu loben und zu danken für die Dinge auf der einen Seite und um das zu vergeben und zu ertragen, was auf der anderen Seite steht.

- Wenn du dich über die Bemühungen deiner Eltern, dich zu korrigieren und zu erziehen, ärgerst, solltest du dich vielleicht selbst einmal fragen, ob du bei ihnen nicht dasselbe versuchst. Welche Methoden hast du, sie auf indirekte Art und Weise wissen zu lassen, dass sie sich deiner Ansicht nach ändern sollten, dass du bestimmte Vorstellungen davon hast, wie sie sein sollten?

- Es ist eine ebenso schwere und wichtige Aufgabe für die Eltern, ihre erwachsenen Kinder gehen zu lassen, wie für die Kinder, ihre Eltern loszulassen. *Die Eltern zu verlassen* (vgl. 1 Mo 2,24) ist zum einen eine einmalige schmerzhafte Operation, zum anderen aber auch ein lebenslanger Prozess. Es ist zunächst ein innerer Vorgang, obwohl oft eine räumliche Entfernung – zumindest zeitweise – hinzukommt. Inwiefern mischst du dich (zumindest in Gedanken und Versuchen) in *ihre* Art zu leben ein, in *ihre* Verantwortung, ihren eigenen Lebensstil finden zu müssen? Es ist schwer, sich dieser Frage zu stellen, weil wir uns normalerweise der gegenseitigen und zur Gewohnheit gewordenen Einmischung in die Angelegenheiten des anderen in der Familie nicht bewusst sind.

- Wenn Kinder die Krise des Übergangs vom Kind-Sein zum Erwachsensein durchmachen, gehen die Eltern durch eine ähnliche Krise. Wenn die Kinder anfangen, aus dem Haus zu gehen, stehen die Eltern vor der Frage, wofür sie nun leben sollen. Diese parallel verlaufenden tiefgreifenden Prozesse könnten zu einer gegenseitigen Unterstützung führen, aber oft vertiefen sie eher die gegenseitigen Konflikte.

Das Beste, was man tun kann, ist, eine Atmosphäre des Vertrauens, der Freiheit und des Zutrauens zum anderen zu schaffen und zu leicht gegebene Ratschläge darüber, was in einer Krise zu tun ist, zu vermeiden. Dein Beitrag dazu ist dein eigenes Wachstum zur reifen Persönlichkeit in der gegenseitigen Abhängigkeit und das Mitteilen deiner eigenen Erfahrungen. Erzähle davon, was mit dir vorgeht, aber ohne dich dabei über deine Eltern zu stellen!

▪ Über sein Leben und die alltäglichen Ereignisse zu reden und darüber, wie man sie sieht, ist ein viel fruchtbarerer Weg, eine Beziehung aufzubauen, als Probleme zu diskutieren und Streitfragen zu erörtern! Bitte doch deine Eltern, dir von ihrem Leben zu erzählen, von ihrer Jugend, deiner Geburt, deiner Kindheit. Bringe sie dazu, dir immer wieder Fotos zu zeigen. Frage dich selbst: „Was weiß ich vom Leben meines Vaters und meiner Mutter von der Geburt bis heute?" Du wirst vielleicht erstaunt sein, wie wenig du von ihrer Geschichte weißt.

▪ Die Freuden und der Segen in unserer Familiengeschichte können dadurch erst ganz erfasst und erlebt werden, dass wir auch ihre dunklen und schmerzlichen Seiten annehmen und uns klarmachen, dass alle Dinge dem guten Ziel des Reifens in Christus dienen für die, die in all diesen Dingen Gott lieben.

Oskar Kalisch

Söhne und Töchter - Der Weg in die Selbständigkeit als Voraussetzung für Beziehungsfähigkeit[1]

Varianten der Eltern-Kind-Beziehung

„Das ist ungeistlich", fand ein empörter Mitarbeiter aus unserer Hochschulgruppe, als ich erzählte, dass ich schon seit drei Monaten nicht mehr an meine Mutter geschrieben hätte. Sie, Kriegerwitwe, hat diesen in der Tat unerfreulichen Sachverhalt zum Glück aus größerer Menschenkenntnis heraus ertragen. Jedenfalls hat sie weder meine Kindespflichten angemahnt noch ihre Elternrechte eingeklagt. Ich bin bis heute dankbar dafür, dass ich in einer wichtigen Phase meiner Entwicklung diese Zeit für mich hatte und doch nicht aus ihrem Vertrauen gefallen bin. – Dies ist eine der vielen möglichen Varianten der Kind-Eltern-Beziehung aus der Zeit eigener Umbrüche und Wegsuche.

Andere ertrotzen ihre Selbständigkeit oder entziehen sich der Aufgabe, ein neues, erwachsenes Verhältnis zu ihren Eltern zu gestalten. Sie ziehen sich innerlich und äußerlich zurück: äußerlich an den Studienort, innerlich auf eine wohltemperierte Mitteilsamkeit.

Es wäre natürlich einseitig, wollte man das Kind-Eltern-Verhältnis nur aus der Perspektive einer potentiellen Konfrontation her betrachten. Es gibt viele Studenten, die zwar intellektuell, nicht aber emotional erfassen, wovon hier eigentlich die Rede ist, weil sie das Gespräch mit den Eltern als förderlich erfahren. Andere wüssten gern, was das ist, wenn wir *Eltern* oder *Familie* sagen, weil ihnen beides als positive Erfahrung vorenthalten worden ist.

Eine weitere Gruppe von jungen Erwachsenen muss erst zu einem eigenen Weg in die Selbständigkeit ermutigt werden, weil sie eigenverantwortete Entscheidungen ohne Rückbestätigung der Eltern nur mit schlechtem Gewissen trifft. Zugehörige dieser Gruppe erleben Selbständigkeit zunächst

---

[1] Nachdruck aus der Reihe *Ethik. Eine Arbeitshilfe für SMD-Mitarbeiter. Beiheftung zu „ora et labora". Informationen für das Gebet und die missionarische Arbeit in den SMD-Gruppen.* April 1986.

als Entfremdung, Ungehorsam gegen die Eltern, vielleicht sogar als Ungehorsam gegen Gottes Gebot.

Dann sind da noch die Überbehüteten oder Bequemen, die eigene Verantwortung lästig finden und sich gern bemuttern lassen, wenn sie schon längst auf eigenen Beinen stehen sollten.

Im Blick auf den jungen Erwachsenen ist entscheidend: Es gibt einen Anspruch (Recht) auf Selbständigkeit, und es gibt die innere Notwendigkeit (Pflicht) zur Selbständigkeit.

Selbständigkeit: ein Weg zwischen Anspruch und Notwendigkeit

Die Zeiten sind vorbei, in denen ein Vater bestimmen konnte, welche seiner Töchter unverheiratet zu bleiben und ihn im Alter zu versorgen habe. Unsere Abhängigkeiten sind subtiler geworden, obwohl sie nach wie vor durch die wirtschaftlichen Verhältnisse der Studierenden mitbestimmt werden. Auch die psychische Verfassung von Eltern spielt eine Rolle. Sie müssen lernen – oft eher emotional als intellektuell –, ihre Söhne und Töchter freizugeben. Nicht die Frage, *ob* sich ein junger Mensch im Blick auf seine Eltern für einen eigenständigen Weg entscheiden darf, muss gestellt werden, sondern *wie* er auf dem Weg in die Selbständigkeit das Verhältnis zu seinen Eltern gestaltet.

Kein Rechtsanspruch kann das Eltern-Kind-Verhältnis aufheben, da wir aus ihm ebenso wenig aussteigen können wie aus unserer persönlichen Geschichte. Beide lassen sich zwar, zu unserem Schaden, verdrängen. Sollen sie uns jedoch zum Nutzen sein, sind wir herausgefordert, sie aus unserem jeweiligen Lebensstande heraus aufzuarbeiten. Eine Entwicklung zur Eigenständigkeit an den Eltern vorbei gibt es daher nicht, wie groß zu gewissen Lebenszeiten für manchen die Versuchung auch sein mag, die Brücken zu ihnen abzubrechen. Das Verhältnis zu unseren Eltern hat uns alle tief geprägt, was im Guten auch darin zum Ausdruck kommt, dass sich in aller Regel erst nach Jahren in einer Ehe eine Vertrautheit einstellen wird, die der zu den Eltern vergleichbar ist. Auch Zeiten möglicher Entfremdung können daran nichts ändern.

Das Recht auf Eigenständigkeit kann uns zugesprochen werden, etwa durch das Grundgesetz, aber sie stellt sich dadurch freilich nicht von selbst ein. Der junge Erwachsene muss sich um seine Eigenständigkeit bemühen. Zwei Punkte möchte ich dazu besonders hervorheben.

Die eigenverantwortete Entscheidung

Selbstverständlich hast du dich schon immer selbst entschieden: „Dieses Kleid mag ich nicht! – Heute gehe ich ins Hallenbad." Und du hast dich zum Studieren – ja, wirklich entschlossen? Oder welche Rolle spielten da die Wünsche der Eltern, die Familientradition, die Erwartungen der Klassenkameraden? Und welche Kräfte bestimmen dein Leben jetzt? Im Blick auf die Eltern, aber nicht nur auf sie, gehört zum Erwachsensein die Fähigkeit, verantwortlich auszuwählen und zu sagen: *Ich will!*

Nicht wenige Studenten geraten hier in inneren Widerstreit, weil sie noch nicht gelernt haben, ihren Willen auch den Eltern gegenüber ganz selbstverständlich und in angemessener Form zu formulieren. Solange Meinungsunterschiede mit den Eltern noch überwiegend auf der Ebene emotionaler Spannungen ausgetragen werden, ist es verständlich, dass sich Schuldgefühle einstellen, die von der Sache her nicht begründet sind. Ich habe Menschen getroffen, die erpressbar waren, weil sie das Ja zum eigenen Lebensweg diesem Schuldempfinden nicht deutlich genug entgegengesetzt haben.

Wille zur Einsamkeit

Wie das? Ist Einsamkeit nicht das Problem unserer übervollen Universitäten? Ja, und doch erfordert der Prozess des Selbständigwerdens ein hohes Maß an Besinnung auf sich selbst. Es gibt kaum einen Begriff, der in der *SMD* so oft beschworen wird wie die *gute Gemeinschaft*, natürlich aus berechtigtem Grund. Ohne Zweifel aber kann man Spannungen und Entwicklungsprozesse, denen man standhalten sollte, um an ihnen zu reifen, auch vorschnell zerreden. Es ist auch immer wieder erstaunlich, wie schnell sich Menschen, die sich mit Händen und Füßen gegen eine weitere Vereinnahmung durch die Eltern wehren, gleichzeitig mit gleicher Intensität an einen Partner binden und damit nur eine Abhängigkeit durch die andere vertauschen.

Wer einen angemessenen Standort seinen Eltern und seiner eigenen Biographie gegenüber finden will, braucht Ausdauer, Urteilskraft und Geduld. Diese reifen, wenn er sich ganz unmittelbar den Herausforderungen an sich stellt, sie weder zerredet noch ihnen vorschnell durch Selbstentschuldigungen oder Anklagen anderer ausweicht. Das offene Gespräch kann dabei hilfreich sein, wird aber die eigene – letztlich einsame – Entscheidung für den eigenen Lebensweg nicht ersetzen.

Gleiches Recht für alle

Jugendliche sind – selbstverständlich – parteiisch, wenn sie das Eltern-Kind-Verhältnis überwiegend unter dem Gegensatzpaar von eigener Dynamik und elterlicher Restriktion sehen. Das ist naheliegend, besonders für Studenten. Was ändert sich nicht alles in den wenigen Jahren, nachdem sie das Elternhaus verlassen! Es sind Jahre großer innerer und äußerer Kraft und Beweglichkeit. Hinzu kommt eine relative Unbeschwertheit hinsichtlich der Dinge, die Älteren den Schritt verlangsamen können, zum Beispiel Familie und Beruf.

Selbstverständlich bin auch ich parteiisch, wenn ich im Folgenden für die Eltern plädiere: Da haben der Sohn, die Tochter mit neunzehn Jahren das Elternhaus verlassen und sind in den neuen Erfahrungsbereich *Universität* eingetaucht. Die Eltern spüren die Entwicklungsexplosion ihrer Kinder, sind aber viel zu wenig informiert, als dass sie sich adäquat auf die Veränderung einstellen könnten. Vor allem Eltern, die die Welt der Universität nicht aus eigener Anschauung kennen, wird da einiges abverlangt.

Schwierig wird es, wenn sich gar zu deutlich zeigt, dass Sohn und Tochter den Unibetrieb nicht als Ausnahmesituation verstehen, sondern für das Leben schlechthin halten, an dem sich die elterliche Welt messen lassen muss. Sollen aber Eltern mit der studentischen Dynamik und Intensität ihres Sohnes oder ihrer Tochter konkurrieren? Natürlich sind sie bereits geprägt und in ihrer Beweglichkeit verzögert, aber doch nicht (prinzipiell) aus Trägheit oder gar bösem Willen!

Die beiden Positionen einander anzugleichen, wäre keineswegs wünschenswert! Wünschenswert aber ist es, dass mögliche Befürchtungen und Ängste der Eltern ebenso abgebaut werden wie die versteckten und offenen Vorhaltungen des studierenden Kindes. Es gibt viel Erstarrung. Aber die machen wir nicht ohne Liebe geschmeidig!

„Vater und Mutter ehren" – aber wie?

Wir halten uns oft für den Mittelpunkt der Welt. Aber der Kreis ist ein falsches Bild für menschliche Beziehungen. Auch du, der dynamische, ungeduldige, zukunftsoffene, vielleicht auch an deinen Eltern leidende Leser bist nur *ein* Mittelpunkt der Ellipse, sinnvoll auf andere, auf deine Eltern, bezogen. Ob du dich in diesem Bilde wiederfinden oder dich auf Gegnerschaft einstellen willst, wird nicht nur deine Studienjahre bestimmen. Unsere Grundeinstellung entscheidet bereits darüber, ob wir mit den

Eltern im Gespräch bleiben, es vertiefen oder – vielleicht – überhaupt wieder aufnehmen können.

Im Folgenden einige Gedanken, über die du in unserem Zusammenhang nachdenken könntest:

- „Du sollst dir kein Bildnis machen." MAX FRISCH hat diesen Satz aus seinem biblischen Zusammenhang gelöst und auf den Umgang mit Menschen allgemein gedeutet. Wer seine Eltern nur zum Bild eigener Vorstellungen erstarren lässt, wird sich ganz sicher an diesen *Objekten* stoßen.

- Heranwachsenden Kindern wird deutlich, dass auch ihre Eltern mit Schwächen und Schuld leben. Die enttäuschte Übererwartung der Kinder sollte nicht den Blick dafür trüben, dass ihre Eltern darum wissen und daran leiden. Geduld, Barmherzigkeit und Vergebung sind christliche Tugenden auch in der Familie.

- Eltern sind weder Erziehungs- noch Missionsobjekte ihrer Kinder! Schuldzuweisungen vergiften das Verhältnis zu unseren Eltern. Eine geordnete Beziehung zu den Eltern wird allerdings auch das Gespräch über den Glauben fördern.

- Kinder sollten die Vertrautheit mit ihren Eltern nicht einem Belastbarkeitstest aussetzen. Wenn man in den Ferien nach Hause kommt, darf man auch mal einen Abend daheim verbringen ...

Grundsätzliches lässt sich gut bereden. Wie aber soll der konkrete Vollzug aussehen, vor allem bei einem über Jahre belasteten Verhältnis? Da müsste ein persönliches Gespräch im Einzelfall weiterhelfen. Es gehört zum Erwachsenwerden, dass wir ein Ja zu unserer eigenen Biographie finden. Vielleicht müsste auch von der Vergebung eigener und fremder Schuld die Rede sein. Meistens aber liegen die Dinge viel einfacher, wie die drei folgenden Beispiele zeigen.

1) Ein Student, jüngster Sohn seiner verwitweten Mutter, versucht, sich aus der starken mütterlichen Umklammerung zu lösen. Er setzt einen Uniwechsel durch. Nun steht die erste Heimfahrt an, die er wegen der häufigen Auseinandersetzungen fürchtet. Was tun? In diesem Falle half ein Brief, in dem er seine eigene Position deutlich umriss; mündliche Versuche hatten nur Zwist ausgelöst. Nach einer Eruption am Telefon hat dann, weil die Fronten *rechtzeitig* geklärt waren, ein friedlicher Besuch stattgefunden. Die Mutter wusste klar, woran sie war, und hatte Zeit, Dinge aufzuarbeiten.

2)   Was sollen Eltern davon halten, dass ihre Tochter nach einem beachtlichen Sinneswandel Mitglied in einem Verein wird, der sich *Studentenmission* nennt? Eine Mitarbeiterin erzählt zu diesem Thema, wie sich das Misstrauen ihrer Eltern schlagartig gelegt habe, als sie Gelegenheit hatten, ein Wochenende lang zu beobachten, welche „ganz natürlichen" Mädchen ihre Tochter zu Freundinnen hatte. Hier hat jemand mit Hilfe einer Einladung den Eltern einen Einblick in den neuen Lebensbereich ermöglicht, und das wirkte Wunder.

3)   Wo redet eine immer gescheiter werdende Tochter wohl am besten mit ihren bäuerlichen Eltern, wenn sie am Wochenende von dem sprechen will, was ihren studentischen Lebensbereich betrifft? Mit der Mutter in der Küche, mit dem Vater beim Ausmisten im Stall! Natürlich dort, wo beide unangefochten Meister sind und wo sie nicht fürchten müssen, dass zum Beispiel Augenkontakt ihre Unsicherheit verrät. Mit ein wenig Lebensklugheit und Menschenkenntnis fand in diesem Falle eine Mitarbeiterin zu fortdauernd gutem Kontakt zu ihren Eltern.

Hans Bürki

Glaubenswelt und Liebesleben -
unvereinbare Gegensätze?[1]

Erster Brief: Narziß und Goldmund

So schreibst du einmal, was du wirklich denkst. Es muss dich nicht be-
kümmern, weil du den Mut zum Gespräch nicht fandest und „nur" schrift-
lich dich äußern konntest. Man kann brieflich oft überlegter und freier
miteinander austauschen. Wenn wir zunächst einige Briefe wechseln, wird
sich das persönliche Wort von Mund zu Mund auch ergeben.

Der religiöse Glaube und die Geschlechterliebe scheinen dir kaum vereinbar miteinander. So fasse ich deine Ausführungen zusammen. Du hast
Bekannte, die zwar ernsthaft ihren Glauben im Alltag leben wollen, aber
sie sind in sich gekehrt, zurückgezogen; sie hüten sich vor Begegnungen
mit dem andern Geschlecht, sie gehen nicht zum Tanz und meiden die
üblichen Vertraulichkeiten. Andere siehst du, die in diesen Dingen unbe-
schwert und frei sind. Sie machen Erlebnisse, sind weltoffen und begeg-
nungsfreudig, aber vom Glauben wollen sie nichts wissen. Er scheint sie zu
stören, oder er ist ihnen zu wenig lebenswirklich.

Als klassisches Beispiel für diese unvereinbaren Lebensweisen nennst du
den Roman zweier Freunde *Narziß und Goldmund* von HERMANN HESSE.
Der zu sich selbst gewendete Narziß macht seine Erfahrungen mit dem
Leben und mit Gott in der Verborgenheit seines Herzens und des Klosters.
Goldmund hingegen lernt draußen in der Welt bei den Frauen von Umar-
mung zu Umarmung.

Wir stehen hier vor einer grundlegenden Frage. Die Art und Weise, wie wir
sie beantworten, wird unsere Gesamteinstellung zur Liebe bestimmen bis in
die kleinsten Gegebenheiten hinein. Für HESSE – um bei ihm anzuknüpfen
– kann das Grundproblem aller seiner Dichtungen auf einen Nenner ge-

---

[1] Nachdruck des Heftes *Glaubenswelt und Liebesleben (Schriftenreihe „Glaube und Erkenntnis".* Hrsg.: *Vereinigte Bibelgruppen in Schule, Universität, Beruf [VBG]*, Zürich, und *SMD*
Marburg: 1963[2]. Mit freundlicher Genehmigung des Autors; Bearbeitung vom Herausgeber.
Hingewiesen sei auf H. Bürkis Aufsatzsammlung *Ganz Mensch werden. Wachstum, Widerstand, Reife.* Moers: 1993. 96 S., u. a. mit seinen Beiträgen aus PORTA 29 und 34.

bracht werden: der Gegensatz von *Geist* und *Trieb*. Eine Lösung, in der beide Lebensmächte sich verbündeten, gibt es in der Wirklichkeit nicht. Entweder wird die Geschlechterliebe Ersatz für die Glaubenswelt wie in *Peter Camenzind* (1904), für den „die Liebe zu Frauen immer ein reinigendes Anbeten gewesen [ist, ...] Beterhände zu blauen Himmeln emporgestreckt"; oder das Geistesleben wird unter dem Zeichen der großen Entsagung entfaltet wie im *Glasperlenspiel* (1943), in dem sich keine einzige Frauengestalt zeigt. In *Narziß und Goldmund* sind Frauenliebe und Weltentsagung gleichzeitig in mystisch-erotisch geschwängerten Bildern geschildert. Es ist nicht verwunderlich, sondern sehr bezeichnend, dass dieser Roman die höchste Auflage erreicht von den bald zwei Millionen Exemplaren, die seit 1945 von HESSES Werken verkauft wurden.

Was zieht unsere sachliche, skeptische Generation[2] zu diesen Dichtungen? Es ist einmal „dieselbe weiche Süssigkeit der Rede, derselbe Hang zur strömenden Schönheit des Wortes" (MUSCHG) wie bei RILKE. Das öffentlich verfemte Gefühl verlangt im Verborgenen seine Gewährungen. Der ernüchterte Mensch flieht in eine Traumwelt, der „Gebildete" in die Kunst, der andere zum Bildschirm.

Sowohl die triebmäßigen wie die persönlich individuellen Ansprüche des Menschen sind heute aufs Höchstmaß gezüchtet und billig zu haben – aber um den Preis des wirklichen Lebens. Die Pubertätskrise des jungen Menschen, die vor allem im Auseinanderfallen der erwachenden Geschlechtlichkeit und des auflebenden Selbstbewusstseins ihren Grund hat, scheint sich immer mehr zu fixieren und im Erwachsenenalter weiter zu behaupten. Deshalb zieht es gerade *den* Jugendlichen und Erwachsenen, der in der wirklichen Welt den Preis der Liebe nicht erringt, zu HESSE wie auch zu RILKE. HESSE schreibt: „Ich bin ein Dichter geworden, aber ein Mensch bin ich nicht geworden. [...] Mein Dichten ist persönlich, ist intensiv, ist oft für mich selbst beglückend, aber mein Leben ist es nicht." Von RILKE gilt Ähnliches. Er schreibt 1913: „Ich bin gar kein Liebender, mich ergreift's von außen, vielleicht weil mich nie jemand ganz und gar erschüttert hat." Von seiner Dichtung schreibt HOLTHUSEN „im Sinne einer sehrenden und schwelgerischen, polypenhaft um sich greifenden Hypertrophie des Fühlens".

Mich wundert es nicht, dass du von HESSE begeistert bist. Du könntest für dich die Aussage abwandeln: „Mein *Lesen* ist persönlich, ist intensiv, ist oft für mich selbst beglückend, aber mein *Leben* ist es nicht." Du hast mir davon nichts geschrieben, aber ich schreibe es dir: Die Liebesszenen haben

---

[2] Geschrieben Anfang der 60er Jahre.

dich am meisten beeindruckt, du hast sie mehrmals gelesen, du weißt, wo sie stehen. Davon leben deine geheimsten Träume und Vorstellungen; mit diesen inneren Bildern gehst du durch die öden Straßen deiner Stadt.

In der *Wirklichkeit* aber bist du schüchtern und gehemmt, wagst dich kaum ans andere Geschlecht auch nur zur flüchtigen Begegnung. Im Alltag: Bei dir selbst bist du entschlussarm, verletzlich und unsicher, aber diese Wirklichkeit willst du nicht wahrhaben. Damit findest du dich bei HESSE wieder: „Die Wirklichkeit [...] ist lästig genug; [...] sie ist der Abfall des Lebens. Und sie ist diese schäbige, stets enttäuschende und öde Wirklichkeit, auf keine Weise zu ändern, als indem wir sie leiden, indem wir zeigen, dass wir stärker sind als sie."

Hier steht HESSE in der Ahnenreihe der Heilbringer des Ostens: Für sie ist alles Irdische Unwirklichkeit, der große Schleier, *Maya*. Der überwache Geist des Abendländers sucht Frieden im süßen Schlaf des All-Einen; sein blitzheller Verstand flüchtet ins Dunkel warmer Träume aus dem Unbewussten. Die „Dämonie des Willens" weicht dem ständigen Gewähren. HESSE: „Ich bekenne mich zur asiatischen Passivität."

Du wirst mich fragen, was das alles mit unserer Ausgangsfrage zu tun habe. Nun, dir scheinen religiöser Glaube und Liebesleben unvereinbare Größen. Du findest in Leben und Dichtung Bestätigung dafür.

Eine *Lösung* dieser Frage sucht jeder, auf eine *Erlösung* von diesem Kampf hoffen alle. Je nach ihrer Vorentscheidung, welche ihre Grundeinstellung zur Welt und zum Leben bestimmt, wird auch die Antwort sein, die sie geben und glauben. Der Widerspruch von *Geist* und *Trieb* soll überwunden werden durch einen Rückzug aus der wirklichen Welt hinein in die Innenwelt der Seele, in das Traumland des Schönen, wo die Gegensätze sich aufheben, soll die Geschlechterliebe zum wahren Gottesdienst verdichten im Entsagen der Weltwirklichkeit. So können die Wonnen des Fleisches und des Geistes versöhnlich genossen werden, vorab im sehnsüchtigen Verlangen und wehmütigen Nachklingen, kaum in der „stets enttäuschenden Wirklichkeit". Für diese „Lösung" hast du dich bis jetzt begeistert. Was dir der christliche Glaube zur Liebesfrage beiträgt, erscheint dir ungeeignet und unnötig. Darüber wolltest du dennoch etwas von mir vernehmen.

Meine Antwort auf deine Hauptfrage habe ich dir nicht gegeben, wirst du enttäuscht denken. Lass mir in einem nächsten Brief Gelegenheit; in dem jetzigen wollte ich mit dir den Begründungen deiner gegenwärtigen Aussicht nachgehen. Erst wenn wir uns darin verstehen, werden meine Versuche bei dir landen. Und schreibe mir, wo du anders siehst und ich deine Sicht falsch sehe. Alle deine anderen Fragen müssen wir zurückstellen.

Zweiter Brief: Glaube und Liebe – Sinn oder Unsinn?

Du hast heftig reagiert auf meinen Brief. Bist du getroffen worden? Habe ich dir Unrecht getan? Lass mich zuerst einige offensichtliche Missverständnisse bereinigen. Mit dem *Osten* meine ich nicht die kommunistische Welt, sondern vor allem den Buddhismus, aber auch die religiöse Tradition in Japan und China. Unter der *Ahnenreihe* verstehe ich Namen wie SCHOPENHAUER (1819: *Die Welt als Wille und Vorstellung*; für ihn war unsere Welt „die schlechteste aller Welten"), WAGNER, NIETZSCHE, sodann in der Psychoanalyse FREUD.

Du wehrst dich gegen meine „leblose" Wirklichkeitsauffassung. Du verabscheust mit HESSE die langweilige Verstandeswelt der toten Tatsachen. Da gehe ich allerdings mit dir einig: Die Wirklichkeit ist weit mehr, als was wir sehen, messen und verstehen können. Was ich meine, können wir noch einmal mit HESSEs Worten abwandeln: Mein *Leben* (und Lieben!) ist persönlich, ist intensiv, ist oft für mich selbst Beglückung. – Das verstehe ich unter *Wirklichkeit*. Du aber weißt, dass es bei ihm heißt „mein Dichten"! Sein *Leben* sei nicht so, sagt er. Ich will dir nicht HERMANN HESSEs Dichtung abtun, dazu habe ich auch kein Recht; ich will dich durch meine Einwände nur zur eigenen Auseinandersetzung und zur persönlichen Stellungnahme reizen. Ich weiß, dass einer etwas Wahres sehen und sagen kann, auch wenn es in seinem Leben nicht sichtbar ist. Aber auf die Grundstimmung gilt es zu hören mit wachem Herzen. Wie des Dichters persönliches Liebesleben beschaffen ist, darüber sagt er manches aus. Man müsste auch darauf hören. Seine Dichtung über Liebe kann, abgesehen davon, noch immer schön und wahr sein. Ob das der Fall ist, musst du selbst mit dir ausmachen.

Ich traue dir das zu. Du hast eingestanden, dass dich die Liebesszenen am meisten erregen. Ich kenne junge Menschen, welche sie zu „verwirklichen" suchten und daran zerbrochen sind. Gewiss, man kann dafür nicht den Dichter direkt beschuldigen, aber man wird den der Dichtung zugrunde liegenden Auffassungen von *Liebe, Glaube und Wirklichkeit* nachfragen müssen, um sich persönlich entscheiden zu können. Nun, *meine* persönliche Stellungnahme wirst du erst im Zusammenhang sehen können, wenn du endlich weißt, welches meine Grundauffassung ist. Diese zu erläutern, hilft mir dein Haupteinwand aufs beste. Du schreibst: „Auch der Glaube ist eine Flucht vor der Wirklichkeit." Du ziehst dann bei weitem die Liebe vor, „wenn schon geflohen sein muss".

Ich muss dir ohne weiteres Recht geben, dass für viele Menschen der Glaube eine Flucht aus der gegenwärtigen Welt bedeutet. Mit ihrer Religion schirmen sie sich ab von den Enttäuschungen, Leiden, Anstürmen, Widerständen, die das lebendige Leben mit sich bringt. Sie fühlen sich wohl im Kreise der Gleichgesinnten, sie wissen sich sicher in ihrer geglaubten Welt, in ihren religiösen Riten und Rechten. Auch diese Menschen sind gekennzeichnet durch jene seltsame Passivität, die anzeigt, dass die unmittelbare Berührung mit dem Leben verloren ging. Ob sich die einzelnen dann *Buddhisten* oder *Christen* nennen – ihre Religion ist Flucht vor der Wirklichkeit.

Aber nicht jeder Glaube muss so sein, wie nicht jede Liebe notwendig Flucht bedeutet und Illusion. Wer wirklich glaubt und liebt, ist es, welcher im vollen Leben steht: persönlich, intensiv, unmittelbar. Aber wer bringt das fertig? HESSE rät, die nicht zu ändernde Wirklichkeit zu leugnen. Vom Glauben aber heißt es: „Dies ist der Sieg, der die Welt überwunden hat, unser Glaube." (1 Joh 5,4). *Leugnen heißt verdrängen, verneinen, unerledigt abweisen. Überwinden heißt, auf dem Wege zur Herrschaft sein.* Für das Wort *Welt* kannst du auch *Geschlechtlichkeit* einsetzen, auch dann gilt der Unterschied zwischen *Leugnen* und *Überwinden.* Wie wird das wirklich?

Du musst dich einfach noch einmal ganz neu mühen um das erste Geheimnis des christlichen Glaubens, als hättest du davon nie gehört. Werde ich dir davon schreiben können? Fast zweifle ich daran. Du wirst sofort instinktsicher reagieren auf dir bis zum Überdruss bekannte Worte. Aber ich muss dir dennoch zutrauen, dass du dir Mühe geben und mit Aufmerksamkeit über das nachdenken wirst, was ich schreibe.

Ich frage mich: Hat Gott wirklich Interesse an unserer Welt, schärfer: an unserem Leben, noch deutlicher: an mir, an meiner Geschlechtlichkeit, meinem Leben, an meinen paar Jahrzehnten? – Ich weiß das nicht sicher. Ja, wenn ich mir nichts vormachen will, wenn ich nicht fliehen will, muss ich gestehen, dass ich daran zweifle. Hat es einen Sinn, dass junge Mädchen an *die Liebe* glauben, dass Leben in ihnen keimt, dass sie Mutter werden und Kinder gebären, zu Millionen, täglich, stündlich? Hat es einen Sinn, Kind zu sein, halbschlafend noch, ungeschützt, ungestillt schon?

Und wenn ich allein bin, endlich einmal, und mich frage: Wo ist der Sinn meiner Jugend und meiner Reife und meiner Arbeit? Worauf hoffe ich? Hat *Liebe* einen Sinn, hat *Religion* einen Sinn? Besteht ihr Sinn darin, dass sie uns den Unsinn übersehen oder leugnen oder tragen helfen? Wer kann bejahen, wer verneinen? Was nützt es?

Einer ist da gewesen, den eine unbekannte Mutter unter dem Herzen getragen und mit Schmerzen in diese Welt gepresst hat, der ein Kind war unter

Unmündigen, der gespielt und gelernt hat, der Blumen und Tiere gesehen und geliebt hat. Er wurde zwölf Jahre alt, und er stellte Fragen, und er suchte Antwort, und er dachte nach, und er betete, und er las im Buche. Er lebte in einer Familie. Er lernte ein Handwerk. Dann war er ein junger Mann. Einmal siebzehnjährig, dann zwanzigjährig, dann dreißig. Er wurde versucht, ob die Welt einen Sinn habe, ob er den Sinn erzwingen wolle, sichtbar, sofort, sicher. Und er bestand, und er lernte Gehorsam, und er freute sich und litt und weinte und kämpfte und liebte.

So ist das nun für mich: Weil dieser Eine unter uns lebte, muss ich nicht aus dieser Welt hinaus flüchten, weder in eine Glaubenswelt noch in eine Liebeswelt. Ich muss das nicht mehr, denn Gott kam zu *mir* in diese, meine Welt. Nur darum muss ich nicht aufschreien vor einer werdenden Mutter. Nur darum muss mich der Ekel nicht packen vor dem rasend zeugenden und verschlingenden Leben. Nur darum schüttelt mich nicht Hohnlachen bei den Liebesschwüren junger Menschen, wenn ihnen die Welt als neu ersteht. Nur darum muss ich die unaufhörliche Folge der Generationen, der Völker, der Kriege und der Kulturen nicht verfluchen als ein sich drehendes Rad, als ewige Wiederkehr des Unsinns.

Es war mühsam und unbefriedigend, den ständig sprungbereiten Zweifel in Schach zu halten und mit Lebensgenüssen zu füttern, die ihn doch nicht stillten. Auch die fromme Speise hielt nicht lange; er lauerte unablässig auf einen unbewachten Augenblick. Oft gab ich mich ihm hin, zum Fraß und zur Lust, wenn ich müde war. Ich vermochte die Weltordnung nicht aufrechtzuerhalten, mein Wille und Verstand zerbrachen unter dem Übergewicht des Unsinns. Da aber stand der Eine, der überwunden hat, und bestätigte das Menschenleben, indem er es *lebte*. Er beglaubigt die Jugend durch sein Knabenalter, und er besiegelt die Liebe durch seine Liebe. Er verankert die Ehe im Willen Gottes durch sein Vollmachtswort, er adelt den ledigen Stand durch sein Vorbild, er verpflichtet das Dasein durch sein Wirken, er besiegt meine Zweifel durch seine Vergebung. Als „Ideal" wäre mir das Flucht. Als Wirklichkeit ist mir sein Leben Sinn meines Lebens.

Meine grundlegende Antwort hast du nun. Ob du sie hören kannst? Du verzeihst mir, dass ich dich noch einmal auf den nächsten Brief verweise für deine Einzelfragen. Sollen wir in die Luft bauen ohne Grund?

Dritter Brief: Wer glaubt, flieht nicht

Ich war wirklich gespannt, wie du meinen letzten Brief auffassen würdest. Deine Antwort zeigt mir, dass du nachdenkst. Da ich dich zögernd, ja fast uneingestanden verlangend schon vortasten und doch wieder zurückschrecken sehe, erkenne ich erst deutlich das komische Gebaren der Menschen, wie sie blind-täppisch allen Sirenen, die Liebe flüstern oder heulen, vertrauen, ohne Angst, es sei Täuschung oder Flucht. Es ist ihnen gleich. Wo aber Ahnungen des Glaubens sich regen, wo das Gotteslicht aufleuchten möchte in ihnen, da werden sie misstrauisch und langsam. Lassen sich aber die Liebenden abhalten vom ekelhaften Abfall der Liebe? Kann dich das grausigste Zerrbild des Glaubens hindern, wenn du die Wahrheit willst?

Du fragst, ob schließlich nicht selbst dieser Christusglaube eine Flucht sei, wenn auch die weitaus feinste und schönste, die raffinierteste von allen. Deine Frage nötigt mich, noch deutlicher zu werden. Versuche, vor einem zweiten Geheimnis standzuhalten, ohne Flucht in Gemeinplätze.

Der da gekommen war, hat das Hässliche, Böse und Widersinnige *nicht* weg-geleugnet. Ein Leben und Sterben lang fraß der wütende Unsinn an ihm. Der Fluch, den *ich* unterdrückte – er wurde über *ihm* ausgesprochen. Der Ekel, den *ich* mir fernzuhalten suchte – als schleimiger Speichel tropfte er über *sein* Gesicht. Die Fratze, die mich hinter der Schönheit schreckte, verunstaltete sein Aussehen. Der Schrei, den ich unterdrückte – er schrie ihn hinaus. Das Hohngelächter, das ich wegscheuchte, durchgellte seine Ohren. Der Zweifel, den ich verscheuchte, zerschlug ihn. Die Sünde, die ich liebte, zerbrach ihn.

Ich weiß nicht, ob es stimmt, aber man sagt, dass GRÜNEWALD seine *Kreuzigung* – hast du den zerschundenen Leib gegenwärtig? – zu dem Zwecke gemalt habe, damit man von Geschwüren zerfressene Kranke vor das Altarbild tragen und sie im Anblick des Gehängten gesunden konnten. Nimm allen Verrat des Daseins, nimm alle Gemeinheit und alle Laster, alle wahnsinnige Gier und alles Gleißen der Lüge und alle Lust des Mordens und alle Feigheit der Trägen und mache daraus eine einzige Schlange, eine harte, eiserne, giftige, und stecke sie auf eine Stange. Dort hängt sie, die Schlange, die verruchte und verfluchte. Dort hänge ich, der Verfluchte und Verruchte. Er für mich, ich mit ihm. Wer auf die eine Schlange sah, über den hatten die vielen Schlangen keine Macht mehr. Meinst du, *das* sei eine Flucht? Denke nach, genügend lange. „Wie Mose in der Wüste die Schlange erhöhte, so muss der Sohn des Menschen erhöht werden, damit jeder, der glaubt, in ihm ewiges Leben habe." (Joh 3,14f).

Deine zweite Frage: „Aber demonstriert Jesus nicht trotz allem die Unvereinbarkeit von Frömmigkeit und Liebeslust?" Gewiss, er war unverheiratet, aber er ehrte die eheliche Liebe durch sein Mitkommen auf eine Hochzeit und durch sein bestätigendes Wort von dem unveränderten Gotteswillen für die umfassende Gemeinschaft von Mann und Frau. JOHANNES DER TÄUFER nannte sich *Freund des Bräutigams*. PAULUS brauchte dasselbe Liebes-Bild für die Verbundenheit von Christus mit seiner Gemeinde.[3] Doch das ist dir zu wenig wirklich. Dann bedenke diesen Vergleich: HESSE lässt seinen Helden in der *Legende aus dem alten Ägyptenland* sagen: „Wie gut ist es doch, dass ich diese weltferne Hütte habe! Da schon die Berührung meiner Hand mit dem Haar einer Frau mich so zu erregen vermag, wie sollte ich untadelig bleiben können, wenn ich inmitten der Welt leben müsste."

Und Jesus? Weißt du, dass er inmitten der argen Welt mit Frauenhaaren, mit Frauenhänden und Frauenküssen und Frauentränen in Berührung kam? Die „Sünderin", die seine Füße küsste, war eine heiße Frau, sie erregte den Anstoß der Mitzeugen. Er aber verteidigte sie. Er war und sprach auch mit Frauen allein, einmal am Brunnen und einmal in den Sand schreibend. Zwei Frauen, die er liebte, werden mit Namen genannt, *Maria* und *Marta*. Eine Frau berührte sein Kleid, ein Mädchen nahm er bei der Hand, zu einer Kranken kam er ans Lager, Kinder nahm er in seine Arme und herzte sie.[4] Selbstverständlich und frei bewegt er sich unter den Menschen, hilft, liebt, lehrt und heilt, wo sich die Herzen öffnen; mahnt, kämpft und züchtigt, wo sie sich schließen. (Er weiß, wie man eine Peitsche macht und handhabt!) Ebenso selbstverständlich betet er in der Einsamkeit des Morgens oder der Stille der Nacht, wie er im Schiff auf einem Kissen schläft oder zu einem Gastmahl sitzt.[5]

Genügt dir das, oder meinst du wirklich, man müsse *Liebe* noch anders beweisen, etwa nach BERNHARD SHAW: „Jeder, der sich nicht schon in einem Hurenbett mit einer Diät aus Kokain ernährt hat, wird heutzutage asketisch genannt"?

Dann also zu deinen einzelnen Fragen. „Warum macht uns die Geschlechtlichkeit so viel Mühe?" Es liegt nicht an der Geschlechtlichkeit, sondern an uns. Unser Herz ist im Zwiespalt geschwächt. Wir sind nicht Herren, sondern Sklaven, bis der rechtmäßige Herr, der die Welt überwunden hat, auch unser Herz überwindet, einigt und beherrscht. Das Wichtigste von allem wollte ich dir nur deshalb noch nicht sagen, damit du nicht kurzschlüssig denkst, es sei eben trotzdem alles nur Flucht. Jener Eine, auf den ich alle meine Karten gesetzt habe: Er lebt. Der sich beschränken ließ an einen Ort, in ein Volk und eine Sprache und ein paar Jahrzehnte, er lebt jetzt unbe-

---

[3] Joh 2,1ff; Mt 19,3ff; Joh 3,29; Eph 5,21ff.
[4] Luk 7,36ff; Joh 4,1ff; 8,3ff; Joh 11,1ff und Lk 10,38ff; Mt 9,20-22; 9,23-25; 8,14ff; Mk 10,13-16.
[5] Joh 2,13ff; Mk 2,35; Mt 14,23; Mk 4,35ff; z. B. Lk 7,36ff.

schränkt. Er ist immer und überall da, so nah, zeitlich und räumlich wie sein Name, weil keine Zeit und kein Raum ihn hemmen.

Flucht? Meine nur nicht, dass *Menschsein* leichter fasslich sei als *Gottsein* oder *Menschwerden* leichter als *Auferstehen* – denn darum geht es ja, wenn dieser Eine wirklich leben soll. Alles oder nichts, Sinn oder Unsinn. Diese Grenze vereitelt jede Flucht. Der Glaube hält Wache.

Eine billige Lösung für die Geschlechtlichkeit ist das nicht. Zu oft sind wir genarrt worden und zu sehr gewöhnt an den Missbrauch, als dass wir so ohne weiteres umlernten und umstellten auf das Neue, das der Glaube dem bringt, der nicht flieht.

Du gestehst mir deine vergeblichen Kämpfe. Selbst das Beten habe dir nicht geholfen. Ich vermute, dass gerade die Erfahrung des scheinbar nutzlosen Betens dich bestärkte oder dir gar die Begründung gab, dass Glaubenswelt und Liebesleben nicht vereinbar seien. Wofür oder wogegen hast du denn gekämpft und gebetet? Gegen deine Geschlechtlichkeit zu kämpfen ist so unsinnig, wie gegen deine Vernunft oder gegen dein Leben zu kämpfen. Bald verdächtigen oder verteufeln wir das Gefühlsleben (wie „fürchterlich" ist das Urteil, *sentimental* oder *romantisch* zu sein), bald den Verstand, bald die Geschlechtlichkeit. Das alles nur dazu, dass wir unser Herz, uns selbst entschuldigen können. Nicht *ich* bin es, sondern meine Nerven; nicht *ich*, sondern meine Triebe. *Das* ist Flucht! – in die Selbsterlösung.

Der alte Trick: Wir erklären den Leib und die Triebe für böse, den Geist und die Vernunft für göttlich und gut. Dann leugnen wir die Triebe (Flucht aus der Welt und der Liebe) und „vergeistigen" uns (Flucht in Kunst und Religion). Dass der Leib, die Welt, die Materie böse sei, ist heidnisches Denken, ob im buddhistischen oder griechischen Gewand, ob philosophisch, theologisch oder dichterisch gekleidet; es ist Ausdruck der Sünde, des Abfalls vom Schöpfer, des Zwiespalts mit der Schöpfung.

Die Bibel kennt die kindliche dankbare Sinnenfreude an der gesamten Schöpfung, am Baum und an der Blume, mit eingeschlossen den Menschen, und beileibe nicht nur seinen Geist oder seine Seele! Lies im *Hohenlied*, wie der Geliebte „seine Schwester, seine Braut" sieht, ja, sieht und besingt; und sie hält ihm stand. Sie flicht nicht, sie ist da. Da ist wahre Dichtung, dichte Wahrheit, Herz an Herz, Leib an Leib; nie verschämt, nie prüde und nie flach oder frivol, vielmehr persönlich, intensiv, unmittelbar, eben: wirklich.

Das ist nicht primitiver Optimismus, was uns da entgegentritt. Viele versuchten, ein Mädchen „so einfach" zu lieben wie eine Blume, aber das „fromme Blumengesicht" (HEINE) zerblätterte schnell unter dem Gifthauch der Gier. Viele „Mädchenknospen" stellten sich mutwillig in den Glutstrahl einer flüchtigen Sonne – „Liebe ist doch so natürlich" –; zur Reife gelangten sie nie. Darum heißt es dreimal im *Lied der Lieder*: „Ich beschwöre euch, dass ihr die Liebe nicht aufweckt, bis es ihr gefällt." (Hld 2,7; 3,5; 8,4). Was sich heute *Freiheit zwischen den Geschlechtern* nennt, ist meistens sklavischer Kurzschluss, triebhafte Gebundenheit, da der baldige Ekel nur notdürftig ästhetisch parfümiert wird. *Das* ist Flucht. Wer glaubt, der flieht nicht.

Aber du schreibst, dass dir dein Glaube nicht geholfen habe. Ich frage dich, wofür du gebetet hast. Wenn du glaubst, *weißt* du, dass dein Leib der Tempel des Heiligen Geistes geworden ist (1 Kor 6,19). So bitte nun darum, dass sein Herr die Peitsche nehme und aus deinem Herzen allen Händler- und Krämergeist austreibe, so lange und so oft er es für nötig findet (Joh 2,13ff). Was willst du? Ungeschlechtlich werden, keine „Geschlechtlichkeit" mehr verspüren, keine Anziehung zum anderen Geschlecht mehr empfinden? Wenn du um die Verstümmelung des Tempels bittest: wird er dich hören? Aber wenn du um Reinigung des ganzen Tempels bittest, wird er eingreifen. Doch fliehe nicht vor der Peitsche: vor deinem Versagen, vor deiner Demütigung und Ungeduld und Rebellion.

Wenn du nur ein einziges Mal merkst, wie du ein wirkliches, leibhaftiges Mädchen siehst, so siehst, dass du dankst und dich freust, so freust wie an der Rose – wenn du das einmal erlebst, wenn auch nur einen Augen-Blick lang, so wirst du das nie mehr vergessen können. Die lautere Kraft, die in dein eigenes Herz zurückstrahlt aus deinem schenkenden Blick, das wirst du nicht mehr vergessen. Und einem Mädchen würde ich schreiben: Wenn du nur einmal einem Mann begegnest so frei von allen Berechnungen, dass du ganz du selbst bist, dann wirst du erkennen, wie sein Auge sich lichtet, und du wirst spüren, dass ihm der Mut wächst zum Wachen und Warten. Du wirst das nie mehr vergessen.

Dann fängst du an zu lernen in der Schule deines neuen Meisters, dass Glaubenswelt und Liebesleben nicht zwei Fächer sind im Unterricht, sondern eines in der Wirklichkeit. – Ich weiß, dass du noch mehr zu fragen hast, dass du noch Deutlicheres vernehmen willst. Bedenke, was du jetzt weißt. Eine einzige wahre Erfahrung in Glaube und Liebe wird dich weiterführen als hundert Briefe.

Vierter Brief: Der Tiger

„Wenn dieser Eine, von dem du mir schriebst, wirklich so bejahend zur Menschenliebe eingestellt ist und wenn dieser jetzt für uns lebt – kann er dann nicht machen, dass wir ein für alle Mal mit der Geschlechtlichkeit fertig werden?" So fragst du. Aus deiner Frage spricht der notvolle Kampf, das angespannte Warten, die Übermacht der Vorstellungen und Wünsche, der Widerspruch von Angst und Verlangen. Ich glaube, dass ich dich darin verstehe und ernst nehme. Aber in diese deine Lage hinein muss ich dir antworten, was dir zuerst eine Enttäuschung, dann aber – wenn wirklich erkannt – eine Hilfe sein wird: Wir werden *nie* „fertig mit der Geschlechtlichkeit". Es gibt keine *endgültige* Lösung für die Geschlechtlichkeit, auch keine christliche. Das Geschlechtliche verneinen, verleugnen, abspalten und unterdrücken, oder es in vollen Zügen genießen und ausleben – niemand ist auf diese Art fertig geworden damit. Lass mich dir diese Behauptung durch eine Geschichte illustrieren.

Es war einmal ein Wärter, der gab seinem anvertrauten Tiger täglich blutiges Fleisch durch die Gitterstäbe und redete ihm freundlich zu. Des Tigers grünglühende Augen folgten jeder geringsten Bewegung des Mannes. Dann betete dieser, Gott möge den Tiger zähmen. So tat er jeden Tag. Aber er wusste nicht, ob er erhört war, bis zu jener Stunde, da ein kleines Mädchen in einem unbewachten Augenblick den Eisenstäben zu nahe kam. Ein Schlag mit der Pranke – ein Aufschrei. Als der Wärter erschien, fand er zerrissenes Menschenfleisch und Blut. Vor Entsetzen trieb er den Tiger in ein dunkles Loch, wo kein Mensch hinkam. Das nächtliche Gebrüll aber ließ den Wärter nicht mehr schlafen. Immer sah er im Traum das zerrissene Mädchen. Dann schrie er auf vor Qual. Und da er es nicht mehr aushalten konnte vor Gewissensbissen und Angst, bat er Gott, er möge ihn erlösen von dem Tiger.

Da gebot ihm Gott, den Tiger in seine Wohnung hereinzulassen. Er aber meinte, es sei die Strafe für seine Nachlässigkeit. Und weil er so nicht mehr weiter zu leben vermochte, öffnete er das Verließ und erlaubte dem Tiger, in sein schönstes Zimmer zu dringen. Da stellte er sich ihm. Jetzt bat er Gott nur noch um seinen Willen: Tod oder Leben.

Sie sahen sich lange in die Augen. Als der Tiger merkte, dass der Mensch ohne Furcht war und sein Atem ruhig ging, wurde er still. Das war der Anfang. Das wiederholte sich jeden Tag. Doch wenn der Mann das Brüllen hörte, beschlich ihn erneut die Angst, und er wollte ihn am Morgen nicht mehr hereinlassen. Aber Nacht für Nacht schwoll der Tigerlärm an – bis der Wärter sich stellte. Jeden Morgen.

Nach Jahren wurden die beiden gute Freunde. Der Mann konnte den Tiger berühren, ihm seine Hand zwischen das Gebiss legen, ihn durch einen Feuerring springen lassen; aber aus den Augen durfte er ihn nie verlieren. Wenn sie sich ansahen, erkannten sie sich und wussten dankbar, dass sie zusammengehörten und einander nötig hatten zu einem volleren Leben. Doch wenn sie sich zufällig nur für eine Sekunde den Rücken drehten, wurden beide unsicher, und die Angst stellte sich zwischen sie, Angriff und Verteidigung fordernd.

Diese Lebensschule aber brachte den Mann zur Reife und Freiheit. Der tägliche Anspruch des Tigers hielt ihn in der Übung und Wachsamkeit. Aber sich gewöhnen und sicher werden, das wollte er nicht. So bat er nicht mehr um die Erlösung von dem Tiger, sondern von seiner Angst um sich selbst. –

Die Geschichte magst du dir im einzelnen selbst ausdeuten. Lass uns dieses festhalten für unsere Frage: Du kannst deiner Geschlechtlichkeit nicht entfliehen, denn du *bist* sie selbst, sie ist *du*. Du musst dich ihr stellen. Denn deine Geschlechtlichkeit ist in deinem Wachen und Schlafen; wenn du arbeitest und wenn du spielst, so ist sie mitbestimmend dabei; in deinen heiligsten Gefühlen und geistigsten Gedanken, in deinen reinsten Gebeten und Erhebungen der Seele ist sie da, nicht wie ein fremder Gast, nicht als etwas Zusätzliches von außen. Nein, mehr noch, *sie selber* fühlt und denkt und betet in deinem Ich. D*u bist* die Geschlechtlichkeit. Es gibt gar keine geschlechtslosen Menschen. Es gibt nur Männer-Menschen und Frauen-Menschen. Was einer ist und tut, das ist und tut er immer als Mannwesen oder als Frauwesen, als Mensch seines Geschlechts, das immer da ist, aber nie fassbar. Doch wir wollen über die Geschlechtlichkeit so verfügen, wie wir über uns selbst verfügen möchten: ein für alle Mal fertig werden, in der Hand haben.

Du weißt, wie das steht mit dem *Erkenne dich selbst*. Wie zum Verzweifeln unmöglich das ist, hat NIETZSCHE erkannt und ausgedrückt: „Zwischen hundert Spiegeln / vor dir selber falsch [...] / in eignen Stricken gewürgt. / Selbstkenner! / Selbsthenker! [...] / zwischen zwei Nichtse / eingeklemmt, / ein Fragezeichen. [...]" Das ist das Seltsame, dass der Mensch mit sich selbst nie fertig wird, dass er sich nie völlig zur Verfügung hat, obwohl er nichts sehnlicher begehrt als dieses eine. Aus diesem ungestillten Verlangen und Widerspruch entspringt alle Not, auch die geschlechtliche.

Hier musst du noch einmal die biblische Antwort sorgfältig bedenken: Wir haben uns nur, wenn Gott uns hat. Alles gehört uns, steht uns in dem Maße zur Verfügung – auch die Geschlechtlichkeit –, wenn und in dem Maße, wie wir Gott gehören und ihm zur Verfügung stehen. *Gott hat uns geschaffen.* Das bleibt eine allgemeine Feststellung, solange wir nicht persönlich dazu Stellung genommen haben durch eigene Zusage und unseren Dank: „Ich empfange mich aus deinen Händen. Ich danke dir, dass du mich geschaffen hast."

Wie lange geht es, bis ein Mensch seinen Gaben und Schwächen, seinem Geschlecht und seiner Geschlechtlichkeit, seinem Wirkungsfeld und seiner Lebenszeit klar in die Augen sieht und ein ungeteiltes Ja dafür hat, weil er alles, sich selbst aus Gott und auf Gott bezieht!

Erst wer sich *empfangen* hat von Gott, kann sich an Gott *hingeben.* So gehört und lebt ein Christ dem, der sich für ihn hingegeben hat. „Wisst ihr denn nicht, dass euer Leib der Tempel des heiligen Geistes ist, der in euch ist und den ihr von Gott habt, und dass ihr nicht euch selbst gehört? Denn ihr seid teuer erkauft; darum preist Gott mit eurem Leibe!" (1 Kor 6,19f). „Ich danke dir, dass du mich erlöst (erkauft) hast. Mein Leib, mein Leben gehört nun dir, nicht mehr mir. Verfüge du darüber." So beginnt das Christenleben.

Man meint zwar, man müsse sein Leben verlieren; so war dem Wärter zumute, als er den Tiger zu sich hereinließ. Aber das war der Anfang des *Lebens.* Der Tiger lässt uns keine Ruhe – und das ist nicht nur unsere Geschlechtlichkeit, sondern unser Ich –, bis wir uns ihm stellen; das heißt aber: sich dem Schöpfer und Erlöser unseres Lebens stellen. „Herr, du hast mich erforscht und erkannt; wohin sollte ich fliehen vor deinem Angesicht? Siehe, du bist da. So erforsche mich, Gott, und erkenne mein Herz." (Ps 139,1.7.8.23). Wir sind uns selbst eine ständige Erinnerung und Ermahnung an Gott, Tag für Tag, Auge in Auge.

Ich muss dich noch einmal bitten: Nimm dir die Mühe und übersetze meinen Brief selber auf deine praktischen Fragen. Was würden dir meine „Ratschläge" nützen, wenn sie nicht aus der Einsicht deines eigenen Lebens geboren würden? Wie oft hören und lesen wir etwas, und es dringt nicht in unsere Herzen, weil wir noch nicht bereit sind. Wozu du bereit bist, das wirst du verstehen und erproben.

Was du von der Selbstbefriedigung schreibst, lässt sich doch bestens an der Tigergeschichte klarstellen. Aber was nützt es dir, wenn du es nicht selbst siehst? Willst du vom Tiger erlöst werden, oder willst du dich ihm stellen und ihn zu dir hereinlassen? Willst du, dass Gott dich von diesem lästigen „Ding" befreie, *bevor* du gemerkt hast, dass du dir selber lästig bist, oder *bevor* du bereit bist, deinem rechtmäßigen Herrn zu gehorchen?

Du sagst, du seist bereit, aber es habe sich dennoch nichts geändert. Ja, nachts bist du bereit in den Träumen, weil das Gebrüll dich ängstet und die ständige Mahnung dir zu schaffen macht. Aber am Tag weichst du aus, wenn es wirklich gilt. Jedes Mal, wenn der Wärter Angst hatte, suchte er Trost in den Büchern, im Glauben, in der Arbeit, im Geschlechtlichen. Aber die Angst wuchs nur – bis er sich stellte. Dann, Aug' in Aug' mit dem Tiger, mit sich selbst, mit Gott, war er frei von der Furcht. Dann konnte er sich selbst, den andern und Gott begegnen durch die Bücher, durch die Arbeit, durch seine Geschlechtlichkeit, durch seinen Glauben. Nicht ein für alle Mal, sondern täglich neu und wachstümlich, und um den Preis der Wachsamkeit und Hingabe.

Und noch so viele Rückfälle vermochten seine Lebensfreude nicht mehr rückgängig zu machen, denn der Mut zum Leben, zu sich selbst und zu Gott wuchs ihm mit der Bereitschaft zum Sterben. *Sterben* bedeutete für ihn immer mehr das eine: nicht mehr sich selbst gehören, nicht mehr sich selbst leben. Das ist aber die *Liebe,* die sich selbst gehört, weil sie sich frei gibt. So fand er Befriedigung, ohne sie zu suchen.

Da stehen wir auch vor der Tür zu deiner anderen Frage: „Wie weit darf man gehen in den Beziehungen zum anderen Geschlecht?" Wie weit? So weit du kannst! Lege dem Tiger deine Hand ins Gebiss, wenn du kannst. So weit darfst du gehen, wie weit die Liebe reicht. Aber lass dich nicht blenden von den vielen, die zwar den Tiger hereinlassen, aber ihre Hand verlieren oder den Kopf, weil sie sich überschätzten. Der Sinn für das Gemäße, das heißt für das, was *jetzt* richtig und reif ist, muss leider oft erst durch bittere Enttäuschungen erworben werden. Da es alle so schnell und so leicht tun, kommt keiner auf den Gedanken, dass Küssen eine Kunst sein könnte. Und was ist einfacher, als sich zu umarmen? Aber das geht doch nur, wenn du den Tiger im dunklen Loch hast – nur nachts brüllt das Gewissen –; oder aber, wenn er sich auslebt, zerreißt er plötzlich dein kleines Mädchen.

Lass dir nicht imponieren von denen, die so mühelos tanzen, umarmen und küssen. Schäme dich nicht, noch keinen Freund aus dem anderen Geschlecht zu haben. Es ist dir besser, du lernst zuerst richtig sehen, bevor du umarmen willst; besser, zuerst mit den anderen reden und gehen in Gemeinsamkeit, bevor du zweisam schweigen und liegen willst.

Lerne Kameradschaft, mit vielen gleichzeitig, am Arbeitsplatz, in der Schule, in den Ferien, bevor du seltene Freundschaft lernst. Lerne Freundschaft mit einem deines Geschlechts, damit du reif wirst zum Freund für ihn, für sie. Berührung, Umarmung oder Kuss ist das Ende der Freundschaft, der

Anfang der Liebe. Überspringe keine Stufen. Der Tiger ist wachsam, er verfolgt jede Bewegung und erkennt jede Schwäche – sprungbereit wie immer. Und wisse, wenn du dort bist – im Vertrauen, in der furchtlosen Herrschaft, da du deinen Kopf zwischen seine Zähne legst –, dann weicht auch die letzte Furcht: ohne Partner zu leben; denn der Tiger ist dein Partner – und Gott.

Anders würdest du *selbst mit* einem Partner des anderen Geschlechts nicht leben können – ich meine in Freiheit und ohne Furcht – Furcht, ihn zu verlieren und Furcht vor *seinem* Tiger. Meinst du, dass es ohne weiteres leichter ist, mit zwei Tigern zu leben? Und wenn die beiden sich hassen oder sich verbünden gegen dich, gegen euch?

Begegne jedem Vertreter des anderen Geschlechts so, dass er Mut gewinnt und sich dem Tiger zu stellen wagt. Wie schön ist ein klarer Blick, frei von Angst und Begehren, gewonnen aus dem täglichen Aug-in-Auge. Lerne sehen, hinsehen und ansehen.

So weit darfst du gehen, wenn du kannst; und dann weiter, wenn du kannst, wenn dein Atem ruhig bleibt und der Tiger ohne Argwohn ist, weil ohne Furcht. Es ist gut für ihn wie für dich, wenn er weiß: du wirst ihn nicht vergewaltigen.

Oskar Kalisch

Verliebt, verlobt …
Miteinander in der Gruppe[1]

Die *SMD* ist kein Eheanbahnungsinstitut, sie ist aber auch nicht das Gegenteil. Man kann diesen Satz boshaft sagen; man kann damit aber auch eine Tatsache benennen: In der *SMD* arbeiten Menschen einer Altersstufe zusammen, für die das Verhältnis von Mann und Frau von besonderer Relevanz ist. Wie gehen wir mit der Tatsache um, dass wir in unseren Gruppen als Männer und Frauen zusammenarbeiten, obwohl wir dabei nicht auf normale soziologische Strukturen, zum Beispiel auf das Zusammenleben verschiedener Generationen, zurückgreifen können?

Wenn wir nach dem Zusammenleben in unseren Gruppen fragen, dann muss die Antwort zwei Zielpunkte ins Auge fassen: einmal den einzelnen Mitarbeiter, der effektiv studieren will, sein Leben breit und voll anlegen will und in seinem Glauben wachsen und reifen will, zum anderen den missionarischen Auftrag der Gruppe. Kein Zweifel: Die Art, wie wir in den Gruppen das Miteinander der Geschlechter leben und gestalten, findet eine unmittelbare Entsprechung in der menschlichen Gelöstheit, Offenheit und Weite, die nicht nur uns selber, sondern auch unseren Kommilitonen die Gruppe anziehend machen. Unser Umgang miteinander bestätigt oder widerlegt ganz unmittelbar unser Zeugnis von der Kraft, die uns das Evangelium vermittelt, und der Freiheit, zu der uns Christus befreit hat. Darauf will ich ausdrücklich hinweisen, auch wenn ich auf die Konsequenzen für unsere missionarische Arbeit nicht weiter eingehe.

Geschlechtlichkeit: nicht bejaht, nicht gestaltet

Geschlechtlichkeit kann man verdrängen. Unsere Großväter, sagt man, hätten das getan; heute werde „Sex" unverkrampft gelebt. War die Geschlechtlichkeit damals nicht bejaht, so ist sie heute weitgehend nicht mehr gestaltet. Unter beiden Voraussetzungen ist sie gemeinschaftshemmend, weil sie Angst hervorruft: Angst vor dem bedrohlich Fremden, das da in uns aufbricht, und Angst vor der Öde und

---

[1] Nachdruck aus der Reihe *Ethik. Eine Arbeitshilfe für SMD-Mitarbeiter. Beiheftung zu „ora et labora". Informationen für das Gebet und die missionarische Arbeit in den SMD-Gruppen.* Juli 1983. Bearbeitung vom Herausgeber.

uns aufbricht, und Angst vor der Öde und Enttäuschung einer Geschlechterbegegnung ohne inneren Partnerbezug. Christliche Überzeugung findet sich in keiner der beiden Extreme wieder.

Gott hat uns geschaffen. Darin finden wir unsere Körperlichkeit bestätigt. Aber das ist weniger unser Problem. Dringlicher ist heute, dass wir das Gebot: „du sollst deinen Nächsten lieben wie dich selbst" (3 Mo 19,18) auch in den Bereich der geschlechtlichen Beziehungen hinein entfalten. Jeder Mensch ist mir als etwas unendlich Wertvolles an die Seite gegeben. Er ist als Leib, Seele und Geist geschaffen, als Einheit und Ganzheit, in der ihn Gott selbst sogar als sein Ebenbild anerkennt. Sex, wie er heute propagiert wird, steht unter dem Vorzeichen von Selbstbestätigung, Konsumhaltung und Genusssucht. Daher können sich Körper als bloße Objekte der Lust begegnen. Liebe aber begegnet dem Geliebten – auch in der ehelichen Umarmung – nie als bloßem Objekt. Sie reift nur zwischen zwei Menschen, die sich in ihrer Ganzheit begegnen.

Sind wir auf dieser Ebene in unseren Gruppen angefochten oder gar in Gefahr? „Böses Geschwätz verdirbt gute Sitten", sagt PAULUS (1 Kor 15,33). Vermutlich sind wir hier tiefer von dem Geist unserer Zeit beeinflusst, als wir wahrhaben wollen. Jedenfalls ist zu vermuten, dass eine ganze Reihe von zwischengeschlechtlichen Freundschaften ihren Grund nicht im Wert des Gegenübers haben, sondern in eigenen Mangelerlebnissen. Ihre Triebkraft leiten sie aus der Suche nach Selbstvergewisserung und Selbstbestätigung ab. Ein gut Teil vorzeitig in die Gruppe getragener Liebesverhältnisse gehen auf dieses Konto. Die Sache wird nicht dadurch besser, dass sich Besitzerstolz einmischt, der dazu verführt, mehr vorzutäuschen, als das Verhältnis an Vertrautheit und Intensität wirklich hergibt. Die Liebe, die zarteste, aus Freiwilligkeit und Freiheit erblühende menschliche Beziehung, ist daher für viele Menschen hart an die Grenze gesellschaftlicher und privater Leistungsforderung geraten; ein Statussymbol muss her!

Ganz natürlich: die erotische Spannung

Wir arbeiten in der *SMD* in größter Selbstverständlichkeit miteinander. Wir singen und beten zusammen und reden in Bibelkreisen und Gesprächskreisen über Inhalte, die große Offenheit füreinander voraussetzen. Da ist es gut, wenn wir wissen: Überall, wo Männer und Frauen einander begegnen, da geht ganz natürlich von dieser Begegnung eine erotische Spannung aus. Ob uns diese mitschwingende Erotik in eine unverfängliche und anregende Spannung versetzt oder ob sie uns in Emotionen verstrickt und lähmt, das hängt von der Klarheit, Durchsichtigkeit und Lauterkeit ab, in der wir miteinander umgehen. Wir dürfen um das Wirken des Heiligen Geistes in unseren Gruppen bitten, der uns als „Geist der Zucht und der Kraft" in „alle Wahrheit" und „zur Buße" leitet. Wir werden weder uns selbst noch unserem missionarischen Auftrag gerecht, wenn wir in unserem Umgang miteinander nicht um Disziplin und auch um Reinheit ringen, die aus der Vergebung erwächst.

Die Zeit in der *SMD* ist für viele auch die Zeit, in der sie auf die Begegnung mit ihrem späteren Lebensgefährten warten, oder doch eine eigene Position in dem Komplex *Beruf-Ehe-Familie* suchen. Was heißt das für die Gruppe? Die Situation ist heikel, denn die Begegnungen und Entscheidungen werden folgenreich sein, wie immer sie ausfallen. Ein Starker kann sich selber schützen. Wer auf die Liebe eines Menschen hofft oder verliebt ist, ist aber nicht stark. Ob unsere Erwartungen noch vage und allgemein sind oder sich zu konkretisieren beginnen, ob unsere Empfindungen klar oder verworren sind – auf jeden Fall brauchen wir das Verständnis unserer Freunde. Wir sind angewiesen auf ihre Ehrfurcht vor unseren Gefühlen, ihre Verschwiegenheit, wo wir selber noch nicht reden können und wollen, und wir sind darauf angewiesen, dass sie nicht an die Öffentlichkeit zerren, was Liebenden allein zusteht, nämlich dass sie es auch ihren Freunden zu rechter Zeit selbst offenbaren.

Die Gruppe schafft Freiraum

Die Gruppe kann den Raum bieten, in dem junge Frauen und junge Männer den Umgang miteinander einüben, seien sie ungebunden, verliebt oder verlobt. Die Gruppe ermöglicht diesen Freiraum, indem sie eine Atmosphäre des Vertrauens und der Offenheit schafft, und gleichzeitig darauf achtet, dass in ihren Beziehungen Eindeutigkeit herrscht. So bietet sich dem einzelnen die Chance, dass er mit sich selbst klar kommt, seine Erwartungen konkretisiert, läutert, sich vielleicht prüfend und erprobend einem Menschen zuwendet und schließlich eine Entscheidung trifft, nachdem er Zeit hatte, seine Gefühle und sein Wollen zu ordnen.

Wer nicht in dieser Weise wachsen kann, steht immer in der Gefahr, dass er eines Tages nicht wirklich entscheidet, sondern auf fremde Herausforderungen mehr oder weniger blind reagiert.

Dass wir in einen Kreis verlässlicher Freunde eingebunden sind, ist eine unschätzbare Hilfe, denn Liebende brauchen Öffentlichkeit, um ihre Liebe in spielerischer Leichtigkeit zu entdecken und zu entfalten. Unser Zeitalter ist so barbarisch direkt. Es überlässt auch die Liebenden sich selbst, ohne den Reiz, dass sie sich im Schutze der Gesellschaft einander behutsam zeigen und öffnen und sich vielleicht auch wieder ebenso behutsam zurückziehen. Liebende müssen zweierlei verwirklichen: der Stimme ihres Herzens folgen, die sie zu einem Menschen hinzieht, und zugleich ihre Ungeduld selber zügeln, wenn sie ihrem Herzen den Geist zugesellen wollen, um ihre Liebe zu gestalten und zur Reife zu führen.

Sprachlosigkeit in der Zweisamkeit

Liebende brauchen Öffentlichkeit auch als Schutz vor sich selber. Es kann zu böser Enttäuschung führen, wenn zwei Verliebte tolpatschig aufeinander zustürzen, miteinander reden wollen – und feststellen, dass sie auf die Nähe noch nicht vorbereitet sind, dass sie sich eigentlich noch gar nicht kennen und sie sich noch nicht viel zu sagen haben. Händchenhalten ersetzt in diesem Fall die Sprache nicht, sondern verdrängt nur die Sprachlosigkeit. Schade, weil die beiden vielleicht gut zueinander gepasst hätten! Und schlimm, weil ihre Sprachlosigkeit sie vielleicht dazu verführt, sich in ihren Körpern zu suchen. Da ist der frühe Überdruss schon programmiert. Wir lügen ja nicht nur mit Worten. Viel häufiger lügen wir mit Gesten, die mehr versprechen, als sie halten. Der Bau, der da errichtet werden soll, steht auf trügerischem Fundament.

Liebe drängt auf Körperlichkeit

Ist da nicht der Teufel an die Wand gemalt? Wir *SMD*ler sind doch so harmlos! Letztes will ich gern glauben, daher sei noch auf eine Selbstverständlichkeit hingewiesen: Liebe drängt auf Körperlichkeit. Es ist verwunderlich, wenn ein junger Mann erklärt, dass er auf Jahre nicht an eine feste Bindung denken könne, gleichzeitig aber mit einem Mädchen umgeht, als ob schon zur Hochzeit eingeladen sei. Auch in der Liebe hat alles seine Zeit: das Schauen, das Händehalten, der Kuss, die Umarmung, die eheliche Vereinigung. Die Steigerungsformen des Umgangs lassen sich ohne Last verzögern, aber ungleich schwerer wieder zurücknehmen, wenn sie einmal als Formen der Beziehung gewählt worden sind.

Liebe ist eine empfindliche Pflanze und wächst nach eigenen Gesetzen. Vertrautheit braucht Zeit. Vertrauen und Verstehen ebenso, und emotionale Übereinstimmung ist himmelweit entfernt von einer geschlechtlichen übersteuerten Emotionalität, die weithin als leidenschaftliche Liebe gilt und sich doch nur allzu rasch selber verzehrt. Liebe sucht zwar von Reifungsstufe zu Reifungsstufe neue Konkretion auch in der körperlichen Geste; sie lässt sich aber umgekehrt niemals durch voreilige Verkörperlichung herbeizwingen.

Die Leitbilder unserer Umgebung sind da freilich anderer Art. Sie sind weniger am Menschen als an den Gesetzen der Kunst orientiert. In einem Zwei-Stunden-Film muss man halt allein aus Zeitgründen dem Leben Gewalt antun. Es hindert mich auch niemand daran, für eine Bergbesteigung die Seilbahn zu benutzen. Dass ich dann nachher zur Körperertüchtigung den Trimm-dich-Pfad besuche, ist doch nur ein billiger Ersatz für eine verpasste große Erfahrung.

Teilnahme oder Zurückgezogenheit?

Es soll schon Gruppen gegeben haben, in denen es zu einer harschen Abgrenzung zwischen den Alleinstehenden und den Pärchen gekommen ist. Welch vernichtendes Urteil enthalten diese Berichte! Ohne Zweifel haben Liebende einander mehr zu sagen als irgendeinem anderen Menschen sonst. Einmal, weil sie einander tatsächlich etwas zu sagen haben; zum anderen, weil es viel zu reden gibt, bis man sich genügend für den Weg durch das weitere Leben kennt. Diese vertrauliche Zurückgezogenheit aber steht nicht im Widerstreit mit dem Anspruch der Umwelt – also auch der Gruppe – auf Teilnahme und Öffentlichkeit; es sei denn, die Zwei begnügen sich mit einer spannungslosen Spießigkeit: „So, nun haben wir uns!" Ich bin noch heute Freunden dankbar, die es uns in der Gruppe leicht machten, dass wir uns am Aufblühen und Erstarken ihrer Liebe von Herzen mitfreuen konnten, weil sie uns in ihre Beziehung hineingenommen haben.

Wie sieht das denn praktisch aus, dass wir unsere Ehepartner von Gott als Geschenk erwarten? Wir dürfen unsere Liebe nicht zum Gesetz über allen Gesetzen machen. In der Liebesbeziehung dürfen so ernsthafte Fragen wie die nach unserem Weg in die Mission nicht *ad acta* gelegt werden. Die Verliebten und Verlobten unter uns können allein dadurch, dass sie sich in die Gruppe hineinstellen, in vielen Fragen, die uns in der *SMD* (naturgemäß) ernsthaft umtreiben, Hilfe bieten.

Martin Haizmann

Auf dem Weg zur Ehe

Das Geschenk einer Freundschaft ist etwas unendlich Schönes. Es ist aber auch eine Aufgabe: Freundschaft, Partnerschaft muss gestaltet werden. Sie ist vielleicht vergleichbar einer leeren Wohnung, die man einrichten muss, damit man darin leben kann, mehr noch: damit man sich darin zuhause fühlt und sich an dem Gestalteten freuen kann.

Freundschaft zielt auf Ehe, auf die umfassende Lebensgemeinschaft. Das Miteinander in der Freundschaftsbeziehung ist ein Lernen und Wachsen auf dieses Ziel hin. Dieses Zusammenwachsen hat verschiedene Ebenen:

- die geistige Ebene (z.B. Gespräch, Interessen, Themen),

- die seelisch-emotionale Ebene (z.B. gemeinsames Erleben, das Empfinden des anderen verstehen lernen) und

- das körperliche Miteinander.

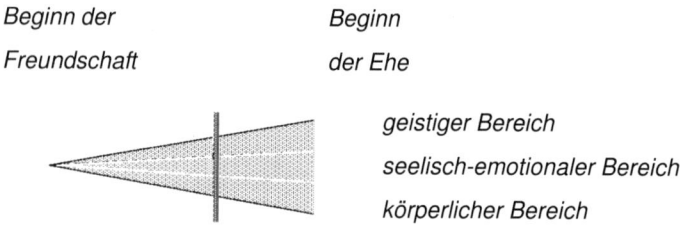

In allen drei Bereichen muss die Beziehung wachsen. Ein gesundes Wachstum ist bei einem gleichzeitigen Wachsen aller Bereiche gegeben. Ein einseitiges körperliches Zusammenwachsen (ohne dass man sich etwas zu sagen hat) ist genauso ungesund wie eine rein emotionale Bindung. Die Skizze kann helfen, sich immer neu Rechenschaft darüber abzulegen, wie weit man in den einzelnen Bereichen miteinander ist und ob das Wachstum in den verschiedenen Bereichen im Gleichklang ist.

Wachstum und Wachstumsschmerzen

- Wer sich verliebt, verliebt sich immer in ein Bild, das er sich aus ersten Eindrücken vom anderen macht. Jedes Kennenlernen führt dann notwendig in Ent-Täuschungen, weil das Bild an manchen Stellen nicht der Wirklichkeit entspricht. Dann entscheidet sich, ob man am Wunschbild festhält oder ein uneingeschränktes Ja zu dem findet, was der andere wirklich ist. Dieses Ja muss man sich manchmal erkämpfen; es ist aber unverzichtbar für einen dauerhaften gemeinsamen Weg.

- „Einen Menschen zu lieben heißt, ihm zu erlauben, mir Schmerzen zu bereiten." Enttäuschungen und Verletzungen werden nicht ausbleiben. Gerade von Seiten dessen, den man liebt, tun sie besonders weh. Manchmal liegt die Beziehung in Scherben da, und man kann nur noch gemeinsam weinen. Das Ende der Beziehung? Nein! Man darf lernen, Enttäuschungen und Vorwürfe offen auszusprechen, einander um Vergebung zu bitten und zu vergeben und dann miteinander Gott um Vergebung und um einen neuen Anfang zu bitten.

  Wo man nicht billig über solche Situationen hinweggeht, sondern zum Wort der Vergebung findet, werden diese Erfahrungen die Beziehung festigen und tiefer verwurzeln.

- Viele Enttäuschungen entstehen durch unausgesprochene Erwartungen. Man erwartet vom Partner, genau zu wissen, was man sich von ihm wünscht – und dabei hat er gar keine Ahnung. Zum Wachsen einer Beziehung gehört es, zu lernen, Erwartungen gegenseitig auszusprechen.

- „Wer liebt, kann warten." In einer Beziehung gibt es Trennungszeiten und Zeiten des Wartens. Es ist gut, Spannungen bewusst auszuhalten. Wer allen Spannungen nur nachgibt, wächst nicht zu einer Persönlichkeit.

Gespräch und Sprachlosigkeit

- Beziehung lebt vom Gespräch. Ein gutes Indiz dafür, dass man zusammengehört, ist, dass man stundenlang miteinander reden kann.

- Die Grundregel lautet: erzählen, erzählen, erzählen ... von dem, was man erlebt hat, was einen geprägt hat, von Eltern und Geschwistern. Dieses Erzählen wird vieles verständlich machen, was man an Reaktionen und Verhaltensweisen beim anderen erlebt.

- Das Gespräch über Glaubenserfahrungen und Glaubensprägungen hilft, den Weg Gottes mit dem anderen zu entdecken und zu verstehen.

Durch gemeinsames Bibellesen, Beten und Singen entsteht ein Fundament an geistlicher Gemeinsamkeit. In einem kleinen Buch kann sich jeder Gedanken, Worte, Liedverse oder anderes, was wichtig wird, aufschreiben, um dann später dem Partner Anteil an den eigenen geistlichen Entwicklungen zu geben.

- Das Gespräch über Ziele und Pläne: Was will ich mit meinem Leben? Welche Träume habe ich? Wie stelle ich mir Ehe, Familie, Berufsleben vor?

- Briefe schreiben statt zu telefonieren: Das bewusste Formulieren im Brief, der immer und immer wieder gelesen werden kann, ist um ein Vielfaches wertvoller als ein Telefongespräch.

- Eine gute Hilfe zum Gespräch, zu einem geistigen Auseinandersetzen und Zusammenwachsen ist auch das gemeinsame Lesen von Büchern.

Zum Gespräch gehört auch die Sprachlosigkeit. Man muss lernen, Schweigen auszuhalten, ohne es sofort durch oberflächliche Wörter oder durch Händchenhalten zu kompensieren. Solche Zärtlichkeit überdeckt nur die Sprachlosigkeit.

Zweisamkeit und Öffentlichkeit

Beide brauchen Zeit füreinander, aber beide müssen auch darum kämpfen, keinen *Egoismus zu zweit* zu leben. „Eine Zelle ist so lebendig, wie sie über sich hinauslebt." Es gibt ja weiterhin Menschen, die einen brauchen, und man sollte den Blick offen halten für seine Aufgabe an ihnen.

Beide brauchen Zeiten zu zweit, aber beide brauchen auch die Öffentlichkeit. Man lernt einander nicht nur in der Zweisamkeit kennen, sondern auch im Zusammensein mit anderen: im Umgang mit Eltern oder mit Kindern, im alten Bekanntenkreis oder in einer Gruppe. Eine Gruppe kann außerdem der Schutzraum sein, den beide für ihre Beziehung brauchen. Eine gemeinsam besuchte Freizeit kann sehr viel sinnvoller sein für die Entwicklung der Beziehung als ein Urlaub zu zweit.

Eine befreundetes Paar in einer Gruppe bewegt sich in der Spannung, einerseits erkennbar für andere zusammenzugehören, andererseits nicht so aneinander zu hängen, dass man ständig den Eindruck hat zu stören, und dass sie gar nicht mehr als Einzelpersonen ansprechbar sind.

Alles Verhalten in einer Gruppe beziehungsweise im Kontext der Öffentlichkeit steht unter der Verantwortung, Vorbild für andere Menschen zu sein. Daraus entsteht das Bemühen um Transparenz und Eindeutigkeit in der Gestaltung der Beziehung.

Freundschaft und Leiblichkeit

„Wir wollen mit der Geschlechtsgemeinschaft bis zur Ehe warten – wie kann das gelingen?"

Zu einer Beziehung gehört als großes Geschenk auch das leibliche Miteinander, gehören Zärtlichkeit und leibliche Zeichen der Liebe. Aber auch das ist ein wachstümlicher Prozess. In verschiedenen Beiträgen dieses Heftes werden einige Hilfen und Kriterien für das körperliche Miteinander gegeben. Hier möchte ich nur noch einige zusätzliche Anregungen aus dem eigenem Erleben geben.

- Gerade das körperliche Miteinander hat eine enorme Eigendynamik und ein Gefälle hin zum Vollzug der Geschlechtsvereinigung. Wer damit bis zur Hochzeit warten will, muss es bewusst gestalten. Eine Hilfe kann es sein, gemeinsam *Grenzpfähle* zu definieren. Beide haben die Verpflichtung, sich an diese Abmachungen zu halten; oder der im Augenblick Stärkere hat die Verantwortung, deutlich *Nein* zu sagen. *Liebe* zeigt sich darin, dass dieses Nein respektiert wird. Die Grenzpfähle können nach und nach verschoben werden, aber nie gegen das Gewissen eines der beiden Partner und nicht gegen die Überzeugung, „es ist eigentlich noch nicht dran".

  Wo man „zu weit" gegangen ist, sollte man sich das eingestehen und einige Schritte zurück wieder neu eine Grenze definieren. Das fällt nicht leicht, ist aber ein Zeichen echter Liebe und Reife.

- Eine andere Hilfe: Das, worüber man noch nicht reden kann, ist noch nicht dran. Wo die Vertrautheit des körperlichen Umgangs weiter ist als die Vertrautheit des Gesprächs, ist man zu weit gegangen.

- Das Erleben der – noch nicht aufgelösten – Spannung hat seinen eigenen Wert und seine eigene Schönheit. Ein zu schnelles Vorwärtsgehen oder gar Überspringen von Grenzen der Zärtlichkeit bedeutet den Verlust dieser Erlebnisbereiche.

Traditionen und Eltern

„Erst wenn die Ausbildung fertig ist, wird geheiratet!"

Solche und ähnliche elterliche oder auch bürgerliche Muster entscheiden nur allzu oft über den Hochzeitstermin (und wer kann dann fünf oder gar mehr Jahre enthaltsam leben?). Wer sagt eigentlich, dass das so sein muss, dass es keine Studentenehe geben darf? Eine Beziehung hat ein Gefälle auf ein Ziel hin, auf die ganzheitliche Lebensgemeinschaft. Natürlich lässt sich der Weg dorthin verlangsamen, aber der Zeitpunkt der Hochzeit lässt sich nicht einfach beliebig hinausschieben. Irgendwann ist die Zeit reif, und dann sollte man heiraten. Eine Studentenehe hat manches für sich: zum Beispiel eine flexiblere Zeitgestaltung, oder: Sie ist nicht zusätzlich belastet durch einen neuen Anfang im Beruf und durch das Zurechtfinden in einem neuen Wohnort.

„Meine Eltern sind dagegen. "

Das vierte Gebot *Vater und Mutter ehren* hat die Verheißung des Segens, den sich niemand entgehen lassen sollte. Dieses Gebot ist für einen Studierenden, der sich im Ablöseprozess von den Eltern befindet, aber kein *Gehorsams*gebot mehr. Die Eltern werden geehrt, indem man sie in Entscheidungen einbezieht, sie um Rat und Meinung fragt, ihnen offen zuhört und ihre Argumente ernst nimmt. Gleichzeitig aber ist man nun für seinen Weg selbst verantwortlich: Man muss eigene und selbstverantwortete Entscheidungen treffen, gerade auch in der Frage der Lebenspraxis.

Wohnung und Geld

„Wir haben schon eine Wohnung gefunden; zwei Mieten können wir nicht bezahlen." Solche und andere Sach-„Zwänge" werden immer wieder angeführt, um das Zusammenleben vor der Ehe zu begründen. Wollen sich beide Partner wirklich von solchen Sachzwängen so entscheidende Weichenstellungen ihres Lebens diktieren lassen? In welchem Verhältnis stehen hier finanzielle Argumente, Bequemlichkeit und anderes zu den eigenen Überzeugungen und zu Gottes Weisungen? Ist die Beziehung zwischen beiden reif zu heiraten? Wenn nicht, sollten sie auch nicht zusammenziehen; und sonst: Was hindert sie an der Hochzeit?

Es könnten beide auch mit einem Dritten über ihre Situation sprechen und versuchen, Alternativen zu entwickeln: Müssen wir *beide* zu Ende studieren? Ist der finanzielle Grund *wirklich* das „Ehehindernis"? Welcher Lebensstandard schwebt uns eigentlich vor? – und so weiter. Vielleicht stellt sich dann heraus, dass es notwendig wäre, wenn einige Freunde für einen vorher begrenzten Zeitraum einen vorher festgelegten Betrag zum Lebensunterhalt geben, sei es als Spende, sei es als Darlehen.

Es müsste jeder Sachzwang, der einer Ehe entgegenzustehen scheint, lösbar sein – wenn beide wirklich heiraten wollen.

Irmela Hofmann

Dauerhafte Liebe?[1]

Liebe Frau Hofmann,

lange habe ich mich geweigert, mir selbst einzugestehen, dass Regina und ich am Ende sind. Jetzt bin ich so verzweifelt, dass es mir egal ist, was jemand anderes über uns denkt – ich brauche einfach Hilfe. Sie haben bei unserer Hochzeit miterlebt, wie verliebt wir waren und wie glücklich.

Heute habe ich das dumpfe Gefühl, damals einer großen Illusion aufgesessen zu sein, nämlich der Vorstellung, es gäbe so etwas wie die *große Liebe*. Es sah ja auch danach aus – am Anfang. Wir konnten miteinander über alles reden und konnten sogar miteinander beten (das tun wir übrigens schon lange nicht mehr). Wenn uns im ersten Jahr jemand gesagt hätte: „In zwei Jahren kann eure Beziehung ganz anders aussehen!", dann hätten wir beide überlegen gelächelt.

Reginas Vater hat uns gewarnt. Er sagte damals: „Ihr seid beide viel zu jung, um euch jetzt schon fürs Leben zu binden. Martin studiert noch. Die zwei Jahre, bis er fertig ist, solltet ihr beide warten." Regina hat ihn damals herumgekriegt mit dem Satz: „Dir ist es also lieber, wenn wir ohne Trauschein zusammenleben! Die anderen tun das sowieso. Sei doch froh, dass wir überhaupt heiraten wollen!"

Ich fange jetzt an zu sehen, dass uns zwei Jahre Wartezeit wahrscheinlich sehr gut getan hätten. Aber nun muss ich Ihnen erst mal ehrlich berichten, wie es bei uns zugeht. Sie wissen, wie glücklich wir waren, als unsere kleine Tochter geboren wurde. Wir hatten den Eindruck: Jetzt ist unser Glück vollkommen. Über Kleinigkeiten habe ich damals noch hinwegsehen können. Heute ist das gar nicht mehr möglich, weil unsere Wohnung ein Chaos ist. Dass ich nur arbeiten kann, wenn es um mich herum einigermaßen aufgeräumt ist, lässt meine Frau völlig kalt. Sie tut nur das, wozu sie gerade Lust hat; und Aufräumen hält sie für eine Art unnötigen Luxus.

Wir schreien uns nur noch an. Aus den nichtigsten Gründen. Und gestern kam der Hammer: Regina hat mir erklärt: „Du hast mich auf der ganzen

---

[1] Aus: *Ichtys. Orientierungshilfe zum Studium der Theologie 12* (1991). S. 53-57. Copyright by Irmela Hofmann, OJC Reichelsheim.

Linie enttäuscht. Du bist nicht der Mann, den ich in dir gesehen habe, sondern ein kleinlicher Ordnungsfanatiker. Aber du kannst nicht von mir verlangen, dass ich mich von dir und der Kleinen in diesem Haushalt festnageln lasse. Ich habe ja noch gar nicht richtig gelebt! Als wir geheiratet haben, dachte ich, jetzt fängt mein Leben richtig an! Ich konnte nicht übersehen, was Ehe und Haushalt mich kosten würden. Aber jetzt bin ich klüger. Ich werde erst mal das Abitur machen; ich habe mich schon angemeldet. Und dann werde ich studieren!"

Was sollte ich darauf antworten? Ich habe sie an das erinnert, was wir vor unserer Hochzeit miteinander ausgemacht hatten; damals erschien es ihr ganz logisch, bis zum ersten Kind in ihrem Beruf und danach zu Hause zu bleiben. Sie hat mir die Tatsache, dass ich sie darauf festlegen wollte, total übelgenommen. Ihre Antwort hat mich fertiggemacht. Sie sagte: „Wenn du die Entwicklung meiner Persönlichkeit nicht mitvollziehen kannst, dann tust du mir Leid. Schließlich habe ich nicht geheiratet, um mich von dir als Mensch zweiter Klasse ausbeuten zu lassen!"

Das hat mich umgehauen. Was habe ich falsch gemacht? Regina war meine erste Freundin. Ich habe damals nicht gleich an Heirat gedacht, aber für sie schien das selbstverständlich zu sein. Und natürlich glaubten wir beide an *die große Liebe*. Sind wir einem Selbstbetrug aufgesessen? Sähe unsere Ehe anders aus, wenn Regina auch studiert hätte? Sehen Sie eine dauerhafte Liebe zwischen Mann und Frau in unserer Zeit überhaupt noch als reale Möglichkeit? Ich zweifle daran, wenn ich die Beziehungskisten meiner Freunde und Kollegen betrachte.

Meine alten Ideale von Liebe und Ehe sind durch die Erlebnisse der letzten Wochen total im Eimer ...

Martin

Lieber Martin,

es war ein vernünftiger Gedanke, deine Bedenken über Bord zu werfen und einen ehrlichen Brief zu schreiben. Ich weiß allerdings nicht, ob ich euch helfen kann. Aber ich will mein Bestes versuchen.

Fangen wir damit an, dass Regina deine erste Freundin war. Eure Freundschaft hat ein halbes Jahr gedauert. Das ist keine lange Zeit für zwei Menschen, die die Absicht haben, den Rest ihres Lebens miteinander zu verbringen; vor allem, wenn sie sich nur ab und zu am Wochenende sehen. Vielleicht hättet ihr euch durch Briefe besser kennen gelernt. Aber – ich weiß – seit es Telefon gibt, ist das kaum noch drin.

Du hast Regina auch nur selten in ihrem Elternhaus erlebt. Damals kann es dir kaum aufgefallen sein, wie sehr sie dort verwöhnt wurde. Für eine Ehe ist das nicht unwichtig. Es entscheidet nämlich darüber, wie weit ein Mensch sich ein Leben lang als Mittelpunkt betrachtet, um den sich alles dreht, oder ob er bereit wird, Verantwortung für seine Mitmenschen zu übernehmen. Wer von klein auf daran gewöhnt ist, dass jemand anderes für ihn die Kastanien aus dem Feuer holt, das heißt, die Lasten des Alltags aus seinem Weg räumt, der muss später eine enorme Energie aufbieten, um sich von der Gewohnheit frei zu machen, andere für sich sorgen zu lassen. Und natürlich muss er das zuerst einmal wollen! Aber für eine Zweierschaft ist die Einstellung beider Partner zur täglich anfallenden Arbeit auf Dauer wichtiger als zum Beispiel die Frage, ob beide eine akademische Ausbildung haben.

Du schreibst, Regina war deine erste „große Liebe". Eine erste Liebe kann überwältigend sein und lässt der Vernunft nicht allzu viel Raum. Darum hat Walter Trobisch, ein bekannter Eheseelsorger, geraten: „Jede Liebe sollte wenigstens miteinander ‚gesommert' und ‚gewintert' haben."

Es sieht so aus, als sei es Regina gewesen, die zur Hochzeit drängte. Wahrscheinlich ist dir damals nicht bewusst geworden, wie unfair sie ihrem Vater auf das „Ihr seid noch so jung!" geantwortet hat. Wenn man genau hinsieht, war's eine Art Erpressung –, und er hat sich von seiner Tochter sicher nicht zum ersten Mal erpressen lassen. Das ist dir nicht gut bekommen, aber ihr auch nicht.

Das Warten aufeinander ist nicht leicht; deshalb suchen viele Paare den Weg, der soviel einfacher zu sein scheint: Sie ziehen zusammen oder heiraten so schnell wie möglich. Ich kann ihnen das nicht verdenken. Denn wo haben sie schon gesehen oder erlebt, dass eine Zeit des gemeinsamen Wartens etwas sein kann, was Freude macht, was das Selbstwertgefühl stärkt?

Um von der Verliebtheit zur Liebe hin zu reifen, ist es nötig, einer emotionalen oder sexuellen Spannung nicht gleich nachzugeben, sondern sie auch mal auszuhalten, zum Beispiel um eines gemeinsam vereinbarten Ziels willen. Eine längere Wartezeit hilft auch dazu, Illusionen übereinander (die in jeder Verliebtheit enthalten sind) langsam abzubauen. Oder auch zu erkennen, dass man sich getäuscht hat, dass der Freund oder die Freundin gar nicht der Mensch ist, für den man ihn gehalten hat und mit dem man auf Dauer zusammenleben möchte. Das ist aus meiner Sicht der bedeutsamste Grund, warum es gut ist, in einer jungen Freundschaft möglichst sparsam mit Zärtlichkeit zu sein: Beide sollten möglichst ohne großen Schaden zu nehmen auch wieder auseinandergehen können. Ich kann jedem jungen Paar nur raten, sich zuerst einmal Zeit zu nehmen, aufeinander zu hören, miteinander ins Gespräch zu kommen, sich kennen zu lernen. Am besten in einer Gruppe von Freunden. Damit hat es all denen eine Menge voraus, bei denen jedes beginnende Gespräch allzu schnell in leidenschaftlichen Umarmungen erstickt.

Der natürliche Wunsch, sich körperlich näher zu kommen, hat seine Zeit: nämlich dann, wenn es in der Freundschaft zu einem fruchtbaren Dialog gekommen ist, zu einem selbstverständlichen Miteinander-Teilen und Sich-Mitteilen.

Wir Christen stehen doch unter keinerlei Druck, mit unserer Umgebung mithalten zu müssen und die Fehler anderer zu wiederholen! Keiner von uns muss später das Leben eines Mitmenschen zu Ende führen, der ihn heute wegen seiner „christlichen Prüderie" auslacht. Wir sollten von dem, was wir tun und wofür wir einstehen, vor allem selbst überzeugt sein. Ja, was wir brauchen, ist der Mut zu überzeugenden, eigenen Wegen.

Es sollte sich auch keiner von seinem Partner unter Druck setzen lassen, etwas zu tun, wofür er selber keine Überzeugung hat. Leider ist das viel häufiger der Fall, als einige unter uns wahrhaben möchten.

Aber nun muss ich noch von etwas anderem sprechen: vom Risiko der Frauen. Regina sieht die Sache absolut richtig, wenn sie sagt: „Ich habe nicht übersehen, was Ehe und Haushalt mich kosten würden." Es ist doch, trotz aller Umwälzungen in unserer Gesellschaft, noch immer so, dass sich das Leben einer Frau durch die Eheschließung viel tiefer verändert als das Leben ihres männlichen Ehepartners. (Und das wird auch so bleiben, ganz gleich, ob eine Frau weiterhin ihren Beruf ausüben kann oder nicht.)

Natürlich wäre es sinnvoll, wenn beide Partner vor der Heirat ihre Berufsausbildung abgeschlossen hätten – aber das würde die Problematik innerhalb der Ehe kaum verringern; es sei denn, sie wären beide zum gemeinsamen Ego-Trip ohne Kinder entschlossen. Das scheint zur Zeit eine der meistverbreiteten Ehemodelle in unserer Umgebung zu sein.

Aber gerade weil es für junge Paare heute so unendlich viele Möglichkeiten gibt, ihre Partnerschaft zu gestalten, darum sind gemeinsame Vereinbarungen dringend nötig. Wort-Treue diesen gemeinsamen Beschlüssen gegenüber ist ein Zeichen von Reife, gerade auch dann, wenn sich erst nach Jahren herausstellt, dass keiner von beiden die volle Bedeutung ihres Vertrages übersehen konnte.

Dass Regina zu dem, was ihr vereinbart hattet, nicht mehr stehen will, ist nicht ein Zeichen für das Wachstum ihrer Persönlichkeit, sondern für mangelnde Reife. Und hier sind wir bei einem wichtigen Punkt: In unserer Zeit, in der die Rollen von Mann und Frau allerorts in der Umformung begriffen zu sein scheinen, braucht ein Paar mehr Mut, klarere Absprachen und größere Reife, um auf Dauer einen guten Weg miteinander finden zu können.

Was viele Ehen schon in den ersten Monaten kaputt macht, ist die überhöhte Glückserwartung, vor allem bei einigen Frauen. Regina hat das mit dem Satz ausgedrückt: „Ich dachte, jetzt fängt mein Leben erst richtig an!" Sie hatte nicht Unrecht damit: Ihr Leben als erwachsene junge Frau in Verantwortung für ihre Allernächsten hat angefangen. Aber sie hat sich unter Leben etwas anderes vorgestellt und weigert sich nun, die Umstellung anzunehmen, die mit der Realität ihrer Ehe verbunden ist. Und sie weiß, dass sie damit nicht allein steht.

Ich sehe die Krise, die ihr beiden durchlebt, auch im Zusammenhang mit dem, was der Psychotherapeut Rudolf Affemann bereits 1971 in einer Evangelischen Akademie zu einer Gruppe von Eheberatern sagte: „Wenn die Trends in unserer Gesellschaft sich so weiter entwickeln wie bisher und zu Zwängen werden, dann wird die Sehnsucht nach Liebe wachsen, aber letztendlich wird jeder nur noch sich selbst lieben können!" Leider hatte Affemann Recht. Darum erscheint es dir heute so, als sei die Liebe zwischen Mann und Frau nur noch eine Illusion, von der jeder träumt, die aber im praktischen Leben nicht zu verwirklichen ist.

Paulus stellt uns im zweiten Kapitel des Philipperbriefes vor die Tatsache, dass wir mitten unter einem verdrehten und verkehrten Geschlecht leben. Man meint, er habe unsere Zeit vor Augen gehabt. Aber dann sagt er: „... unter welchen ihr (als Gemeinde Jesu) leuchtet wie die Himmelslichter in der Welt, indem ihr das Lebenswort festhaltet." Eine enttäuschte Liebe kann sich erneuern! Unser Herr hält gerade für solche Notlagen unerschöpfliche Kräfte bereit, seine Art von Liebe weiterzugeben, die zugleich Grenzen setzt und Festigkeit und Halt gibt. Darum, lieber Martin, lass weder von dir noch von anderen in Frage stellen, was ich als einen Schwerpunkt des Evangeliums ansehe: die Tatsache, dass Liebe möglich ist! Der Schöpfer des Himmels und der Erde hat Mann und Frau füreinander erschaffen und nicht als Gegner, sondern zum Lieben – auch wenn wir heute weiter denn je vom ursprünglichen Entwurf entfernt zu sein scheinen.

Der erfahrene Psychotherapeut Tobias Brocher hat klar und nüchtern erkannt: „Es ist ein Wagnis, in dieser erkaltenden Welt zur Liebe zu ermutigen. Und doch ist sie das einzige Mittel, das uns helfen könnte, jene Mauern niederzureißen, die wir gegeneinander aufgebaut haben. Liebe ist nicht möglich ohne Glaube und Hoffnung, und wer könnte annehmen, dass wir diese drei aus eigener Kraft gefunden und entwickelt hätten? Könnten wir ohne sie leben?"

Lieben und Glücklichsein sind nicht dasselbe. Lieben kann keiner von sich aus, im Unterschied zum Verliebtsein. Wir bleiben da – besonders auch als Eheleute – Lernende, die manchmal aneinander verzweifeln, aber auch dann noch aneinander wachsen. Jede Krise kann zu einem Wachstumsknoten werden. Darum: Gib deine Frau nicht auf! Wir sind für das verantwortlich, was uns von Gott anvertraut worden ist. Lass ihr Zeit, sich an deiner Seite zu verändern, und am besten fängst du mit dem Verändern bei dir selbst an.

Deine

Irmela Hofmann

Eberhard Rieth

Krisen in der Ehe – Chance oder Katastrophe[1]

Viele Ehepaare haben es heute schwer, miteinander zurechtzukommen. Gerade von dem Menschen, dem die größten Hoffnungen galten, fühlen sie sich nicht verstanden. Ihre gesamte Lebensqualität wird von dem Wissen beeinträchtigt, tagtäglich den heimlichen oder lautstarken Auseinandersetzungen nicht entgehen zu können.

Zweifellos sind die Erwartungen der Partner aneinander heute erheblich höher, als das bei früheren Generationen der Fall war. Vom gemeinsamen Leben wird Übereinstimmung und Erfüllung in einem Maß erwartet, hinter dem der Ehealltag in der Regel weit zurückbleibt. Enttäuschung, Leere und Resignation sind die unausweichliche Folge.

Krisen und tiefreichende Konflikte gehören aber zur Ehe wie das Raupenstadium zur Entwicklung des Schmetterlings. Nicht das Auftreten von Beziehungskrisen ist entscheidend, sondern die Art und Weise, wie die Partner mit ihnen umgehen.

Persönlichkeitsprägung und Partnerbeziehung

Warum sollte beispielsweise nicht das Nachdenken über die folgende kühne Frage erlaubt, ja geboten sein: Was mag sich der Schöpfer aller Dinge gedacht haben, als er sich solche geheimnisvollen Gesetzmäßigkeiten wie die gegenseitige Anziehung von sehr gegensätzlichen Menschen in der Partnerschaft ausgedacht hat – wenn daraus doch unweigerlich schwerwiegende Konflikte entstehen? Genauso fruchtbar ist die Frage nach dem „Wozu?", wenn die Partner feststellen, dass sie selbst durch mangelnde Reife ihrer Eltern und Großeltern belastet sind. – Warum sollten sie nicht nach dem Sinn suchen, den diese „Erblast" möglicherweise für ihr persönliches Werden wie für ihre Ehe hat?

Fragen wir also, welchen Sinn aus der Sicht Gottes, des liebenden Vaters, eine Partneranziehung haben soll, die oft sehr gegensätzliche Persönlichkeiten zusammenführt. Die Begründung, Gegensatz bedeute eben zugleich auch

---

[1] Rieth, Eberhard: Liebe am Ende – Ehe am Ende? © R. Brockhaus Verlag, Wuppertal, 3. Auflage 1999

Ergänzung, kann alleine nicht befriedigen, angesichts der damit zwangsläufig verbundenen außerordentlichen Verunsicherung, seelischen Verletzungen und tiefgreifenden Konflikte.

Häufig findet sich in Ehen die Partner-Konstellation „Genauigkeitstyp" und „Geltungstyp". Während dem ersteren Ordnung, Sparsamkeit und die Vermeidung von Streit tiefes Bedürfnis sind, liegen der geltungsbedürftigen Persönlichkeit, die in besonderem Maße auf Anerkennung durch andere Menschen angewiesen ist, Großzügigkeit, Kreativität und Flexibilität nahe. Während also der eine jedes unordentliche Sofakissen zurechtrücken und die Stifte auf seinem Schreibtisch möglichst parallel legen wird, empfindet der andere ein mittleres Chaos in seiner Wohnung als außerordentlich gemütlichen Zustand. Deshalb kann er Socken und Handtücher über Bad und mehrere Zimmer verteilt herumliegen lassen, ohne sich dabei etwas Besonderes zu denken.

In der Phase der ersten Verliebtheit werden die sich daraus notwendig ergebenden Konflikte in der Regel nicht oder nur undeutlich wahrgenommen. Danach aber führen sie zu sehr belastenden Frustrationen. Das Tun des Partners wird in vielen Situationen als fremd und nicht nachvollziehbar empfunden und bemerkenswerterweise zugleich als moralisch schlecht oder gar als bösartig abgelehnt. Mit anderen Worten: Die den beiden durchaus unbewusste Gesetzmäßigkeit der Partneranziehung, die Genauigkeitstyp und Geltungstyp zusammenführt, bedeutet von vornherein eine Konfliktprogrammierung, die den dauerhaften Bestand dieser Ehe gefährden kann.

Während es in früheren Jahrhunderten die Ehefrauen üblicherweise als ihre Pflicht ansahen, sich den Bedürfnissen des Ehemannes mehr oder weniger schweigend anzupassen, fragen sich Frauen heute, ob solch ein Schweigen wirklich als Liebe bezeichnet werden darf. Muss wahre Liebe nicht die Entfaltung des Partners, die Überwindung seiner Unreife im Auge haben? Mit dem Reifegrad einer Persönlichkeit hängen so unterschiedliche Bedürfnisse wie die Bewertung von Ordnung oder Sparsamkeit, die positive oder negative Einschätzung von Konflikten, das Angewiesensein auf mehr Nähe oder auf Distanz und vieles andere enger zusammen, als die Partner das ahnen. Kann der, der uns geschaffen hat, die Absicht haben, dass wir für die Hintergründe unseres eigenen Wesens blind bleiben? Die ganze übrige Schöpfung drängt zu reiferen Seinsweisen. Sollte das beim Menschen anders sein? Blind zu bleiben für den Zusammenhang zwischen dem eigenen Verhalten und den in der Kindheit erfahrenen charakterlichen Prägungen bedeutet Einschränkung oder gar Verhinderung des Persönlichkeitswachstums.

Selbsterkenntnis, der erste Schritt zur Veränderung

Zu dem in jeder Ehe notwendigen gemeinsamen Persönlichkeitswachstum, das einem vom Schöpfer aller Dinge gegebenen Auftrag entspricht, kommt es keineswegs zwangsläufig. Vielmehr müssen sich die Partner erst einmal über ihre innere Situation und damit auch über ihre beiderseitige Veränderungsbedürftigkeit klar werden und sich der damit gegebenen Herausforderung trotz innerer und äußerer Widerstände stellen.

Der Erkenntnis der eigenen Einseitigkeit, zum Beispiel „ich bin Genauigkeitstyp" bzw. „Geltungstyp" und der damit verbundenen Reifungsdefizite, dient nun, ohne dass die Betroffenen zunächst darum wissen können, die Anziehung gegensätzlicher Persönlichkeitsstrukturen in der Ehe. Wer wäre besser geeignet, dem Partner die individuelle Beschränktheit seines Tuns und Lassens zurückzuspiegeln, als der Ehepartner? Der, der sie jeden Tag erneut hautnah zu spüren bekommt, der darunter doch in besonderem Maß zu leiden hat.

Der Genauigkeitstyp, für den sparsam-verantwortungsvolles Geldausgeben sowie peinliche Ordnung und Sauberkeit so vordringliche Anliegen sind, wird durch die großzügige Art seines Partners, zu schenken bzw. Unordnung oder die Realitäten überhaupt zu übersehen, immer wieder verunsichert oder irritiert. Und selbstverständlich ergeht es seinem Ehepartner nicht besser. Vertieft werden diese Spannungen noch durch die beiden Typen gemeinsame Schwierigkeit, Konflikte offen anzusprechen. Allerdings geschieht das aus ganz unterschiedlichen emotionalen Bedürfnissen heraus.

Wenn die Partner Offenheit leben wollen, die es beiden ermöglicht, ihre noch ungereiften Persönlichkeitsanteile kennen zu lernen, so muss zunächst die beiderseitige Angst vor Verletzungen abgebaut werden. Im Austausch über die im Alltag eines Paares häufig auftretenden Verstimmungen und Störungen der Beziehung kann ein offeneres Gespräch in kleinen, geduldig konsequenten Schritten erlernt werden. Diese Arbeit ist mühsam, sie braucht oft Jahre, aber sie zeitigt erstaunlich positive Ergebnisse.

Beziehungen werden dabei echter. Die subjektive Notwendigkeit, voreinander Theater zu spielen, nimmt ab. Ja, die gegenseitige Zuneigung gewinnt in der Regel – Befürchtungen und Ängsten zum Trotz – an Tiefe. Darüber hinaus kommt es – und das ist in unserem Zusammenhang von besonderem Interesse – zu Persönlichkeitsveränderungen, zur Wandlung von zunächst scheinbar hartnäckig-unbeweg-lichen „Eigenschaften".

Nach zehn, zwanzig oder dreißig Jahren ist dann beispielsweise der Zwanghafte längst nicht mehr so perfektionistisch. Seine Neigungen zu Geizreaktionen haben nachgelassen, eine verbesserte Konfliktfähigkeit hat sich eingestellt. Seine Partnerin dagegen hat es zunehmend gelernt, sich an Ordnung zu freuen und weniger vor der Realität zu flüchten. So wird es ihr möglich, ihrer eigenen Identität zunehmend auf die Spur zu kommen, was ihre sie so häufig deprimierende Abhängigkeit von der Meinung ihrer Umwelt verringert. Kurz gesagt: Beide Partner haben sich zu reiferem Menschsein entfaltet. Das ihnen vom Schöpfer und Erhalter des Lebens zugedachte Originaldasein ist ein Stück weiter gewachsen. Welches Geschenk!

Die Ehepartner können sich also bei diesem für die menschliche Lebenszielsetzung so bedeutsamen Prozess gerade inmitten von Krisen und Schmerzen gegenseitig entscheidende Hilfestellung leisten. „Das Ich bildet sich am Du", weiß Martin Buber. Und der Schweizer Arzt Jürg Willi, Wissenschaftler und Ehetherapeut, bringt diese Chance auf die Formel: „Nicht falsch verstandene, egozentrische Selbstverwirklichung kann das Ziel einer Ehe sein, sondern Wir-Verwirklichung"[2].

Krisen sind sinnvoll

Die in der Partneranziehung wirksamen Gesetzmäßigkeiten führen also, wie der Ehealltag immer wieder neu bestätigt, zu vorprogrammierten, unvermeidbaren Krisen und Auseinandersetzungen. Sie haben nicht nur den Sinn, uns vertiefte Selbsterkenntnis zu vermitteln, sie wollen uns auch zur Entdeckung der Welt, in der der Partner lebt, zur Wahrnehmung seiner ganz anderen Gefühle und Erlebnisweisen führen. So geraten nach und nach gerade die ehelichen Konflikte zu dem Stoff, aus dem allmählich harmonischere Beziehungen erwachsen. Außerdem ermöglichen sie es, mit den Lebensbereichen, in denen Gegensätzlichkeiten bestehen bleiben, gelassener umzugehen.

Andauernde und tiefgehende Konflikte zwischen Menschen, die sich einst sehr zugetan waren, lösen normalerweise eher Hoffnungslosigkeit und Resignation aus. Wer aber solche Krisenphasen im oben genannten Sinn zielorientiert betrachtet, dem kann etwas von der unendlichen Weisheit und Barmherzigkeit des Schöpfers aufgehen, die zu Staunen und Dankbarkeit veranlassen.

---

[2] Jürg Willi, Ko-Evolution, Reinbek 1985.

Zugleich wird auch deutlich, wie unser Verhalten dem Partner gegenüber oft genug von Selbstsucht und Kleinlichkeit geprägt ist, obwohl wir uns doch meist auf unsere Liebesfähigkeit und Toleranz so viel zugute halten. Es wird sichtbar, wie wir ausgerechnet in der Ehe, trotz allem guten Willen und bei besten Vorsätzen, zunächst weit mehr auf Selbstbestätigung und Befriedigung der eigenen Bedürfnisse ausgerichtet sind, als wir uns das selbst zugetraut hätten.

Wer sich nun gerade durch die Unvollkommenheit seines Ehealltags dazu herausfordern lässt, tiefer, das heißt mit dem Herzen zu sehen (St. Exupéry), der beginnt, diese intimste und persönlichste Beziehung, die es unter Menschen gibt, als besondere Berufung zu verstehen. Dostojewski stellte heraus: „Einen Menschen zu lieben heißt, ihn so zu sehen, wie Gott ihn gemeint hat." Das bedeutet doch wohl, im Partner den bisher nur im Ansatz erkennbaren Original-Schöpfungsgedanken wahrzunehmen und sich relativ uneigennützig um die Entfaltung dieser so noch nie da gewesenen Konzeption eines Menschenwesens zu bemühen, auch wenn dieser Prozess lebenslang nicht zum Ende kommt. Wenn ich dem Partner in diesem Sinne ehrlich und freimütig Einblick in die Empfindungen gebe, die sein Verhalten in mir ausgelöst hat, schaffe ich bei ihm und bei mir die Voraussetzungen für optimale Selbsterkenntnis und ganzheitliches Wachstum. Dem steht allerdings die Angst entgegen, es mit einem nahestehenden Menschen durch zu viel „Wahrheit in Liebe" zu verderben und ihn auf diese Weise zu verlieren. Solche Befürchtungen bilden für viele Partner ein fast unüberwindliches Hindernis. „Mir geht es doch um besseres Verstehen und Verstandenwerden. Wie kann ich mich dann in einer Art und Weise äußern, die unsere Beziehungen vollends kaputtgehen lässt?" wird hier oft eingewandt.

Solche Bedenken verkennen die tieferen Zusammenhänge, insbesondere die vielfältigen Möglichkeiten zur Verbesserung einer Beziehung, die in den Ehekonflikten enthalten sind. Ausgerechnet Konflikte können die Augen der Beteiligten für ungleich reichere Formen des Lebens zu zweit öffnen. Leiden und Enttäuschungen in der Ehe zielen, bei Licht besehen, auf Bereicherung des gemeinsamen Lebens ab. Vorwurfshaltungen, Hass und Selbstmitleid verstellen den Blick für diese Wahrheit. Selbstsüchtiges Festhalten am eigenen Leben verhindert fruchtbare Ergänzung und das Gelingen von Beziehung und Gemeinschaft.

Ein Neuanfang

„Wer richtig glaubt, der ist seelisch gesund. Ein Christ hat mit sich und mit seinen Bezugspersonen keine wesentlichen Schwierigkeiten." Solche oder ähnliche Meinungen bestimmten – mit Sicherheit nicht zum Vorteil der Betroffenen – das Miteinander in vielen christlichen Gemeinden. Diejenigen, die solche Thesen verbreiten, nehmen in der Regel gar nicht zur Kenntnis, dass sie zum einen wesentliche Aussagen der Bibel außer Acht lassen. Zum anderen aber entziehen sie ihre Lebenspraxis, insbesondere auch ihre zwischenmenschlichen Beziehungen, dem Wandlungsprozess, den das Neue Testament als Heiligung bezeichnet.

Schon seit der Erschaffung der Welt lässt sich Gottes unsichtbares Wesen mit dem geistigen Auge *an seinen Werken* erkennen (Röm 1,20). Wer wollte bestreiten, dass zu seinen Werken vor allem auch der Mensch gehört wie auch die Rätsel, die mit der menschlichen Existenz verbunden sind.

Ein solches Rätsel stellt zum Beispiel die Anziehung gegensätzlicher Persönlichkeitsstrukturen in der Partnerwahl dar, wie sie hier angesprochen wurde. Gerade mit der Wahl eines gegensätzlichen Partners gewinnt die eheliche Gemeinschaft ein kaum je ganz auszuschöpfendes Potenzial für die Persönlichkeitsreifung der Partner. Offensichtlich handelt es sich um ein Geheimnis, dessen Sinn sich gerade dem erschließt, der über die Absichten und Zielsetzungen des Schöpfers nachdenkt.

Ein Christ hat das Vorrecht, diesen Geheimnissen mit Demut und Ehrfurcht, im Respekt vor der Weisheit des Schöpfers, gegenüber zu treten und sich darum zu bemühen, diese Geheimnisse seines himmlischen Vaters soweit wie möglich kennen und verstehen zu lernen.

Das kann zum Beispiel dadurch geschehen, dass er über die auf Erkenntnisse der Humanwissenschaften beruhende einschlägige Literatur oder über Weiterbildungskurse, wie sie in Gemeinden heute zahlreich angeboten werden, zur Kenntnis nimmt, welch tiefe Weisheit in der menschlichen Person und ihren Lebensäußerungen zum Ausdruck kommt.

Aus solchen Erkenntnissen werden Aufgabenstellungen deutlich. So zum Beispiel das Erlernen von gemeinschaftsförderndem Umgang mit gegensätzlichen Empfindungen und Gefühlen. Mit vollem Recht lässt sich in diesem Zusammenhang vom „Streiten lernen" reden. Ein bekanntes Buch über Partnerschaftsprobleme trägt den Titel „Streiten verbindet". Auch das lebenslange Abschiednehmen vom Vertrauten und Gewohnten gehört zu diesen Aufgaben. Jeder bejahte Abschied öffnet die Augen für die Entdeckung bisher unbekannter neuer Lebensräume. Vor allem geht es aber bei solchen inneren Wandlungs- und Veränderungsprozessen immer wieder um das tiefere Ansichtigwerden der eigenen Person, einschließlich ihrer Grenzen und Entwicklungsrückstände, was in engem Zusammenhang mit einem verbesserten Zugang zu der Welt steht, in der der Nächste lebt.

Wer sich als Christ solchen Wachstumsnotwendigkeiten stellt und damit die ihm aus der Schöpfungskonzeption mit ins Leben gegebenen Hausaufgaben an sich selbst und seinem Nächsten ernst nimmt, der wird sich seiner eigenen Grenzen neu bewusst. Er wird erfahren, dass er gerade zur Bewältigung dieser Aufgaben die Kräfte und die Leitung nicht entbehren kann, die ihm Gott anbietet. Nur in der Zentrierung auf den, der uns geschaffen hat, können wir Menschen uns in der Tiefe loslassen, können wir von uns selbst frei werden.

Diese Verflechtung hat Jesus auf die einprägsame Kurzformel der beiden nach ihm wichtigsten Gebote gebracht:

1. Du sollst zu Gott eine tiefe Beziehung der Liebe, ein Liebesverhältnis gewinnen.

2. Du sollst deine Nächsten, diejenigen Menschen, mit denen du während deiner Lebenszeit zu tun hast, ebenso lieben wie dich selbst. Ihre Interessen sollen dir also ebenso wichtig sein wie deine eigenen (Mk 12,28-31).

Anders ausgedrückt: Jesus von Nazareth will, dass unsere Beziehungen zum Schöpfer, zum Nächsten und zum eigenen Selbst verwandelt werden. In einem wachstümlichen Prozess sollen diese Beziehungen immer tiefer und umfassender von Liebe bestimmt sein, was in einem immer tieferen Kennenlernen und Verstehen zum Ausdruck käme.

Neubeginn einer Beziehung heißt demnach zunächst einmal, auch eine Bestandsaufnahme des Christseins zu riskieren. „Haben wir uns der lebendigen Beziehungs- und Wachstumsdynamik ausgesetzt, die diesem Sein angemessen ist, oder sind wir in einem Gewohnheits-Christentum eingeschlafen und erstarrt, das uns nötigt, aus den Gotteserfahrungen von vorgestern zu leben?"

Beide Partner könnten dann unter Berücksichtigung ihrer Vorgeschichte bzw. Kindheitserfahrungen ihre aktuellen Konflikte neu miteinander bedenken und die Frage zu beantworten versuchen: „Wer bin ich eigentlich? Und wer bist du, mein Partner? Hinter all den Rollen, die der Alltag aufnötigt, hinter den Masken, die wir zum Selbstschutz tragen?" Die Kenntnisnahme äußerer Verhaltensweisen und oberflächlicher Gesprächsinhalte reichen dafür nicht aus. „In welcher inneren Welt befinde ich mich, befindest du dich? Welche Gefühlsbrille tragen wir, die alles Erleben subjektiv verzeichnet? Welche Art zu reagieren ist mir bzw. dir zu eigen, die den inneren, uns weithin unbewussten Bedürfnissen Ausdruck gibt?

Welche Verletzungen und Selbstschutzmanöver löst mein Reden und Handeln bei dir aus?

Solche ungemein trächtigen und für ein tieferes Verstehen und harmonischere Ehephasen außerordentlich bedeutsamen Fragen lassen sich nicht in *einem* Gespräch erledigen. Sie berühren das innerste Sein. Nur in einem regelmäßigen, über Jahre fortgesetzten und immer tiefer schürfenden Austausch können sie erhellt werden.

Mit anderen Worten: Die Partner benötigen eine gehörige Portion an Tragkraft in Geduld, um den Neuanfang realisieren zu können.

Für den, der sich in dieser Weise auf die Spur kommt, brechen Welten zusammen. Eine vorher nicht für möglich gehaltene Schärfung des Gewissens stellt sich ein. Ein neues, viel tieferes Wissen um echte Schuld entsteht, wenn ein Mensch sein Leben, sein ganzes Tun und Lassen im Licht der göttlichen Schöpfungsgeheimnisse und Sinnzusammenhänge zu sehen beginnt. Kein Wunder, wenn sich auch viele Christen der Aufhebung ihrer Seelenblindheit widersetzen und es sehr viel angenehmer finden, beim bisher praktizierten Routine-Christentum stehen zu bleiben. Diese Art von Frömmigkeit hat Jesus gegenüber den Frommen seiner Zeit immer wieder als Heuchelei bezeichnet.

Man kann aus seinen verkrusteten Schutzmechanismen nur herauskommen und sich den Verlust seines bisherigen Selbstbilds nur zumuten, wenn ein neues Kraftreservoir erschlossen wird. Man muss es lernen, sehr viel mehr von dem in Anspruch zu nehmen, was der Auferstandene für uns bereit hält.

Wer sich selber stärker in Frage stellen lässt, der nimmt damit stärkeres Leiden an seiner eigenen Person in Kauf. Im Verein mit einer tieferen Kommunikation mit Gott führt dieser schmerzliche Prozess zu einem neuen Offensein für den Partner. Es entsteht eine größere Bereitschaft zur Annahme seiner Schwächen und seiner personalen Wirklichkeit anstelle des bisherigen Bezogenseins auf ein illusionäres Ideal, auf ein idealisiertes Traumbild.

Er kann dann ganz bewusst Verantwortung dafür übernehmen, dass der Partner in der Beziehung zu ihm sein Menschsein entfaltet. Die Lasten und Mühsale, die er sich dabei selbst zumutet, werden ihn in der eigenen Persönlichkeitsentwicklung voranbringen. Sie tragen zur Verringerung seiner eigenen frühen Defizite ebenso bei, wie sie andererseits die Basis des gemeinsamen Lebens verbreitern und vertiefen.

Ist es erstaunlich, dass solche revolutionären Prozesse immer wieder einmal von Phasen der Resignation, Müdigkeit und Hoffnungslosigkeit begleitet werden? Gerade diese Zeiten sind geeignet, den Leidensdruck zu verstärken, der zu einer neuen Sicht der umgebenden Menschen und der Konfliktsituationen herausfordert. Auch die bisher unausgeschöpften Kraftreserven, von denen schon die Rede war, sind in einem Entdeckungsabenteuer besonderer Art aufzuspüren. In der Bibel wird immer wieder von einzelnen Menschen oder ganzen Gruppen berichtet, die das Ende ihrer Möglichkeiten mit großer Niedergeschlagenheit erlebten. Das entspricht Erfahrungen, denen sich jeder Mensch im Laufe seines Lebens mehrfach ausgesetzt sieht. Insbesondere trifft das für unser – vorläufiges – Ausgeliefertsein an unsere frühkindlichen Prägungen zu. Wer die dominierende Wirksamkeit der frühen Prägungen für sein Erleben und sein Verhalten aus den Tiefendimensionen seiner Seele zur Kenntnis nimmt, wird nicht selten von einem Gefühl der Ohnmacht und der Hilflosigkeit überwältigt.

Auf diesem Hintergrund menschlicher Armut und Begrenztheit wird verständlich, was der bekannte Sozialpsychologe Erich Fromm als die beiden menschlichen Grundbedürfnisse herausstellt.

Zum einen das Bedürfnis nach Hingabe – der Mensch ist sich selbst zu wenig, er braucht etwas Höheres als Mitte und Ziel seines Lebens.

Zum anderen das Bedürfnis nach Orientierung – der Mensch ist überfordert, den Kurs seines Lebensschiffs aus sich heraus zu bestimmen. Er braucht Orientierung von außen; in der Regel erwartet er sie von der Instanz, die er als höchsten Wert seines Lebens gewählt hat. Von diesem Wert, an den er sein Herz zu hängen pflegt, lässt er seine Wertorientierung und damit sein Hingabeobjekt bestimmen.

Die Entscheidung, sein Leben durch Daseinsinhalte wie Reichtum oder Machtstreben füllen zu lassen, ist ebenso als Form der Befriedigung dieser Grundbedürfnisse anzusehen wie der Entschluss, sein Leben ganz auf den Schöpfer und Erhalter des Alls auszurichten. Jesus hat es – wie schon erwähnt – als die wichtigste Angelegenheit unseres Lebens bezeichnet, dieses Gegenüber zu finden und für eine lebenslang wachsende Beziehung der Liebe zu ihm Sorge zu tragen (Mk 12,30).

Eine Liebesbeziehung dieser Art zielt darauf ab, unserem Leben eine neue Grundlage zu geben. Sie soll nicht nur unsere Beziehung zu allen Menschen verändern, sondern auch die zu uns selbst. Eben deshalb bekommen eigene Hilflosigkeit und Schwäche einen neuen Stellenwert. Wir vermögen sie im Rahmen der Liebesbeziehung zum Vater im Himmel als Gewinn und Bereicherung anzusehen. Das ermöglicht es, mit den eigenen Defiziten und

Schwächen auf neue und außergewöhnliche Weise umgehen zu lernen. Ohne Heuchelei und scheinheiliges Theaterspiel kann das eigene Herz vor dem, der uns ohnehin bis auf den Grund unseres Herzens durchschaut, geöffnet werden. In seiner Gegenwart können wir uns zu unserer Mut- und Kraftlosigkeit, zu Hass und Rachegedanken, zu Selbstmitleid und Unversöhnlichkeit bekennen und gleichzeitig um Vergebung und Erneuerung bitten.

Das verändert zwar die äußere Situation nicht in jedem Fall auf der Stelle, aber das anhaltende Gespräch dieser Art leitet eine Liebesbeziehung mit Gott ein oder vertieft sie in einem Erneuerungsprozess. Wem es aufrichtig darum zu tun ist, dass der Wille Gottes in seinem Leben – und das heißt nicht zuletzt auch in seiner Ehe – geschieht, der braucht sich angesichts der eigenen Armut weder von der Hoffnungslosigkeit überwältigen zu lassen noch über dem „schlechten Charakter" des Partners zu verzweifeln. Stattdessen kann er aus der Neuorientierung auf den lebendigen Gott Kraft, Mut und Hoffnung schöpfen. Der Apostel Paulus liefert uns für diesen veränderten Umgang mit leidvollen Erfahrungen und eigener Ohnmacht ein anschauliches Beispiel. Im 2. Korintherbrief schildert er uns, wie er im freimütigen Gespräch mit seinem Vater im Himmel schwere Krankheit und die damit verbundenen Schwächen, Notlagen und Krisen zu bejahen, ja dafür dankbar zu sein gelernt hat: „Und damit ich mich wegen der hohen Offenbarungen nicht überhebe, ist mir gegeben ein Pfahl ins Fleisch, nämlich des Satans Engel, der mich mit Fäusten schlagen soll, damit ich mich nicht überhebe. Seinetwegen habe ich dreimal zum Herrn gefleht, dass er von mir weiche. Und er hat zu mir gesagt: *Lass dir an meiner Gnade genügen; denn meine Kraft ist in den Schwachen mächtig.* Darum will ich mich am allerliebsten rühmen meiner Schwachheit, damit die Kraft Christi bei mir wohne. Darum bin ich guten Mutes in Schwachheit, in Misshandlungen, in Nöten, in Verfolgungen und Ängsten, um Christi willen; denn wenn ich schwach bin, so bin ich stark" (2 Kor 12,7-10).

Irmela Hofmann

Das Gespräch mit dem Ehepartner[1]

Als mein Mann und ich noch nicht verlobt waren, gingen wir oft stundenlang spazieren und unterhielten uns dabei so angeregt, dass wir Zeit und Stunde darüber vergaßen. Wir dachten beide: So gut wie dieser Mensch hat mich noch nie ein anderer verstanden! Mit keinem meiner neun Geschwister hatte ich je so sprechen können wie mit Horst-Klaus – und er sagte mir damals: „Ich schätze meine Familie sehr, aber dir fühle ich mich tiefer verbunden als Mutter oder Schwester. Mit dir kann ich über alles reden." Wer uns gesagt hätte: Wartet nur ab! Auch für euch kommt ein Tag, an dem ihr euch sprachlos gegenübersitzen werdet, und es wird Zeiten geben, in denen ihr einander überhaupt nicht mehr versteht – wer uns das zu sagen gewagt hätte, den hätten wir ausgelacht. Trotzdem hätte er Recht behalten!

Gibt es das, dass zwei Menschen, die Christen sind, die sich lieben, die einander vertrauen, die im Gespräch miteinander „die gleiche Wellenlänge haben" – wie man so sagt –, dass diese zwei sich eines Tages nichts mehr zu sagen haben oder aneinander vorbeireden? Und wenn es das gibt – was sind die Ursachen? Lässt sich nicht verhindern, dass es so weit kommt? Und: Wie lässt sich das Gespräch nach einer Zeit der Entfremdung wieder neu beginnen?

I.

Ob es das gibt, dass zwei Menschen sich plötzlich nichts mehr zu sagen haben – ich denke, darüber muss ich nicht ausführlich berichten. Es genügt, wenn sich jeder von uns ein paar Ehepaare aus seiner Umgebung vor Augen stellt und sich ins Gedächtnis ruft, wie sie miteinander reden und was sie sagen oder nicht sagen. Ich vermute, danach besteht unter uns kein Zweifel mehr, dass viele Eheleute, die wir kennen, darunter leiden, wenn daheim „nur noch das Nötigste" miteinander geredet wird.

Es ist seltsam, aber Männer scheinen darunter nicht in gleicher Weise zu leiden wie Frauen. Es gibt Ehemänner, denen genügt es, wenn sie heimkommen, die Zeitung aufzublättern oder die Fernbedienung des Farbfern-

---

[1] Dieser Vortrag wurde vor einem Kreis von Predigerfrauen und Gemeindemitarbeiterinnen gehalten. Copyright by Irmela Hofmann, OJC Reichelsheim.

sehers in Bewegung zu setzen – manchmal auch beides gleichzeitig. Zwischendrin wird dann schnell gegessen, aber es scheint so, als sei die Gestaltung ihrer Freizeit nach der Arbeit im Beruf durchaus nicht vom Ehepartner abhängig. Der ist zwar in der gleichen Wohnung vorhanden, aber weniger als Gesprächspartner, eher wie ein Einrichtungsgegenstand, an den man sich gewöhnt hat und den man benutzt, wenn man ihn braucht, und dann wieder wegstellt.

Wir wollen hier keine Urteile fällen. Es gibt Ehemänner, die sind es von zu Hause nicht anders gewöhnt. Sie wurden von ihrer Mutter rührend und einfühlsam umsorgt, der Haushalt lief reibungslos und stellte an sie persönlich keinerlei Ansprüche. Ein Gespräch, das über notwendige Alltagsdinge hinausging, haben sie nie geführt – warum sollte das in ihrer Ehe plötzlich anders sein? Das ist doch gar nicht einzusehen?! Oder doch?

Was ich eben beschrieben habe, waren früher Einzelfälle. Zurzeit häufen sie sich. Leider. Aber nun betrachten wir den „Normalfall". In vielen Ehen ist der Mann in den ersten Wochen und Monaten durchaus gesprächsbereit, wenn er auch oft nicht in der gleichen Weise gesprächsfähig oder redegewandt ist wie seine Frau. (Es kann natürlich auch umgekehrt sein.) Aber eine Ehe ist ja nichts Statisches, sondern ein Wachstumsprozess, auf den sich beide einlassen und durch den sich beide zu dem entwickeln können, was Gott in ihnen angelegt hat: Ein Mann und eine Frau, die einander zugewandt bleiben, die sich in ihrer Verschiedenartigkeit ergänzen und einander in die Hand arbeiten. Die füreinander sorgen und fähig werden, miteinander Lasten zu tragen. Ich habe schon erstaunliche Entwicklungen miterlebt – sowohl bei Ehemännern also auch bei Ehefrauen –, die im Lauf ihrer Ehe aus verknubbelten, egozentrischen Schneckenhäusern heraus und zueinander hin gefunden haben.

Aber leider ist häufiger das Gegenteil der Fall. Die Frau – oder der Mann – wird immer stiller, vor allem in der Gegenwart des Ehepartners, und zieht sich am Ende ganz zurück.

Im Extremfall – ich kenne unter Christen mehrere solcher Fälle – baut sich der Mann unterm Dach ein eigenes Studio, zu dem seine Frau keinen Zutritt hat, oder im Keller eine Werkstatt, in der er ein Eigenleben führt, von dem seine Frau ausgeschlossen bleibt.

II.

Damit sind wir bei der zweiten Frage: Was sind die Ursachen? Wie kam es dazu, dass mein Mann, mit dem ich mich so gut verstanden hatte, eines Tages mit einem seiner Freunde folgendes Gespräch führen konnte: Der

Freund sagte: „Du musst mir helfen, Horst-Klaus. Ich gebe mir wirklich Mühe, aber ich verstehe meine Frau einfach nicht!" Darauf die Antwort: „Was, das versuchst du noch? Ich habe das längst aufgegeben. Verstehen werde ich meine Frau nie. Ich bin nicht sicher, ob man eine Frau überhaupt verstehen kann."

a) Hier haben wir die erste Ursache: Mann und Frau sind in ihrer Wesensart grundverschieden. Und sie bleiben es auch in der Ehe. Der Mann erlebt die gleichen Dinge auf völlig andere Weise als seine Frau – und die Frau fühlt und denkt in einer völlig anderen Art als ihr Mann, auch wenn sie ihn liebt. Er bleibt ein Mann und sie eine Frau im Denken, im Erleben, im Fühlen, in ihrem ganzen Wesen. Das gegenseitige Verstehen kann also auf Dauer nicht die Basis für das Gespräch miteinander sein, auch wenn beide am Anfang fest davon überzeugt sein mögen: „Bei uns wird das aber ganz anders sein als bei allen anderen!" Ehefachleute haben uns in den letzten Jahrzehnten davon zu überzeugen versucht: Mann und Frau seien völlig gleichartige Wesen, sie würden nur unterschiedlich erzogen, sodass am Ende zwei verschiedenartige Menschentypen herauskämen. Die französische Philosophin Simone de Beauvoir hat sich dabei zu dem Satz verstiegen: „Als Frau wird man nicht geboren – man wird dazu erzogen!" Inzwischen hat die Wissenschaft aber neue Erkenntnisse gewonnen, nur passen sie einigen Leuten nicht in ihr Denksystem. Man kann heute an jedem einzelnen Haar, an jeder Hautzelle erkennen, ob es sich um das Haar oder die Haut eines Mannes oder einer Frau handelt. Das heißt: Sie sind bis in die Haarspitzen hinein, nicht nur bis in die Finger- oder Zehenspitzen vom Schöpfer männlich oder weiblich erschaffen, und damit eben von Grund auf anders. Mann und Frau sind nicht auf Gleichheit hin angelegt, sondern auf Ergänzung.

Was bedeutet diese Tatsache für das Gespräch miteinander? Wir sind als Frauen zunächst einmal enttäuscht, wenn wir das gegenseitige Verstehen, das wir in der Ehe beim Partner suchen, nicht so finden, wie wir es uns wünschen und ersehnt haben.

Der Mann ist seiner Natur, seinem Wesen nach anders als seine Frau. Ganz anders, als sie es von ihm erwartet! Wir stellen sogar fest: Das Gespräch miteinander ist in erster Linie ein Bedürfnis der Frau. Er scheint es nicht in gleicher Weise zu brauchen. Das hat mit Nichtwollen nichts zu tun, sondern mit den unterschiedlichen Gaben. Beide sind mit verschiedenartigen Gaben ausgestattet, haben aber auch ihre spezifischen Grenzen, die viel mehr mit ihrem Mann- und Frausein zu tun haben, als wir vermuten.

b) Und damit kommen wir zur zweiten Ursache, nämlich zu den hohen Erwartungen, die jeder von uns, ob Mann oder Frau, in die Ehe mitbringt.

Der eine erwartet z.b. die Erfüllung aller sexuellen Träume und Fantasien, der andere erwartet inniges Verstehen, ständiges füreinander Dasein und Anteilnehmen und -geben an allem Erleben.

Eine junge Frau sagte mir: „Ich erwartete ganz selbstverständlich, dass der Raum der Ehe mit Liebe gefüllt sei, aber mein Mann suchte bei mir Geborgenheit, und ich suchte sie bei ihm, und wir waren beide nach kurzer Zeit enttäuscht voneinander. Und damit war auch das Gespräch zu Ende."

Woran scheitern heute so viele Ehen? An der „Überfrachtung mit Glückserwartung". So las ich es vor einigen Tagen in der Zeitung. Und daran ist viel Wahres. Ich erinnere mich an ein Wort, das mein Mann in der Zeit unserer jungen Ehe mehrmals benutzt hat, es hieß: „Erwartungsdruck!" Er sagte: „Wenn ich von der Jugendarbeit nach Hause komme und erst mal alle Viere von mir strecken möchte – und dann deinen Erwartungsdruck spüre, dann ist schon alles gelaufen." Und ich – hatte den ganzen Tag den Haushalt und die Kinder versorgt und sehnlichst auf seine Rückkehr gewartet, weil ich einen Menschen brauchte, mit dem ich reden konnte – ich war empört und entsetzt, wenn er sagte, dass ihn allein schon meine Erwartungen und Hoffnungen auf Gemeinsamkeit störten, dass er sie als Druck empfand und dass durch diesen Druck jeder Ansatz zu einem guten Gespräch zerstört war.

c) Aber es gibt noch eine dritte Ursache, die das Gespräch in der Ehe erschwert:

Das sind die unterschwelligen Machtkämpfe. Ich will die vierte Ursache auch gleich miteinbeziehen, denn beide hängen zusammen: unbereinigte Konflikte und versteckte Aggressionen gegeneinander.

Eine junge Frau erzählte mir: „Immer wenn ich mittags gerade beim Kochen bin und mich konzentrieren muss, kommt mein Mann nach Hause und fängt an zu erzählen. Dann will er mit mir reden, und das geht mir unheimlich auf die Nerven. Ich bin dann immer ganz ungehalten und schmeiße ihn aus der Küche raus oder sage: ‚Siehst du denn nicht, dass ich beschäftigt bin, ich kann nicht kochen und nebenbei zuhören oder gar reden.' " Ich bat sie, einmal in der Stille über ihre Gefühle ihrem Mann gegenüber nachzudenken. Da sagte sie bei ihrem nächsten Besuch ganz entsetzt: „Mir fiel immer wieder dasselbe Wort ein: Nein, nein, nein, ich ertrage diesen Mann nicht mehr!" Wir mussten sehr tief gehen, um herauszufinden, wo ihr Mann sie enttäuscht und wo er sie verletzt hatte. Und dabei erkannte sie, dass sie für ihn eine mindestens ebenso große Enttäuschung gewesen war. Sie hatten einander oft verletzt bis hin zu dem Satz: „Ich habe dich nie geliebt!" Inzwischen hat diese Frau eine Lösung für ihr Mittagsproblem gefunden: Sie fängt mit dem Kochen eine halbe Stunde früher an, und wenn ihr Mann heimkommt, kann sie sich Zeit nehmen, ihm zuzuhören. Und sie genießen beide die gemeinsame halbe Stunde, bevor die Kinder aus der Schule kommen. Die Verwandlung, die in dieser Ehe geschehen ist, klingt wie ein Wunder, aber solche Zeichen und Wunder will Gott in unseren Ehen tun! Dazu deckt er die Ursachen unserer Gesprächsunfähigkeit oder -unwilligkeit auf! Und es kommt darauf an, ob wir uns dem stellen, was wir als Ursache erkennen, und ob wir bereit werden, Lösungen zu suchen und zu finden. Die junge Frau, deren Mann ständig beim Kochen störte, musste sich der Tatsache stellen, dass sie in ihrem Herzen eine tiefe Ablehnung und Verachtung ihres Ehepartners hatte groß werden lassen. Im Grunde war sie entschlossen, früher oder später diese unerträglich scheinende Ehe zu beenden. Sie fand ihren Mann einfach unmöglich. Und er hatte ständig das Gefühl, von ihr abgelehnt zu werden und rächte sich durch aggressive Sticheleien im Alltag.

In einer anderen Ehe war eine unterschwellige Angst bei beiden Ehepartnern vorhanden, der andere könnte zu groß werden und bei Freunden und Bekannten mehr Bedeutung gewinnen oder beliebter sein. Diese Angst, diese Rivalität, verhinderte ein wirkliches Gespräch miteinander. Wenn Gäste kamen, versuchte der Mann, seine Frau lächerlich zu machen. Wenn sie etwas sagte, korrigierte er sie ständig, um zu beweisen, dass er der Klügere sei. Sie rächte sich damit, dass sie ihrem Mann widersprach, wenn er den Kindern einen Verweis erteilte oder eine Anweisung gab. Auf diese Weise war es ihr gelungen, die Autorität des Vaters bei den Kindern so zu untergraben, dass die Kinder den Vater für eine lächerliche Figur hielten. Weil er das spürte und von ihnen ernst genommen werden wollte, bekam er lautstarke Zornanfälle, durch die er sich bei den Kindern Respekt verschaffen wollte. Er erreichte genau das Gegenteil. Am Ende dieses Machtkampfes hat sich der Vater ganz aus der Kindererziehung zurückgezogen, und nun klagt die Mutter, warum er sie mit den Teenagern und ihren Problemen völlig allein lässt. „Es ist nicht mit ihm zu reden", sagt sie. Der Gedanke, dass sie daran wesentlich mitschuldig sein könnte, ist ihr nie gekommen.

III.

Lässt es sich verhindern, dass es so weit kommt? Meine Antwort heißt: In vielen Fällen sind beide Eheleute ratlos, weil sie weder sich selber kennen noch ihren Ehepartner. Sie haben nie angefangen, darüber nachzudenken:

Warum tue ich dies oder jenes? Warum reagiere ich auf meinen Mann so aggressiv? Jede Krise in der Ehe zwingt uns, sich selber Fragen zu stellen und ihnen nachzugehen. Zum Beispiel: Warum reden mein Mann und ich nur noch das Nötigste miteinander? Wann haben wir aufgehört, ehrlich miteinander zu sprechen, uns gegenseitig zu trösten oder auch mal offen über eine Schwierigkeit im Zusammenleben zu reden? Jeder Mensch durchläuft in seinem Leben verschiedene Wachstumsstufen, so genannte Reifephasen: Der Mensch entwickelt sich vom Säugling zum Kleinkind, zum Spielkind im Vorschulalter, dann zur Schulreife, später zur Pubertät – und auch das Erwachsenwerden hat seine Stufen und Stadien, von denen das Klimakterium und die Midlife-Krise die bekanntesten sind. Die Zeiten des Übergangs von einer Stufe zur anderen sind immer Zeiten der Verunsicherung, Krisenzeiten. Und nun behaupte ich, dass auch jede Ehe verschiedene Phasen durchläuft. Zeiten des Wachstums, die tiefer zueinander hinführen sollen – und Zeiten eines gewissen Stillstands. Man kann an den Scheidungsziffern der öffentlichen Statistiken ablesen, dass es im zweiten, im siebenten, im fünfzehnten Ehejahr und im dreißigsten sehr bedrohliche Krisenzeiten gibt, die viele Ehen nicht überstehen. Denn in diesen Jahrgängen häufen sich die Scheidungen.

Solche Entwicklungsphasen gehen am Gespräch in der Ehe natürlich nicht spurlos vorüber. Es gab Zeiten, da konnten mein Mann und ich behaupten, wir führen eine sagenhafte partnerschaftliche Ehe. Jeder nimmt Anteil an dem, was der andere denkt und tut und gibt ihm auch Anteil an dem, was er selber fühlt und plant. In solchen Zeiten meint man, das wäre selbstverständlich und würde immer so bleiben. Es gab auch Zeiten, da konnten wir für alles miteinander beten und gemeinsam Gott loben und danken. Und dann kamen Zeiten, in denen das gemeinsame Gebet auf das Tischgebet und ein Vaterunser vor dem Einschlafen reduziert war.

Was wir erst lernen mussten, war die Tatsache, dass einer dem Anderen genügend Freiraum lassen muss: die Freiheit, eine kürzere oder auch längere Zeit lang nicht mehr immer gemeinsam zu beten. Ich brauchte z.B. einen Frauraum, die Stille Zeit am Morgen völlig anders zu gestalten als mein Mann. Am Anfang hat er das nur sehr schwer verstehen können. Aber er gab mir die Freiheit, anders zu sein – auch in meiner Art zu glauben. Und ich musste begreifen, dass ich ihn mit meiner Seelenstärke – von der ich selber keine Ahnung hatte – manchmal fast erdrückte.

Wer über solche Gefühle und Empfindungen oder auch Empfindlichkeiten miteinander reden kann, sie auszusprechen wagt, ohne Angst vor der Reaktion des Anderen, der braucht sich um den Bestand seiner Ehe keine Sorgen zu machen. Der freizügig eingeräumte Raum für den Anderen, anders zu sein, den eigenen Erwartungen nicht zu entsprechen, macht das Gespräch miteinander auch in Krisenzeiten möglich. Denn dann muss der Ehepartner nicht fürchten: Jetzt will er mich in den Griff bekommen.

IV.

Und nun möchte ich den letzten Teil dafür nutzen, mit Ihnen darüber nachzudenken, wie das Gespräch in der Ehe neu beginnen kann:

Dazu will ich Ihnen drei Schlüssel überreichen: Den ersten finden wir bei der Frau, die ihrem Mann gegenüber immer nur ein großes NEIN hatte. Was hat ihr geholfen, dieses NEIN loszulassen und sich auf den langen und beschwerlichen Weg zu einem neuen Ja zu ihrem Mann zu machen? Gottes Güte und seine klaren Weisungen:

Du sollst deinen Nächsten lieben – und ihr Mann war ja nun wirklich ihr Allernächster. Ihn nicht zu lieben – das hatte sie bis dahin als ihr gutes Recht angesehen, weil er sie enttäuscht und oft verletzt hatte. Sie lernte aber im Licht des Wortes Gottes sehen, dass es nicht ihr Recht, sondern Ungehorsam gegen Gott war, Schuld vor dem Allerhöchsten! Damit begann sie zum ersten Mal zu sehen, wie sehr sie selber an ihrem Ehemann schuldig geworden war; dass sie ihm ihre Liebe vorenthalten hatte, weil er ihren Erwartungen nicht entsprach.

Gottes Wort deckt auf, was in unserem Leben verkehrt ist. Wo wir – oft ohne es zu wollen – Unrecht tun und vor Gott und unseren Nächsten schuldig werden. Aber das Aufdecken genügt noch nicht. Es liegt an uns, das, was wir dadurch erkennen, auch wahr sein zu lassen, und das fällt jedem von uns schwer. Denn im Licht des Wortes Gottes erkennen wir, dass wir nicht die großen Liebenden sind, für die wir uns vielleicht gehalten haben, sondern wie kläglich wir immer wieder an unseren Nächsten versagen. Es deckt auf, dass wir selber Vergebung brauchen! Und hier zeigt sich der zweite Schlüssel. Er heißt:

Vergeben und sich vergeben lassen! Wir fragen manchmal: Was könnte mich denn hindern, meinem Nächsten die tiefen Verletzungen zu vergeben, die er mir angetan hat? Eins der größten Hindernisse heißt: Stolz, verletzte Eitelkeit. Aber es gibt noch ein anderes, das hört sich so an: Wenn ich ihm vergebe, dann hätte ich ja keinen Grund mehr, mich ihm gegenüber so zu verhalten wie bisher! Dann müsste ich ja meinem Ehepartner gegenüber eine neue Haltung einüben – will ich das überhaupt? Ist das Alte, Gewohnte, nicht viel bequemer? Jeder von uns hat seine Rolle, ich bin der Gute – der Andere ist der Unmögliche, der Versager, der weniger Fromme in unserer Ehe – das sollte doch lieber so bleiben. Es sind solche und ähnliche

Gedanken, an denen in vielen Ehen – auch in Ehen von Christen – der neue Anfang, das neu beginnende Gespräch miteinander über das beiderseitige Versagen in der Vergangenheit scheitert!

Das Gespräch in der Ehe hängt hundertprozentig von der inneren Haltung der beiden Ehepartner zueinander ab. Und die eigene Einstellung zum Anderen zu verändern ist schwer, sehr schwer. Besonders auch deshalb, weil jeder sich vom Anderen ein Bild aufgebaut hat, wie er eigentlich sein sollte. Danach beurteilen und verurteilen wir einander in unseren Herzen – und dieses Urteilen, dieses Richten übereinander tötet die Atmosphäre, den Freiraum für das offene Gespräch.

Wenn wirklich etwas Neues beginnen soll, dann ist zuerst ein Bildersturz nötig. Dann müssen eiserne Riegel gesprengt werden, damit sich verschlossene Türen öffnen und Mauern fallen, die über Jahre – Stein um Stein – aufgebaut wurden.

Dazu aber braucht es mehr als unsere eigene Anstrengung und guten Willen. Für einen Neuanfang brauchen wir die Kraft, die in dem Wort Jesu verborgen ist: „Siehe, ICH mache alles neu!" Ohne das vertrauensvolle Gebet, dass ER eingreift und das Neue wirkt, können wir nichts an den alten Rollen verändern.

Aber nun habe ich von einem dritten Schlüssel gesprochen: *Er liegt in der Fähigkeit zur Hingabe, zur vorbehaltlosen Hingabe an den Ehepartner.*

Dazu gehört der Mut, sich ganz in die Hand des Anderen fallen zu lassen. Alle Sorgen und sich selber loszulassen, um ganz frei zu sein für die spielerische Zärtlichkeit einer beglückenden Stunde zu zweit.

All denen unter uns, die Sicherheitstypen sind, die lieber alles im Griff behalten möchten, fällt das von Jahr zu Jahr schwerer. Vielen Frauen – ganz besonders auch gläubigen Frauen – ist mit der Zeit die Lust der ehelichen Liebe zur Last geworden. Sie empfinden den Anspruch des Ehepartners – oder auch nur die Andeutung seines Wunsches – als Belästigung. Sie ahnen nicht, was sie sich selber damit antun, denn sie wissen nicht, welche enge Wechselwirkung zwischen der ehelichen Zärtlichkeit und der Gesprächsbereitschaft des Ehemannes besteht. Ich kann in der Kürze nicht erklären, was ein Mann empfindet, wenn er Sehnsucht nach der Liebe seiner Frau hat, nach ihrer Hingabe, nach ihrer spürbaren Nähe und von ihr zurückgewiesen wird. Ich will nur so viel sagen: Wer einmal erkannt hat, was die liebende Hingabe einer Frau für ihren Mann bedeutet, wie sie ihn öffnen kann für das Gespräch und für das Wesen und die ganz anderen Empfindungen seiner Frau, der wird anfangen, den himmlischen Vater leidenschaftlich um die Fähigkeit zu dieser Hingabe anzuflehen. Die Gabe, sich selber loslassen zu können, verbunden mit einer neuen, liebenden Offenheit für die Bedürfnisse des eigenen Ehepartners, dessen innerstes Empfinden wir ja oft so wenig kennen.

Es gibt ein altes jüdisches Sprichwort, das sagt: *„Eine glückliche Ehe ist eine größere Wundertat Gottes als der Durchzug der Kinder Israels durch das Schilfmeer."*

Wer sich wünscht, dass das Gespräch in seiner Ehe nicht aufhört oder ganz neu beginnen möge, der kann sich eine so große Wundertat von Gott erbitten. Und ich kann Ihnen aus der Erfahrung vieler schwieriger Ehen versichern: Unser Vater im Himmel weiß, was wir brauchen. Er hat Freude an solchen Gebeten und erhört sie!

Adressen für Ehevorbereitungsseminare und Beratungsstellen

Jesus-Bruderschaft Gnadenthal
65597 Hünfelden
Tel.: 0 64 38/ 81 - 0
Fax: 0 64 38/ 81 277
e-mail:

Family Life Mission e.V.
Hauptstraße 107
77694 Kehl/ Rhein
Tel.: 0 78 51/ 48 30 45
Fax: 0 78 51/ 48 30 47
e-mail:
Internet:

Offensive Junger Christen
Postfach 12 20
64385 Reichelsheim
Tel.: 06164/ 93 09-0
e-mail:
Internet:

Begegnungsstätte
Schloss Craheim
97488 Stadtlauringen-Wetzhausen
Tel.: 0 97 24/ 91 00-20
e-mail:
Internet:

IPS-Fachgesellschaft für
Psychologie und Seelsorge
Lauterbadstr. 39
72250 Freudenstadt
Tel.: 0 74 41/ 86 99 31
Fax: 0 74 41/ 86 99 32
e-mail:
Internet:

Bildungsinitiative für
Prävention-Seelsorge-Beratung
Weiler Schafhof 32
73230 Kirchheim - Teck
Tel.: 07 00/ 24 83 79 25
Fax: 07 00/ 24 32 96 86
e-mail:

standUp e.V.
Sabine und Andreas Schneider
Uferstraße 63a
42699 Solingen
Tel.: 02 12/ 66 15 4
Fax: 02 12/ 38 21 86 3
e-mail:

Arbeitsgemeinschaft Seelsorge (AGS)
im Bund Freier Evangelischer Gemeinden
Pastor Günter Hallstein
Medenbacher Straße 12
35767 Breitscheid
Tel./ Fax: 0 27 77/ 16 31
e-mail:

Bundeszentrale des
Weißen Kreuzes
Postfach 20
34290 Ahnatal/ Kassel
Tel.: 0 56 09/ 83 99-0
e-mail:

Deutscher Jugendverband
„Entschieden für Christus" EC e.V.
Postfach 42 02 20
34071 Kassel
Tel: 05 61/ 40 95 – 0
e-Mail:
Internet:

III. Die Ehe – Was Gott uns anvertraut hat

Erklärung des Rates der SMD zu Partnerschaft und Ehe vom 6.3.1994

Während der vergangenen Semester wurde innerhalb der SMD intensiv über sexualethische Themen diskutiert. Die Leitung der SMD hat schon 1986 ihre Haltung in dieser Frage in Form eines Vorwortes zu der PORTA STUDIE 10 *Biblische Perspektiven zu Partnerschaft und Ehe* dargelegt. Dies soll nun aus Anlass der jüngsten Diskussionen erneut in kurzer Form geschehen.

I. Die Herausforderung

Der Wandel im *gesellschaftlich akzeptierten Normalfall* macht auch vor der christlichen Gemeinde nicht Halt. Vor- und nichteheliche sexuelle Lebensgemeinschaften werden – unter dem (richtigen!) Verweis auf ihren qualitativen Unterschied zu wahllos wechselnden Beziehungen – zunehmend unter Christen kritiklos akzeptiert.

In der SMD haben wir uns verpflichtet, einander zu helfen, unser gesamtes Leben von Christus her zu gestalten und uns gegenseitig zu einem Leben im Gehorsam gegen Gott und sein Wort anzuhalten (RL1 und RL2b)[1]. Dies geschieht aus der Überzeugung, dass Gottes Wort uns Weisung gibt, wie unser Leben heilsam unter seinem Segen und anderen Menschen zum Vorbild und Segen gelebt werden kann. Jeder Vorbehalt eines Privatbereiches, der nicht vor Gottes Wort und den Mitchristen gerechtfertigt werden müsste, spaltet unser Zeugnis und untergräbt unsere Glaubwürdigkeit. So sind wir heute herausgefordert, neben anderen Lebensgebieten, gerade im Bereich der Gestaltung unserer Sexualität und unserer Beziehungen den guten Willen Gottes in unserer Gesellschaft zu leben.

---

[1] Richtlinien der SMD, Absatz 1 und Absatz 2b

II. Das biblische Verständnis von Ehe

Die Ehe als Persongemeinschaft eines Mannes mit einer Frau ist Schöpfungsgabe und Schöpfungsordnung Gottes (1 Mo 2,24; Mt 19,4ff).

Die Ehe ist eine Gemeinschaft der Liebe. Der Raum des Miteinander-Lebens muss mit Liebe gefüllt und gestaltet werden: füreinander danken, sich gegenseitig anerkennen, miteinander reden und im Gespräch bleiben, füreinander sorgen, einander tragen, Zeit haben füreinander, zärtlich sein zueinander, sich aneinander freuen, miteinander beten, einander vergeben. Liebe benötigt einen Raum zum Wachsen, der auch das Durchstehen von Krisen einschließt. Deshalb gibt es Liebe nicht auf Probe.

Die Ehe ist eine Gemeinschaft der Treue. Zwei Menschen geben sich dabei das Versprechen, ein Leben lang, durch *gute und böse Tage* hindurch, in Treue zueinander zu stehen. Darin bildet die Ehe das unverbrüchliche Treueverhältnis Gottes zu den Menschen ab. Als Treueverhältnis ist die Ehe auch Rechtsgemeinschaft. Zur Ehe gehören das Sich-frei-Machen von Erwartungen der Eltern einerseits und der Umwelt andererseits, eine rechtliche Verantwortungsübernahme und ein Bekenntnis vor der Öffentlichkeit. Wer sich zu einem solchen Schritt der Bindung nicht reif genug fühlt, sollte dazu offen stehen und keinen Teilbereich von Ehe insgeheim vorwegnehmen. Wir sind von Gott als Mann und Frau in unserer jeweiligen Geschlechtlichkeit geschaffen. Sexualität ist gute Schöpfungsgabe Gottes (1 Tim 4,4), den Menschen gegeben zur gegenseitigen Beglückung und um neues Leben hervorzubringen. Ehe ist darum auch Schutzgemeinschaft für neues Leben.Ehe ist die ganzheitliche Persongemeinschaft zweier Menschen. Der Vollzug der Geschlechtsgemeinschaft als Ausdruck des *Ein-Fleisch-Werdens* ist von Gott in die Ehe hineingeordnet. *Voreheliche* Geschlechtsgemeinschaft widerspricht den von Gott gegebenen Ordnungen. (Eine ausführliche Begründung dieser biblischen Sicht findet sich in dem Artikel M. Haizmann: Zur Frage des *vorehelichen* Zusammenlebens.)

Ehe und Ehelosigkeit stehen seit Jesus gleichwertig, als vollwertige Gestaltungsmöglichkeiten menschlichen Lebens nebeneinander. Die Ehe wird von Jesus neu begründet, aber vom kommenden Reich Gottes her auch relativiert (Mt 19,3-12; Lk 20,27-40).

Es gibt nur sündige Ehen (E. Brunner). Auf dem Weg zur Ehe und in der Ehe werden Menschen aneinander schuldig werden, vielleicht auch scheitern. Unter der Vergebung Jesu ist aber auch für gescheiterte Beziehungen und für in Beziehungen gescheiterte Menschen immer ein Neuanfang möglich.

III. Mitarbeiterschaft in der SMD

Wir haben eine besondere Verantwortung in einer Zeit, in der sich die Umwelt von biblischen Wertmaßstäben abwendet und auch Christen vielfach in ihren Sog zieht. Wir wollen demgegenüber an Gottes guten und heilsamen Ordnungen für unser Leben festhalten und verstehen dies auch bewusst als Teil unseres gelebten Zeugnisses. Wer diese Ordnungen für sich nicht bejahen kann oder für sich eine andere Einsicht beansprucht, sollte in der SMD nicht mitarbeiten.

Wir bedauern es, wenn viele Mitarbeiter und Mitarbeiterinnen dieser inhaltlichen Überzeugung der SMD zuerst auf schriftlichem Wege und nicht über eine Vertrauensperson vor Ort begegnen. Leider ist es in der Struktur der SMD, deren Gruppen und Arbeitskreise bewusst nicht von Hauptamtlichen geleitet werden, kaum anders möglich. Gruppen, Mitarbeiter und studentische Leiter sind oft überfordert, die Klarheit der biblischen Linie gegenüber – vielleicht älteren – Personen durchzuhalten. Deshalb erscheint uns die schriftliche Form der Klärung unverzichtbar.

Mit dieser Erklärung wollen wir zum Gespräch einladen. Es ist uns bewusst, dass immer mehr junge Mitarbeiter zu uns stoßen, die durch eine ganz andere Normalität geprägt sind. Während wir erwarten, dass der Heilige Geist selbst ihnen eine neue Richtung gibt, möchten wir ihnen ausreichend Zeit zum Prüfen und Umdenken geben und sie mit Verständnis und Vorbild begleiten. In dieser Zeit ermutigen wir dazu, im Gespräch mit Verantwortlichen der SMD eine seelsorgerlich tragbare, individuelle Lösung zu suchen.

Es wird aber auf Dauer nicht möglich sein, an einer Lebenspraxis wie etwa dem Zusammenleben vor der Ehe festzuhalten und in der SMD mitzuarbeiten. Diese Klarheit der Lebensführung in den von uns gelebten Beziehungen sind wir neu dazukommenden Mitarbeitern und unserer nichtchristlichen Umwelt schuldig.

IV. Ausblick und Bitte

Zielpunkt der biblischen Gebote und Ermahnungen ist nicht das Ersticken der Lebensfreude, sondern ist das Gelingen des Lebens. In unserer Gesellschaft erleben viele gerade in der Frage der Beziehungen unendlich viel Leid, Enttäuschung, Verletzung und Scheitern. Gott möge es uns schenken, dass wir in seinen Ordnungen zu einer heilsamen Lebensgestaltung finden – uns und anderen Menschen zum Segen (Phil 2,15).

Martin Haizmann

Zur Frage des „vorehelichen" Zusammenlebens

Ein schönes Beispiel dafür, wie unkompliziert in der Bibel Geistliches und Leibliches zusammengehören, ist die Tobias-Geschichte. Tobias betet in der Hochzeitsnacht: „‚Du weißt, dass ich mit dieser Frau nicht nur flüchtige Lust suche, sondern mich in lebenslanger Treue mit ihr verbinden will. Deshalb hab' Erbarmen mit uns beiden und lass uns bis ins Alter beisammen bleiben.' Und Sara sagte mit ihm zusammen ‚Amen'. Und beide schliefen die Nacht über miteinander" (Tob 8,7-9).

Vorbemerkungen

Sexualität und *Ehe* sind in der Bibel keine Tabu-Themen. In allen Variationen wird in großer Offenheit und Nüchternheit dieses Thema verhandelt. Da gibt es Liebes- und Eifersuchtsgeschichten (1 Mo 29; Ri 13-16; Rut; u.v.m.), Ehebruch (2 Sam 11), Homosexualität (1 Mo 19,4f; Ri 19,22-24), Vergewaltigung und Verführung (1 Mo 39,7-18; 2 Sam 13), Prostitution (1 Mo 38), Ehegesetze (5 Mo 22 u.v.m.), Liebeslyrik (Hohelied) und so weiter. *Leibfeindlichkeit* kennt die Bibel nicht.

Der Bereich unserer Sexualität ist ein Bewährungsfeld unseres Glaubens. Von Gott geschenkte Leidenschaft muss geheiligte Leidenschaft werden, sonst wirkt sie zerstörerisch (1 Kor 6,18-20). In der Gestaltung unserer Beziehungen (Freundschaften und Ehen) und unseres Ledigseins sollen wir unser Christsein Gestalt gewinnen lassen, soll es sich verleiblichen. Ein Negativbeispiel gibt Simson: „Simson geht in dem großen Konflikt zwischen Eros und Charisma schließlich unter. So zeigen die Simsongeschichten das Scheitern eines Charismatikers und das Bild einer vertanen Gotteskraft."[1]

Wenn wir nach biblischen Leitlinien für unsere Lebensgestaltung fragen, dann stellt sich zuerst die Vertrauensfrage. Wer Gott letztlich für einen Spielverderber hält oder für einen Minimalisten, der einem nichts Gutes gönnt, wird biblische Weisungen immer in den falschen Hals bekommen.

---

[1] Rad, G. V.: Theologie des Alten Testaments. Bd. 1, S. 346.

Wenn Jesus aber der „gute Hirte" ist, der will, dass unser Leben gelingt, der uns zur „grünen Aue und zum frischen Wasser" führt, dann werden wir fähig zu einem vertrauensvollen Gehorsam.

„Das einzige Wahrheitspfand liegt in der Unterordnung unter die Heilige Schrift" (H. BRÄUMER). Wir wissen nicht, wie menschliches Leben gelingt, und der Zeitgeist weiß es auch nicht. Wer sich vertrauensvoll dem in der Bibel offenbarten Gotteswillen unterordnet, wird erfahren, dass so Leben gelingt. Es geht auch in diesen Fragen um nichts weniger als um die Wahrheit über unser Leben, um das Gelingen unseres Lebens, um ein heilsames Vorbild für andere (Phil 2,15), um die „Christusgestalt" in unserem Leben (Gal 4,19).

Wer nach biblischen Maßstäben fragt, darf nicht nur nach dem „richtigen Vers" suchen. Er muss lernen, in biblischen Linien und Strukturen zu denken. Dies erfordert Mühe und Arbeit.

I. Voreheliches Zusammenleben?

Die Schrift sagt: „Die zwei werden ein Fleisch sein."

Am Beispiel von 1 Kor 6,12-20 soll zunächst gezeigt werden, wie PAULUS – ausgehend von einer ganz konkreten Fragestellung – eine *Ethik der Freiheit* entwickelt und die Frage zurückführt auf die Grundaussagen für das Nachdenken über ethische Fragen. Gleichzeitig ist zu beachten, dass PAULUS nicht – wie auch sonst nicht[2] – eine umfassende und alles klärende „Sexualethik" gibt. Er beantwortet hier nicht alle Fragen, die *wir* vielleicht haben. Aber er argumentiert von grundsätzlichen Gegebenheiten her, die wir dann auf unsere Situation und Fragestellung anwenden können und müssen.

Ethik der Freiheit

Im Heiligtum der Aphrodite auf Akrokorinth gab es zahlreiche Gebäude, in denen etwa eintausend Dirnen zu Ehren der Liebesgöttin wohnten. „Begierden sind etwas so Natürliches wie Essen und Trinken, deshalb braucht sich dessen niemand vor niemandem und in keiner Weise zu schämen. – Alles ist erlaubt. Die sittliche Kraft bleibt überlegen und erhalten. Das sexuelle Leben ist nur etwas Äußerliches." So die griechische Philosophie. Mit diesen Schlagworten pilgerten auch die Christen in die Oberstadt Korinths. PAULUS nimmt die Thesen der Korinther auf und entwickelt eine *Ethik der Freiheit*.

---

[2] In Röm 13 z.B. gibt er *nicht* „die christliche" Staatslehre, sondern er greift *einige* Fragen zum politischen Verhalten der Christen in Rom auf. Das gleiche gilt für die Einzelfragen zur Ehe in 1 Kor 7, zu Sinn und Unsinn von Götzen in 1 Kor 8 u.v.a.m.

Alles ist erlaubt – das ist die Freiheit, in der wir leben. Aber diese Freiheit braucht zwei Begrenzungen: Sie muss bewahrt werden und darf deshalb nicht als Legitimation meiner Gebundenheit missbraucht werden. Und sie muss sich bewähren: Was dient dem Guten? Christliche Ethik fragt nicht: *Was ist (gerade noch) erlaubt?*, sondern orientiert sich nach vorn: *Was baut auf?* In der Frage des vorehelichen Zusammenlebens lautet die Hauptfrage nicht: *Was ist erlaubt?*, um dann schnellstmöglich an die Grenzen zu gehen. Sie lautet biblisch: *Wie können wir wachstumsmäßig eine Beziehung so gestalten und aufbauen, dass ein tragfähiges Fundament geschaffen wird für ein lebenslanges Zusammenbleiben?*

Die entscheidende Aussage steht aber bereits in Vers elf: „Ihr *seid* ...". Das heißt: Eure alte Wirklichkeit war durch Pervertierung der Gabe der Sexualität, durch Geiz und Diebstahl bestimmt. Aber nun ist euer Leben neu geworden – nicht durch das eigene Tun, sondern durch das, was Jesus für euch getan hat.

Wie sollen sie nun leben? Weiter so wie vorher? Entsprechend einem Normenkatalog „Du sollst ... du darfst nicht...""? PAULUS geht ganz anders vor. Er sagt: „Ihr *seid* ... und nun: *Lebt*, was ihr seid."

*1. Ihr (also mitsamt eurem Leib) seid **zur Auferstehung bestimmt.***

PAULUS unterscheidet scharf zwischen dem *Bauch* (oft auch *Fleisch*) als Verdauungsorgan, der der Vergänglichkeit unterworfen ist, und dem *Leib* (*sôma*), der zur Auferstehung bestimmt ist. Der *Bauch* wird vergehen, ja, Gott wird ihn „zunichte machen", das heißt, der „Bauch" wird im Endgericht nicht bestehen (vgl. 1 Kor 15,50). Warum? Weil er zum *alten Äon* gehört. Damit ist die Einstellung und Lebensweise in der Trennung von Gott gemeint, in der man zum Beispiel alles Sichtbare und Erweisbare, also alles Geschaffene, als „real, wirklich", als den „eigentlichen" Lebensraum und das „eigentliche" Lebensziel, sieht (1 Kor 1,22; 2,6b). Darum kann es selbst zum „Gott" gemacht werden; seien es Geschöpfe (Röm 1,23.25), seien es geistige („körperlose") Wahrheiten (1 Kor 8,5; Kol 2,15ff), sei es der „Bauch" (Phil 3,19). Dies kann alles missbraucht werden, in Unzucht und Habgier (= Götzendienst, Eph 5,5).

Dagegen setzt PAULUS den *Leib* (*sôma*). Generell teilt die Bibel den Menschen nicht in Einzelbestandteile auf, sondern sie sieht ihn als geistig-seelisch-leibliche Einheit und Ganzheit. *Leib* (*sôma*) ist der *Ort*, wo die Begegnung mit Christus, also die Erlösung und Heiligung, stattfindet. Damit aber gehört der *Leib* (*sôma*) dem Herrn und steht in *seinem* Dienst. Darum braucht Gott unseren *Leib* (*sôma*) in der Auferweckung. So hat er auch Christus *leiblich* auferweckt, wenngleich auch in einem verwandelten Leib (Joh

20,19-27); so wird er auch uns *leiblich* auferwecken (1 Kor 15,35-50). Gott macht – wie bei Jesus – durch seinen Geist unsere „sterblichen *Leiber* (*sômata*) lebendig" (Röm 8,11).

PAULUS setzt also *Bauch / Speise* und *Leib (sôma) / Herr* gegeneinander. Und die Sexualität des Menschen gehört für ihn zu diesem Bereich des *Leibes.* Die Befriedigung des Nahrungstriebs und des Sexualtriebs sind nicht einfach analog. Zwar kann sich beides in „Unzucht" auswirken (auch der *Leib*), aber das zweite *darf sich nicht* in Unzucht auswirken. „Der Bereich des Herrn darf nicht geschmälert werden" (E. FASCHER). Es wäre „eine heillose Störung, wenn der Leib der Unzucht anheimgefallen wäre" (J. WEISS). Darum warnt PAULUS immer wieder davor, den „Begierden" nachzugeben (Röm 13,14; Gal 5,16; Eph 4,22; Kol 3,5 u.ö.).

2. Ihr seid **Geschöpfe Gottes.**

Mann und Frau sind von Gott geschaffen, und damit sind ganz bestimmte Wirklichkeiten für unser Menschsein gesetzt. Die Sexualität ist hineinverwoben in unser Leib-Sein, ja unser ganzes Personsein. In der geschlechtlichen Vereinigung vollzieht sich das – durch die Schöpfung vorgegebene – *Ein-Fleisch-, Ein-Leib-Werden* (V. 16-18).

Das Wort *anhangen* bedeutet *haften an, zusammenleimen.* Wie zwei Blätter Papier zusammengeleimt werden und dann (ohne sie zu zerstören) nicht mehr zu trennen sind, so eint der Geschlechtsverkehr zwei Menschen unwiderruflich zu einer „Person". In diesem Sinne gibt es keinen „vorehelichen" Geschlechtsverkehr. Der Geschlechtsverkehr ist immer der Vollzug einer unauflöslichen Totalität: *ein Leib.* Wenn PAULUS das von der Geschlechtsgemeinschaft mit einer Prostituierten sagt, wie viel mehr gilt es für zwei Liebende!

Die Griechen haben getrennt zwischen Person und biologischem Funktionieren, zwischen *Geist* und *Körper.* Das Sexuelle hat das Personsein nicht berührt. PAULUS redet anders: Sexualität lässt sich nicht aus meinem Personsein herauslösen. Wer sexuelle Gemeinschaft vollzieht, vollzieht das Einswerden von zwei Personen; wer sexuell sündigt, sündigt an seinem Personsein und zerstört damit sein Menschsein. (Man kann sich das an folgendem Beispiel deutlich machen: Extremer Alkoholmissbrauch führt zu Wesensveränderungen, zur Zerstörung des von Gott gegebenen Personseins.)

3. Eure „Leiber" als Mann und Frau sind **Glieder Christi.**

Als Christen sind wir „angehängt" an Jesus (V. 17), sind seine „Glieder" (vgl. 1 Kor 12 u.ö.). Das heißt: Auch unser *Leib* (*sôma*), mit Christus vereint –

schon jetzt! Sexualität leben wir also nie als Privatperson, sondern immer als Glieder am Leib Jesu. Wenn wir das *Ein-Leib-Werden* mit einem anderen Menschen vollziehen, dann nehmen wir Christus mit zu ihm.

Nun sollten also die Christusglieder „Hurenglieder" werden?! Das ist unmöglich. Es wäre ein *Anhängen* (dasselbe Wort wie in V. 17!) analog zu dem Anhängen an Christus. PAULUS: Wollt ihr Korinther denn zu zwei Herren gehören, in zwei *Leibern* (*sôma*) – der eine davon für die Auferstehung – leben? Denn der (kultische, aber wechselnde) Geschlechtsverkehr macht euch zu *einem Leib* (*sôma*) mit der Tempelhure beziehungsweise dann eben zu *vielen Leibern*; zwar nicht zu Eheleuten (es fehlt ja die öffentliche Eheschließung), aber sozusagen zu *einer* „Verwandtschaft", zu *einem* Ganzen. Und damit habt ihr euch von Christus abgelöst.

Um jegliches denkbare Missverständnis – etwa im Sinne der späteren erotisch gefärbten *Christusminne* – auszuschließen, beschreibt PAULUS die Einheit mit Christus noch einmal (V. 17). Nun aber nicht als *Leib* (*sôma*), sondern als *ein Geist*. Damit setzt er an dieser Stelle nicht *Geist – Leib* gegeneinander, sondern *Herr – Hure*, genauer: die Zugehörigkeit, das „Angeleimt-Sein", das „Glied-Sein".

*4. **Ihr gehört** nicht euch selbst, sondern **Christus.***

Jesus hat uns durch seinen Tod und seine Auferstehung teuer erkauft. Wir gehören nicht mehr uns selbst und haben nicht mehr das Verfügungsrecht über unser Leben und unseren Leib. Unser Leib ist „Tempel" des Heiligen Geistes, das heißt: leiblicher Ort der Gottesanwesenheit. *Dies* ist „unser" Tempel! Unser Leib gehört genauso Gott wie unsere „Seele". Unser Lebensvollzug ist entweder Gottesdienst oder Tempelschändung.

*5. Ihr sollt **Gott an eurem Leib verherrlichen.***

Das ist das Ziel, dass durch die Art und Weise, wie wir *auch* unsere Sexualität und unsere Beziehungen gestalten, Gott gelobt wird. –

PAULUS reagiert also nicht entrüstet auf die Situation in Korinth. Er stellt auch keinen Normenkatalog auf. Er macht deutlich, was wir als Christen sind: von der Schöpfung her, von der Erlösung her, von der Gliedschaft am Leib Christi her und von der Auferweckung her – also von unserem Mensch- und Christsein her. Das Ganze mündet ein in das Gotteslob. Das sind die Eckdaten, von denen her die Korinther ihre Argumente und ihre Lebenspraxis überdenken müssen.

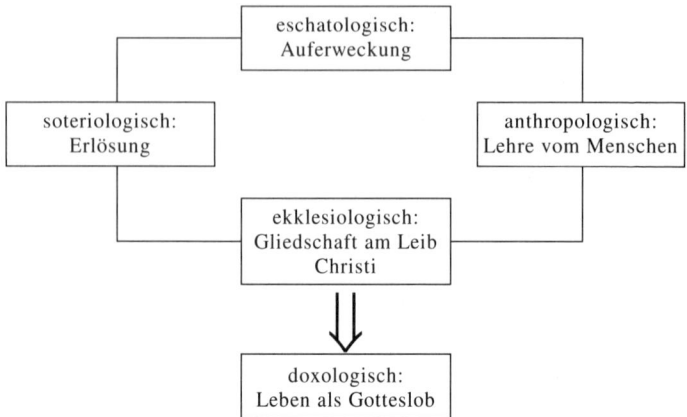

Für die Frage nach dem vorehelichen Zusammenleben bedeutet dies: Es gibt keine „vor-ehe-liche" Geschlechtsgemeinschaft. Der Geschlechtsverkehr ist immer der Vollzug einer unauflöslichen Totalität: *ein Leib*. Und *Ehe* ist eben dieser Eintritt in diese verbindliche und unauflösliche Gemeinschaft mit einem anderen Menschen. Wer „miteinander schläft", wird zu einer Einheit „zusammengeleimt".[3]

Die Frage ist also nicht: *Ist vorehelicher Geschlechtsverkehr erlaubt?*, sondern: *In welchen Rahmen beziehungsweise in welche Ordnungen stellt die Bibel den Vollzug der Einheit?*

II. „Voreheliches" Zusammenleben?

Der Rahmen, in den Gott den Vollzug der Geschlechtsgemeinschaft hineingeordnet hat

Perspektiven im Alten Testament

Bereits im Alten Testament (wie in allen Kulturen) werden zwei Dinge für diesen Rahmen konstitutiv vorgegeben: Ehe ist Rechtsgemeinschaft, und sie hat Öffentlichkeitscharakter.

Schon in den Vätergeschichten gründet die Ehe auf dem *mohar*, dem Rechtsgeschäft zur Zahlung des Ehegeldes an den Vertreter der Braut. An die Stelle des Ehegeldes kann auch eine Dienstleistung im Haus des Schwiegervaters treten. Dann erst, wenn das *mohar*, die rechtliche Seite der

---

[3] In gleicher Weise argumentiert Jesus in Mt 19, indem er 1 Mose 2,24 zitiert und hinzufügt: „Was Gott [!] zusammenfügt, das soll der Mensch nicht scheiden."

Ehe, getätigt ist, erfolgt (z.T. mit großem zeitlichem Abstand) die *haknasah*, die *Heimholung* der Braut, meist in Verbindung mit einem Festmahl.[4] Die Reihenfolge *Recht – Öffentlichkeit – Ehevollzug* war unumkehrbar und war in der alttestamentlichen Ehegesetzgebung geschützt (2 Mose 22,15f; 5 Mose 22,13-29). Das Alte Testament hat ein enormes Interesse daran, dass öffentlich klar ist, wer mit wem in welchem Status lebt. Die Begriffe sind klar definiert: *Verlobung* als rechtliche Zueignung der Ehepartner, Hochzeit als *Heimholung* mit dem Vollzug der Ehe (= der geschlechtlichen Vereinigung). Dieser ganze Vorgang begründet die *Ehe*. – Sowohl das Zustandekommen der Ehe als auch ihre Fortdauer unterlagen rechtlichen Bestimmungen.

- Auf die Jungfräulichkeit der Frau wurde geachtet. Die Eltern waren sogar im Besitz eines Beweisstückes (der blutbefleckten Decke, auf der in der Hochzeitsnacht geschlafen wurde (5 Mo 22,13-21).

- Einbruch in eine *Ehe* oder eine *Verlobung* (= vollzogenes Rechtsgeschäft; nicht vollzogene Heimholung) steht unter Todesstrafe (5 Mo 22,22-27). (Der Begriff *verlobt* wird dabei völlig selbstverständlich mit dem Begriff *Jungfrau* kombiniert!) Die Schärfe dieser Strafe zeigt: Eheleute genießen höchsten Schutz; die Ehe wird als ähnlich hohes Rechtsgut verstanden wie das Leben.

- Wird Geschlechtsgemeinschaft vollzogen, ohne dass der rechtliche Rahmen und der öffentliche Teil der Heimholung der Braut gegeben sind, wird das als unrechtmäßig vollzogene *Beiwohnung* verstanden. Der rechtliche Rahmen muss sofort geschaffen werden (2 Mo 22,15). Zwei Dinge werden hier deutlich: Zum einen liegt diesem Gesetz genau die-

---

[4] Beispiele dazu:

1 Mose 24:	Brautwerbung – Rechtsgeschäft – Heimholung (V. 67)
1 Mose 29:	Rechtsgeschäft (V. 18) – Heimholung: a) Fest (V. 22); b) Vollzug der Geschlechtsgemeinschaft
1 Mose 34,12:	Rechtsgeschäft
Rut 4:	Rechtlicher Eheschluss im *Tor* als dem Ort, wo Recht gesprochen wird (V. 1); Volk und Älteste als Zeugen = Recht und Öffentlichkeit (V. 11) – Heimholung = Vollzug der Geschlechtsgemeinschaft (V. 13)
Tob 7f:	Recht und Öffentlichkeit (Übergabe der Braut durch den Vater 7,13) sowie Rechtsvertrag (7,14) – Heimholung (8,9).
Mal 2,14:	Die Ehe wird durch einen Bundesschluss konstituiert. Hintergrund ist der Bund Gottes mit seinem Volk, dem Gott ebenfalls eine Rechtsgestalt gegeben hat (1 Mo 15; 2 Mo 19 mit Bundesformular in 5 Mo). In der Form dieser Bundesschlüsse passt sich Gott jeweils den zeitlich üblichen Rechtsbräuchen an!

Aus diesen und anderen Stellen ergibt sich ein eindeutiges Bild für den Ort der geschlechtlichen Gemeinschaft.

selbe anthropologische Einsicht zugrunde wie 1 Kor 6,16f. Wer einem anderen Menschen *beiwohnt*, vollzieht damit das *Ein-Leib-Sein*. Zum anderen: Der Geschlechtsverkehr allein bewirkt nicht die Ehe. Das *Zur-Frau-Haben* kann erst nach der rechtsgültigen Regelung gesagt werden. Letzteres wird in 2 Mose 22,15f sehr deutlich: Der Vater hat ein Einspruchsrecht und kann dem Mann die Frau verweigern. Die Ehe ist erst mit der Bezahlung des Brautpreises und mit der Einwilligung des Vaters (Recht und Öffentlichkeit) gültig. Dies ist ein Schutzgebot für die Frau: Ein Mann kann durch den Geschlechtsverkehr nicht Ehe (als lebenslange Gemeinschaft) erzwingen.[5]

- Diese Ehegesetze gelten für uns heute genauso wenig wie andere Gesetze des MOSE. Dennoch wird hier deutlich, worum Gott gekämpft hat, wie Ehe damals verstanden wurde und was geschützt wurde.

Perspektiven im Neuen Testament

Das Neue Testament übernimmt dieses Verständnis von *Ehe*; es wird an allen Stellen vorausgesetzt. Andere Ehevorstellungen des Alten Testaments, die dem eigentlichen Gotteswillen nicht entsprechen, werden korrigiert, wie Ehescheidung oder Polygamie.

- Mt 25,1ff: Dies Gleichnis erzählt von der *Heimholung* der Braut. Die Brautjungfern geleiten den Bräutigam.

- Joh 2,1ff: Die Hochzeit wird öffentlich gefeiert (als Teil der *Heimholung*, vor der geschlechtlichen Vereinigung).

- Mt 1: Maria und Josef waren verlobt, das heißt rechtlich verheiratet; lediglich die Heimholung stand noch aus (Mt 1,18; Lk 1,27). Sowohl Lukas („... wurde der Engel gesandt zu einer *Jungfrau*, die *verlobt* war ...") als auch Maria halten es für unmöglich, dass sie ein Kind bekommen soll. „Wie soll das zugehen, da ich doch von keinem Manne weiß?" (Lk 1,34). Wo die *Heimholung* noch nicht geschehen ist (Öffentlichkeit, Fest), wird biblisch ganz selbstverständlich von der Jungfräulichkeit ausgegangen. Maria und Josef wissen nichts von vorehelichen

---

[5] Daraus ergibt sich auch eine Antwort auf die Frage: „Ich habe schon mit mehreren Personen Geschlechtsgemeinschaft gehabt. Mit wem bin ich nun verheiratet? Welche Konsequenzen ergeben sich aus diesem Vollzug des ‚Ein-Leib-Werdens'?" – Das Einspruchsrecht des Vaters im Alten Testament wie auch Paulus in 1 Kor 6 (der nicht sagt: „Ihr müsst nun mit der Prostituierten in Korinth eine Ehe führen"!) zeigen: Ehe im Vollsinn ist nicht vollzogen, wohl aber ein schuldhaftes *Ein-Leib-Werden* – weil ohne den Rahmen von Recht, Öffentlichkeit und Segen –; doch dies ist kein unter dem Scheidungsverbot von Mt 19 stehender Ehevollzug. In der Beichte kann Vergebung erfahren, im seelsorgerlichen Gespräch nach dem richtigen weiteren Weg gefragt werden.

sexuellen Beziehungen. Sie haben „die Hochzeit nicht gestohlen", wie man damals zu sagen pflegte.

▪ 1 Kor 7: Die Korinther hatten an PAULUS geschrieben: „Es ist gut für den Mann, keine Frau zu berühren" (7,1). PAULUS antwortet nüchtern: „Um Unzucht zu vermeiden, soll jeder seine eigene Frau haben und jede Frau ihren eigenen Mann." Geschlechtsverkehr hat nur einen legitimen Ort: die verbindliche Gemeinschaft von einem Mann mit einer Frau. „Wenn sie sich aber nicht enthalten können, sollen sie heiraten; denn es ist besser zu heiraten, als sich in Begierde zu verzehren" (7,9). Auch hier ist klar: Dem Vollzug der Geschlechtsgemeinschaft geht die Heirat voraus. – Unverheiratete Frauen sind *Jungfrauen* (7,25). – *Unberührt lassen* und *nicht heiraten* werden synonym gebraucht (7,37f).

▪ Welchen Sinn hat eine Aussage wie 2 Kor 11,2, wenn „vorehelicher" Geschlechtsverkehr erlaubt ist? Dieser Vergleich des Verhältnisses von Christus zu seiner Gemeinde mit der Ehe nimmt exakt die alttestamentliche Eheordnung auf: Verlobung als rechtsgültiger Eheschluss, Heimholung (einer Jungfrau!) und Vollzug der Ehe (Geschlechtsgemeinschaft).

Einen weiteren Punkt, der zum biblischen Eheverständnis gehört, will ich (mit Einschränkung) noch anfügen: den Segen. Der Segen gehört zum alttestamentlichen Eheschluss (1 Mo 24,60; Rut 4,11f; Tob 7,13). Die Reaktion der Jünger in Mt 19,10 auf die Aufrichtung des ursprünglichen Schöpfungswillens Gottes zeigt: Lebenslange Treue ist keine menschliche Möglichkeit. Das Treueversprechen zweier Menschen muss sich auf die Treue Gottes gründen und bedarf der Fürbitte der Gemeinde und des Segens. Alles andere ist schwärmerisch-romantische Selbstüberschätzung.

Ergebnis

Aus all diesen Stellen ergibt sich ein klares Bild für den Rahmen, in den die Bibel den Vollzug der Geschlechtsgemeinschaft hineinordnet. Biblisch gehört zur Ehe immer eine rechtliche Verantwortungsübernahme und ein Bekenntnis vor der Öffentlichkeit. Beides geschieht in den kulturellen Bedingtheiten der jeweiligen Zeit. Nur innerhalb dieses Rahmens – nur dort – hat der Vollzug der Geschlechtsgemeinschaft seinen legitimen Ort. Wer das *Ein-Fleisch-Werden* vollzieht ohne den konstitutiven Rahmen des Rechts und der Öffentlichkeit, verfehlt die Ordnungen Gottes.

Manche fragen: „Ist das biblische Bild nicht zeitgeschichtlich bedingt und für uns längst überholt: im Alten Testament die Vielehe (David, Salomo u. a.), im Neuen noch Überreste des Patriarchats, und so weiter?" Diese Frage ist berechtigt, und bei der Auslegung biblischer Texte ist sehr sorgfältig darauf zu achten, welche Aussagen zeitgeschichtlich bedingt sind und was für uns bis heute Gültigkeit hat. Wer die neutestamentlichen Texte zur Frage der Ehe liest, stellt aber etwas ganz anderes fest: Gegen vieles andere, was im Lauf der Geschichte üblich geworden war, von Gott selbst um der Herzenshärtigkeit der Menschen willen erlaubt wurde (Mt 19,8), richten Jesus und PAULUS den ursprünglichen Gotteswillen wieder auf (Mt 19,4-8; 1 Kor 6,16; Eph 5,31). Weil Jesus erneuerte Herzen schenkt (Hes 11,19f!), werden wir befähigt und aufgefordert, wieder im ursprünglichen Schöpfungswillen Gottes zu leben. Es geht hier also nicht um *zeit*geschichtliche, sondern um *heils*geschichtliche Bedingtheiten.

Ehe heute

Der rechtliche / öffentliche Aspekt

Christen ordnen sich in die jeweils geltenden Rechtsverhältnisse einer Gesellschaft ein. Sie sehen darin nichts Ungeistliches, sondern Gottes bewahrende Ordnungen (Röm 13). In Bezug auf die Ehe bedeutet das zur Zeit: Trauakt vor dem Standesamt. Staatliche Institutionen haben ein „Mandat" Gottes (BONHOEFFER), durch Rechtsordnungen das menschliche Zusammenleben zu stabilisieren und der persönlichen Willkür zu entziehen. Solange ein Staat die Ehe schützt und fördert, ist es für Christen selbstverständlich und keine Beliebigkeit, diese Ordnung zu achten. Dadurch setzen sie ein deutliches Zeichen gegen die Unverbindlichkeit in Sachen Beziehung in ihrem Umfeld.

Wer von einem anderen Menschen mit der totalen Hingabe beschenkt wird, sollte diesem den ihm zustehenden rechtlichen Schutz nicht verweigern. Auch das möglicherweise neu entstehende Leben hat ein Anrecht auf eine beurkundete Verantwortungsübernahme durch die Eltern. Dass Menschen darauf nicht verzichten können, zeigen unzählige Bücher mit Eheverträgen für „Ehen ohne Trauschein", unzählige Prozesse nichtverheirateter und verheirateter Partner gegeneinander und unzählige Prozesse um den Unterhalt und das Pflegerecht von Kindern.

Der Sinn der Rechtsordnung ist heute ein anderer als zu biblischen Zeiten (z.B. weil die Frau heute eine ganz andere Stellung hat). Solange wir aber in einer von der Sünde gezeichneten Welt leben, können Menschen, auch im Bereich einer scheinbar so privaten Sache wie „Liebe", nicht auf geklärte Rechtsverhältnisse verzichten.

Die Öffentlichkeit wird durch das Standesamt (öffentliches *Aufgebot* = Bekanntmachung!), häufig auch durch die kirchliche Trauung und ein Fest hergestellt. Auch das Verschicken von Karten hat hier seinen Sinn. Die klare

Unterscheidbarkeit zwischen *verlobt* und *verheiratet* sollte sich auch in der Wohnsituation niederschlagen.

Der christliche Aspekt

Die kirchliche Trauung ist ein Gottesdienst anlässlich der Trauung. Geheiratet wurde ja im Standesamt. Im Gottesdienst geht es um einen Beginn der Ehe in der Verpflichtung auf die Ordnungen Gottes (Schriftlesung, Treueversprechen), um die Fürbitte der Gemeinde und um den Zuspruch des Segens.

Ehe und SMD

Warum diskutiert die *Studentenarbeit der SMD* einen Teilbereich der Ethik, um zu einer für alle Mitarbeiter verbindlichen Stellungnahme zu kommen? Die Lebenspraxis lässt sich vom Glauben nicht ablösen. Eine dem Evangelium entsprechende Lebenspraxis gehört zur Nachfolge. An zwei Stellen wird das in den *Richtlinien der Studentenmission in Deutschland* formuliert; in 2b: „ ... uns gegenseitig zu helfen, unser ganzes Leben von Jesus Christus her zu gestalten und uns zum Gehorsam gegen Gott und sein Wort anzuhalten" und in 3k: „Die Heilige Schrift ist von Gott eingegeben und völlig vertrauenswürdig. Sie ist höchste Autorität in allen Fragen des Glaubens und Lebenswandels".

Niemand wird vor Gott gerecht durch einen bestimmten Lebenswandel (das wäre Gesetzlichkeit). Das Neue Testament redet aber sehr ernst davon, dass man sich durch ein Beharren in einer mit Gott nicht verträglichen Lebensweise vom Reich Gottes ausschließen kann (das hat mit Gesetzlichkeit nichts zu tun). Ausgerechnet in Galater 5 macht PAULUS das unter der Überschrift *Zur Freiheit hat uns Christus befreit* sehr deutlich (Gal 5,19-21; außerdem Eph 5,5; 1 Kor 6,9; Röm 13,11-14).

Es geht um alle Lebensbereiche. Der Bereich der Sexualität ist nur einer unter anderen. In der Frage des „vorehelichen" Zusammenlebens sehen wir dennoch eine besondere Verpflichtung, unsere biblische Überzeugung zu formulieren, weil es hier keinen Konsens unter Christen mehr gibt und weil viele diese Lebenspraxis als problemlos mit ihrer Jesusnachfolge vereinbar rechtfertigen. Gerade deshalb wollen wir sagen: Es ist nicht recht vor Gott.

Sünde im sexuellen Bereich ist vor Gott nicht mehr oder weniger Sünde als Geiz, Hass, Neid und vieles andere. Aus 1 Kor 6,18 wird aber deutlich, dass sexuelle Sünde zerstörerischer auf mein eigenes Leben zurückwirkt und den Glauben mehr in Frage stellt als anderes. Es steht für mein eigenes

Leben viel mehr auf dem Spiel als beim Schwarzfahren mit der Straßenbahn (was vor Gott genauso Sünde ist).[6]

Führt eine verbindliche Festlegung in dieser Frage nicht zur Heuchelei untereinander? Diese Gefahr besteht; und das wäre schlimm. Umgekehrt besteht aber auch die Gefahr, dass Studierende, die in unseren Gruppen Christen werden, und neu hinzukommende Mitarbeiter nur noch mit einer Beliebigkeit in der Frage des „vorehelichen" Zusammenlebens konfrontiert werden. Unsere Verantwortung ist es aber, ihnen das zu bezeugen, was wir als verbindlichen, heilsamen Weg aus Gottes Wort erkannt haben. Ausreichend Zeit zum Nachdenken und Umdenken darf und muss gegeben sein: vielleicht Monate, vielleicht mehrere Semester. Die Wahrheit der biblischen Weisung kann aber nicht aufgegeben werden.

Unser Umgang miteinander sollte von Jesus geprägt sein. Jesus ging mit Menschen, die im Bereich der Sexualität schuldig geworden waren, unendlich barmherzig um. Er vergibt der Ehebrecherin, die nach dem Gesetz des MOSE gesteinigt werden müsste (Joh 8,3-11). Aber er redet auch unendlich klar: „Sündige hinfort nicht mehr" (V. 11). Diese Klarheit kommt aus einer Liebe zu den Menschen, die befreien will aus lebenszerstörenden Strukturen. Klarheit und Liebe schließen sich nicht aus. Das Schweigen über der Schuld anderer Menschen ist oft viel mehr durch Gleichgültigkeit als durch Liebe bedingt. Wir sind alle Sünder, wir leben alle aus Gottes Vergebung – gerade auch im Bereich unserer Sexualität. Die Frage ist, ob Schuld als Schuld erkannt wird und unter Gottes Vergebung gebracht wird, oder ob schuldhaftes Verhalten bewusst gelebt, gerechtfertigt und propagiert wird.

Zielpunkt der biblischen Gebote und Ermahnungen ist nicht das Ersticken der Lebensfreude, sondern ist das Gelingen des Lebens. Wir leben in einer Umwelt, die gerade in der Frage der Beziehungen unendlich viel Leid, Enttäuschung, Verletzung und Scheitern erfährt. Gott möchte, dass wir mittendrin in seinen Ordnungen eine heilsame Lebensgestalt leben – uns und anderen Menschen zum Segen (Phil 2,15).

Mit der Einordnung in diesen *Rahmen* ist die Ehe nicht am Ziel, sondern am Anfang. Es bleibt die täglich neu zu bewältigende Aufgabe, diesen Raum mit Liebe, Achtung, Demut, Vergebungsbereitschaft und Treue zu füllen.

---

[6] Auch beim Apostelkonzil (Apg 15) wird der Bereich der Sexualität höher gewichtet als alle anderen ethischen Bereiche. Enthaltung von Götzenopfer, vom Blut, vom Erstickten wird mit Rücksicht auf die Judenchristen auferlegt; Enthaltung von Unzucht im Blick auf die Sexualpraxis in der heidnischen Welt – hier ist Umkehr unverzichtbar!

Dr. Christl Ruth Vonholdt

Ehe - Die Ikone Gottes in der Welt [1]

Erst im Angesicht des anderen erkennen wir uns.
Über Mann und Frau, Menschsein und die Friedenschance der Ehe. Ein biblisch-anthropologischer Versuch.

Wir wissen nicht mehr, wer oder was der Mensch ist. Menschenbilder gibt es heute viele. Die Wissenschaft kann uns keine Orientierung geben, sie setzt Orientierung voraus. Doch wo können wir noch Orientierung finden? Vielleicht kann es helfen, entlang der biblischen Schöpfungsgeschichten vom Menschen (Genesis 1 und 2) auf Spurensuche zu gehen mit der Frage, was die Bibel über den Menschen sagt, insbesondere über den Menschen in seiner Geschlechtlichkeit als Mann und als Frau.

In Psalm 8 heißt es: „Was ist der Mensch, dass du seiner gedenkst und des Menschen Kind, dass du dich seiner annimmst?" In der Bibel ist der Mensch kein Individuum, autonom oder in sich selbst ruhend. Der Mensch ist vielmehr ein Bedürftiger, ein Beziehungs-Bedürftiger. Er und sie bedürfen - zeitlebens -, dass man ihrer gedenkt und sich ihrer liebend annimmt. Es gibt kein Menschsein ohne Gemeinschaft. In der Bibel meint das immer auch die Gemeinschaft der Generationen und die Gemeinschaft der Geschlechter, die Gemeinschaft von Mann und Frau.

Die Schöpfungsgeschichte des Menschen in Genesis 1,1-2,4

Das erste Kapitel der Bibel ist sprachlich in großer Klarheit strukturiert und geordnet, vergleichbar mit einem Lied, dessen Strophen aufeinander aufbauen - und weist schon rein sprachlich auf eine kosmische Ordnung hin.

Am 6. Tage erschafft Gott die großen Tiere und den Menschen. Obwohl Gott an diesem Tage beide erschafft, weist die Schöpfungsgeschichte des Menschen Besonderheiten gegenüber der Erschaffung der Tiere auf, die auf eine einmalige Stellung des Menschen in der Welt hinweisen.

In Genesis 1 wird allein der Mensch geschaffen ohne irgendeinen Hinweis auf einen natürlichen Kontext oder Materie. Bei den Tieren sind es die

---

[1] Mit freundlicher Abdruckgenehmigung gekürzte Fassung aus „Salzkorn", Freundesbrief der ökumenischen Kommunität Offensive Junger Christen, September-Oktober 5/ 2001

Wasser, die von Fischen wimmeln, die Tiere des Feldes kommen vor, die Erde, die Feste des Himmels, das Meer - lauter Hinweise auf einen natürlichen Kontext. Beim Menschen fehlt das völlig. Er besitzt eine einzigartige Entbundenheit vom Biotop, von seinem Lebensraum, die die sogenannten freien und wilden Tiere so nicht haben. Nur der Mensch kann sowohl am Äquator wie in Alaska leben.[2]

Auch die häufig wiederholte Einteilung bei den Tieren, „jedes nach seiner Art" (sowohl in Genesis 1 wie auch in 2), kommt beim Bericht von der Erschaffung des Menschen nicht vor. Es gibt nur den einen Menschen. Das ist eine Absage an jegliche Form des Rassismus!

Und nur für den Menschen, nicht für irgendeines der Tiere, wird ausdrücklich die Geschlechtszugehörigkeit angegeben als „männlich und weiblich". Dieser besondere Hinweis auf die Geschlechtlichkeit des Menschen als Mann und Frau (V 27), hat vom Textzusammenhang her nichts zu tun mit der Fortpflanzung (auch die Tiere pflanzen sich fort), sondern mit der Gottebenbildlichkeit des Menschen. Die Fortpflanzung kommt erst später, in Vers 28, durch einen besonderen Segen Gottes hinzu. Unsere Geschlechtlichkeit ist selbstwerthaft und hat zu tun mit dem Bild Gottes.

Sprache schafft Beziehung

Die eigentliche Schöpfungsgeschichte des Menschen[3] können wir in drei Abschnitte gliedern: direkte Rede (1, 26); Bericht (1, 27); direkte Rede (1, 28-30). Man könnte von einem Rahmen sprechen und vom Bericht als dem Herzstück, für das der Rahmen aber wichtig ist. Zunächst schlägt Gott die Erschaffung des Menschen vor; dann erschafft er sie, männlich und weiblich; und dann segnet Gott sie, spricht sie an und gibt ihnen ihren Auftrag.

Anders als bei der Erschaffung der Tierwelt beginnt die Schöpfung des Menschen mit einem Selbstgespräch Gottes: „Lasset *uns* (den) Menschen machen, ein Bild, das uns gleich sei" (V 26). Sie beginnt mit Sprache, Kommunikation, mit Beziehung innerhalb Gottes. Gott redet von sich in der Mehrzahl und spricht mit sich selbst.

Die Sprachfähigkeit ist neben der Geschichtsfähigkeit ein herausragendes Merkmal, das den Menschen vom Tier unterscheidet. „Der Mensch ist nur Mensch durch die Sprache" hat Wilhelm von Humboldt, Zeitgenosse Goethes, einmal gesagt.

---

[2] Vgl. Philipp, Wolfgang: „Die Absolutheit des Christentums und die Summe der Anthropologie", Quelle & Meyer, Heidelberg 1959, S. 122.
[3] Genesis 1, 26-30

Wie nichts anderes vermittelt Sprache Beziehung, ja schafft Beziehung. Am Ende der Schöpfungsgeschichte des Menschen - auf der anderen Seite des Rahmens sozusagen - spricht Gott von sich in der Einzahl. Er redet den Menschen direkt an: „Sehet da, *ich* habe euch gegeben..." (V 29). Nur bei der Erschaffung des Menschen, nicht bei der Erschaffung der Tiere, redet Gott von sich in der ersten Person. Gott schafft Beziehung zum Menschen.

Hier wird kein androgyner Ur-Mensch beschrieben[4]

„ Und Gott schuf den Menschen nach seinem Bild,
nach dem Bild Gottes schuf er ihn;
als Mann und Frau schuf er sie."[5]

Sehen wir uns zunächst die ersten beiden Zeilen an:

[Und Gott schuf den Menschen] [nach seinem Bild],
[nach dem Bild Gottes] [schuf er ihn];

Sprachlich besteht hier ein gekreuzter Parallelismus (verdeutlicht durch die Klammern), durch den in besonderer Weise betont wird, was im Zentrum steht: „Nach seinem Bild, nach dem Bild Gottes." Umschlossen, eingerahmt ist dieses Zentrum vom schöpferischen Handeln Gottes: „Und Gott schuf den Menschen", steht am Anfang; „schuf er ihn", steht am Ende. Das bedeutet: Der Mensch ist nicht aus sich selbst heraus zu verstehen, sondern nur von dem her, der nicht Mensch ist, von Gott her. Und: der Mensch, geschaffen zum Bild Gottes, soll in der sichtbaren Wirklichkeit etwas widerspiegeln von diesem Bild. Doch wer ist nun „der Mensch"?

Erst in der dritten Zeile erfahren wir seine Konkretion, seine Veranschaulichung: „als Mann und Frau". Dabei werden hier nicht die sonst üblichen hebräischen Wörter für Mann und Frau gebraucht (ish und isha), sondern wörtlich heißt es: „männlich und weiblich" bzw. „ein männliches und ein weibliches Geschöpf" (hebräisch: sachar und kebah).

[nach dem Bilde Gottes] [schuf er *ihn*]
[als Mann und Frau] [schuf er *sie*]

In den letzten beiden Zeilen wird - wiederum durch die Sprachform des Parallelismus herausgehoben - die kleine Veränderung am Ende der Zeile, also der Wechsel von der Einzahl „ihn" zur Mehrzahl „sie", bei sonst gleichem Wortlaut, besonders betont. Gerade dieser Wechsel von Einzahl zu

---

[4] androgyn = männlich und weiblich zugleich; halb männlich, halb weiblich.
[5] Hier wurde die Elberfelder Übersetzung (Wuppertal 1987) gewählt, da sie von der Satzstellung her dem hebräischen Urtext entspricht, wie übrigens auch die Menge-Übersetzung.

Mehrzahl lässt die Vorstellung von einem ursprünglich zwittrigen Urmenschen nicht zu. Vielmehr wird dadurch noch einmal eindrücklich darauf hingewiesen, dass „der Mensch" (ha-adam) von Anfang an zwei Geschöpfe sind. „Ha- adam" ist keine männlich-weibliche Einheit, die später getrennt worden wäre. Von Anfang an ist das Wort „der Mensch" synonym mit „ein männliches und ein weibliches Geschöpf".

In außerbiblischen Mythen ist in vielen Fällen nur der Mann nach dem Ebenbild Gottes geschaffen, die Frau z. B. als Ebenbild der Erde geschaffen. Die Bibel lässt aber keinen Zweifel: Jeder Einzelne, Frau oder Mann, ist nach Gottes Ebenbild geschaffen. Und gleichzeitig gilt: Nur männlich und weiblich gemeinsam ist der ganze Mensch nach Gottes Ebenbild. Logisch lässt sich das nicht auflösen. Es ist wie bei den zwei Seiten einer Münze. Auf der einen Seite ist jeder Einzelne Träger des Ebenbildes. Auf der anderen Seite sind nur Mann und Frau *gemeinsam* der ganze Mensch nach Gottes Ebenbild.

Der Übergang in Genesis 1,27 von der Einzahl zur Mehrzahl betont und verstärkt einerseits die *Unterscheidung* der Geschlechter innerhalb der Einheit und andererseits die Einheit bei aller Unterscheidung. Mann und Frau sind dabei einander weder entgegengesetzt noch gleich, sondern aufeinander abgestimmt. Der Parallelismus zwischen „der Mensch" und „männlich und weiblich" weist darauf hin, dass die geschlechtliche Unterscheidung nicht Hierarchie, sondern Gleichwertigkeit beinhaltet. Keiner von beiden ist der bessere Mensch. Aber auch: Keiner allein ist schon das Ganze. Keiner hat Macht über den anderen. An beide - ohne Unterscheidung - richtet Gott den Auftrag, zu herrschen über die Erde (V 28). Dass damit keine Gewaltherrschaft gemeint ist, sondern das Hüten und Hegen des Gartens, zeigt Genesis 2.

Nicht nur in Genesis 1,26 und 1,27 finden wir diesen spannungsvollen Wechsel von Einzahl und Mehrzahl. Auch in Genesis 2, 24-25[6] und in Genesis 5,1b-2[7] kommt das vor. Genesis 2,24 z. B. endet mit „und sie werden sein ein Fleisch" - und Vers 25 beginnt mit: „Und sie waren beide nackt, der Mensch und sein Weib"[8] Zwar sind sie „ein Fleisch", doch

---

[6] Luther-Übersetzung, rev. 1984: „Darum wird ein Mann seinen Vater und seine Mutter verlassen und seinem Weibe anhangen, und sie werden sein ein Fleisch. Und sie waren beide nackt, der Mensch und sein Weib, und schämten sich nicht."

[7] Luther-Übersetzung, rev. 1984: „.... machte er ihn nach dem Bilde Gottes und schuf sie als Mann und Weib und segnete sie und gab sie den Namen ‚Mensch' zur Zeit, da sie geschaffen wurden."

[8] Im Hebräischen ist das noch stärker ausgedrückt. Das letzte Wort von Vers 24 heißt „ein" und das erste Wort von Vers 25 heißt „beide".

gleich danach kommt nicht nur das Wort „beide", sondern das wird noch verstärkt durch die Wiederholung: „der Mensch und sein Weib" - so als wüsste man noch nicht, wer gemeint ist, als wolle der Autor der biblischen Geschichte noch einmal betonen: Die ursprüngliche Einheit ist die ursprüngliche Unterscheidung. Weder löst die Einheit die Vielfalt auf, noch zerstört die Vielfalt die Einheit. Der katholische Theologe und Denker Hans Urs von Balthasar hat das einmal so ausgedrückt: „Der Mensch ist, in der vollendeten Schöpfung duale Einheit, zwei verschiedene, aber voneinander untrennbare Realitäten, deren eine die Fülle der anderen ist, beide auf eine unabsehbare endgültige Einheit hingeordnet; doppelt, ohne die Einheit durch zwei zu multiplizieren, einfach zwei Pole einer einzigen Wirklichkeit, zwei unterschiedliche Vergegenwärtigungen eines einzigen Seins, zwei entia in einem einzigen esse, eine Existenz in zwei Leben, keineswegs aber zwei Bruchstücke einer Ganzheit, die man nachträglich (...) wieder zusammensetzen müßte."[9]

Der Mensch, geschaffen nach dem Bild Gottes, spiegelt die Einheit und Vielfalt wider, die auch in Gott gilt, angedeutet durch das Reden Gottes von sich einmal in der Mehrzahl (V 26) und einmal in der Einzahl (V 29).

Griechische Mythologie und biblischer Glaube

Die Vorstellung von einem ursprünglich zwittrigen, androgynen Menschen ist heute sehr modern. Daraus leitet sich auch die Fehldeutung ab, jeder Mensch sei bisexuell. Beides hat seinen Ursprung in der griechischen Mythologie, nicht im biblischen Menschenbild.

Von dem Philosophen Platon (geb. 427 v. Chr.) ist uns überliefert: Am Anfang gab es Urmenschen, die Mann-Frau-Gestalten waren. In ihnen war das männliche und das weibliche Geschlecht zugleich enthalten. Sie waren mächtige Kugelgestalten und wurden zu Konkurrenten ihrer Götter, ja kämpften mit den Göttern. Für diese Überheblichkeit wurden sie bestraft, indem sie in zwei Teile geteilt und damit geschwächt wurden. Seit dieser Zeit suchen die auseinandergeschnittenen Hälften einander wieder.

Danach wäre unsere Geschlechtlichkeit die Folge einer göttlichen Strafe. Und die Vorstellung von „Ganzheit", die dahinter steht, wäre eine symbiotische, spannungslose Ganzheit: jede Spannung ist aufgehoben, wenn die beiden „Hälften" einander endlich wieder gefunden haben.

---

[9] Balthasar, Hans Urs von, in: Kehl, M. und W. Löser (Hrsg.), In der Fülle des Glaubens - Hans Urs von Balthasar Lesebuch, Herder Verlag, Freiburg 1980, S. 78

Die Bibel sieht das anders. In wunderbarer Klarheit sagt sie, dass der Mensch als Frau und Mann geschaffen wurde und dass unsere Geschlechtlichkeit zur Güte der Schöpfung zählt. Ja, unsere geschlechtliche Verschiedenheit steht in Beziehung zum Bilde Gottes. Von Anfang an ist "der Mensch" synonym mit "männliches und weibliches Geschöpf".

Die daraus sich ergebende einmalige Verwiesenheit des Männlichen auf das Weibliche und des Weiblichen auf das Männliche hat Konsequenzen für die menschliche Gestaltung der Welt, für die Beziehungen der Geschlechter und für unsere Sozialethik - nicht zuletzt im Blick auf sogenannte alternative Lebensformen.

Die Gottebenbildlichkeit des Menschen

Um zu verstehen, wer der ganze Mensch nach Gottes Ebenbild ist, wird uns kein anderes „Anschauungsmaterial" gegeben als eben dieses: männlich und weiblich. „Als grundlegendste Art und Weise zu verstehen, was der Mensch in seiner ganzen Fülle ist, wird der Ausdruck ‚männlich und weiblich' zu einer Metapher, deren Inhalt das Bild Gottes ist."[10] Die geschlechtliche Unterscheidung des Menschen ist zwar keine Beschreibung Gottes, die bildhafte Sprache der Schöpfungsgeschichte bewahrt gerade mit äußerster Sorgfalt das gänzliche Anderssein Gottes. Und doch besteht eine Beziehung zwischen „Gott", „nach dem Bild Gottes" und „männlich und weiblich". Gott gibt uns in der menschlichen Wirklichkeit „Anschauungsmaterial", das in einmaliger Weise auf ihn hinweist. Dieses „Anschauungsmaterial" hat mit unserer Geschlechtlichkeit zu tun.

Wir brauchen oft das Anschauliche, um einen Zugang zum Unanschaulichen zu finden. Geht es uns nicht oft so: Wenn wir von einem sichtbaren Menschen geliebt werden, fällt es uns leichter zu glauben, dass auch der unsichtbare Gott uns liebt. Wir brauchen das Sichtbare, um dem Unsichtbaren leichter vertrauen zu können. In einem Kinderbuch heißt es: „Gott ist die Liebe im Kuss unserer Mutter und in der warmherzigen, festen Umarmung unseres Vaters". Wie viele von uns haben ihr negatives Vaterbild auf Gott übertragen! Beim Propheten Hosea wird die eheliche Liebe zwischen Mann und Frau zu einem sichtbaren Bild für die (unsichtbare) unerschütterliche Treue Gottes zum Menschen.

Wenn in unserer Welt nicht mehr sichtbar wird, dass nur Mann und Frau gemeinsam den ganzen Menschen nach dem Bild Gottes darstellen, wenn uns das anschauliche Element verloren geht, weil wir die Einzigartigkeit der Zugehörigkeit von männlich und weiblich leugnen, zum Beispiel indem

---

[10] Trible, Ph., a.a.O., S. 41

wir andere sexuelle Lebensformen der Ehe ähnlich stellen, - wie soll da die nächste Generation noch das Urbild des Ebenbildes - Gott - finden?

Hier liegt der tiefste Grund, warum im Alten Testament und dann auch im Neuen Testament homosexuelles Verhalten so eindeutig abgelehnt wird: Homosexuelle Verhaltensweisen lassen das „Abbild vom Urbild" so unscharf werden, dass man es nicht mehr erkennen kann. Nun mag jemand einwenden, die Ehe ginge doch nicht verloren, wenn ein Teil der Menschheit in anderen sexuellen Lebensformen lebt. Aber die Eindeutigkeit der Ehe geht verloren! Wenn wir die Ehe beliebig werden lassen, indem wir ihr andere sexuelle Lebensformen ähnlich stellen, verdunkeln wir das Bild Gottes auf Erden.

Menschsein heißt, auf einen anderen hingeordnet sein

Nur der Mensch besitzt die eigentümliche Fähigkeit, ständig über sich selbst hinauswachsen zu wollen, hinüberzureichen zu dem, was er nicht ist, sich zu transzendieren. Nach der Bibel sind Sich-transzendieren-müssen, Hingeordnetsein auf einen *anderen*, auf das, was man selbst nicht ist, und Menschsein eines.[11]

Im Alten Testament fällt immer wieder auf, dass im selben Atemzug mit dem Befehl zur Vernichtung der Götzenbilder auch die Mischehe mit fremden Frauen verboten wird. Die fremdgläubige Frau wurde als „hingeordnet" auf ihren Götzen angesehen. Und die babylonischen Könige nannten sich - aufgrund ihres besonderen Hingeordnetseins auf ihren Götzen Marduk - „Abbild des Marduk". Der Umgang mit einer fremdgläubigen Frau im alten Israel nahm - genauso wie der Umgang mit fremden Götzenbildern - hinein in eine über sich selbst hinausweisende Bewegung auf einen fremden Gott, einen Götzen, hin.

Auf einen *anderen* hingeordnet sein, muss der Mensch. Aber ob er auf den Gott der Bibel hinweist oder auf einen „Götzen", hängt auf einer anderen und noch tieferen Ebene auch mit der Frage des „Abbildes" zusammen. Nach Genesis 1 ist das irdische Abbild „der Mensch", das hinweist auf das göttliche Urbild, männlich und weiblich *gemeinsam*. Jean Vanier, der Begründer der internationalen „Arche"-Bewegung, nennt die Ehe deshalb die „Ikone Gottes" auf Erden, also das richtige „Abbild vom Urbild". Alle falschen Bilder nennt das Alte Testament „Götzenbilder".

Wenn heute Theologen das biblische Verbot homosexueller Lebensweisen mit dem Hinweis abtun wollen, damals sei nur das Verbot von Götzen-

---

[11] Vgl. Philipp, W., a a.O., S. 140 f.

dienst gemeint gewesen, dann ist dem durchaus entgegenzuhalten: Homosexuelles Verhalten ist und bleibt eine Art „Götzendienst" in dem umfassenden, anthropologischen Sinn, dass es das falsche „Abbild vom Urbild" ist. Homosexuelles Verhalten nimmt in eine Bewegung mit hinein, die nicht auf die gegenseitige Verwiesenheit von männlich und weiblich hinweist, sondern die die Geschlechter in entgegengesetzte Richtungen treibt. Homosexuelle *Partnerschaften* (nicht der einzelne homosexuell Empfindende!), in denen entweder das männliche oder das weibliche Element fehlen, sind nicht das „Abbild vom Urbild".

Nur in der sexuellen Ehe-Gemeinschaft von Mann und Frau, nicht in anderen sexuellen Beziehungen kommt die Vermählung von männlich und weiblich zustande, die auf das Urbild des Gottes der Bibel weist.

Sexualität als schöpferische Beziehungsenergie

In der Schöpfungsgeschichte wird die Geschlechtlichkeit nur bei der Erschaffung des Menschen erwähnt, nicht bei der Erschaffung der Tiere. Vom Textzusammenhang her steht sie zunächst in Beziehung zum Bild Gottes, nicht zur Fortpflanzung. „Die Vermehrung teilt der Mensch mit dem Tier, die Sexualität nicht"[12], könnte man sagen. Unsere Sexualität als schöpferische Lebens- und Beziehungsenergie kommt aus unserer Geschlechtlichkeit als Frau und Mann. Unsere Geschlechtlichkeit soll uns sagen: Du bist nicht das Ganze. Es gibt noch etwas außerhalb von dir, wonach du dich sehnst. Ebenbild wird der Mensch dadurch, dass er kraft seiner Geschlechtlichkeit in fruchtbarer Spannung über sich selbst hinausweist auf das hin, was er nicht ist: der Mann auf die Frau, die Frau auf den Mann und beide gemeinsam auf Gott. Auf einen Anderen hingeordnet zu sein, nicht auf uns selbst - zutiefst ist dieser Sinn des Menschseins in unserer Geschlechtlichkeit ausgedrückt. Deshalb kommt auch die Kraft zum anderen, zur anderen hinüberzureichen, also unsere Sexualität, aus unserer Geschlechtlichkeit.

Erst das postmoderne Menschenbild hat versucht, Sexualität theoretisch abzukoppeln vom Mannsein oder Frausein. So als ob unsere Sexualität frei im Raum herumschwebe und wir mit ihr machen könnten, was wir wollten - und dann erfinden wir neue Geschlechter: Homosexuelle, Bisexuelle, Transsexuelle. Wenn heute jemand sagt, es sei doch eigentlich gleich, ob ein Mann mit einer Frau oder mit einem Mann schlafe - dann erklärt er damit den Unterschied von Mann und Frau für völlig unwichtig - und damit unsere Geschlechtlichkeit für nebensächlich.

---

[12] Vgl. Trible, Ph,. a.a.O., S. 36.

Es gibt aber kein Menschsein ohne Geschlechtlichkeit. Es gibt kein Menschsein oberhalb, unterhalb oder neben dem „Frausein" oder „Mannsein". Wer das behauptet, z. B. indem er den sogenannten androgynen Menschen propagiert - der will dem Menschen sein tiefstes Menschsein nehmen. Indem er ihm die Bedeutung seiner Geschlechtlichkeit nehmen will - die Fähigkeit, über sich selbst hinauszuweisen auf das hin, was er oder sie nicht ist - nimmt er ihm nicht nur seine Geschlechtlichkeit, sondern seine und ihre tiefste Menschlichkeit. Allerdings: Unsere durch den Schöpferwillen Gottes gegebene Geschlechtlichkeit kann nicht ausgelöscht werden, sie kann nur verdorben werden.

Die Schöpfungsgeschichte von Mann und Frau in Genesis 2,4b-25

In Genesis 2 lesen wir zum ersten Mal die üblichen hebräischen Wörter für Mann und Frau: ish und isha. Dieselben Worte werden auch in Genesis 2,24 gebraucht, wo es um die Ehe geht.

Die Schöpfungsgeschichte in Genesis 1 beginnt (1,1) und endet (2,4a) mit dem Himmel. Die Schöpfungsgeschichte in Genesis 2 beginnt mit der Erde (2,4b)! Um die Erde geht es, um den Auftrag des Menschen, die Erde zu bebauen, den Garten zu hüten, damit die Liebe darin bleibt. Es geht um den Menschen als den Kultivator der Natur und als den Kultivator von Beziehungen. Es geht um das Verhältnis des Menschen zur Welt, zu Gott und um das Verhältnis von Mann und Frau. Genesis 2 endet in Vers 24 mit der Grundaussage der Bibel über die Ehe: "Darum wird ein Mann seinen Vater und seine Mutter verlassen und seinem Weibe anhangen, und sie werden sein ein Fleisch." Ausdrücklich wird das von Jesus in Matthäus 19 wiederholt und bestätigt.

Das Merk-Würdige in diesem Vers 24 ist: Es heißt dort nicht, dass der Mann Vater und Mutter verlässt, um eine eigene Familie zu gründen. Nein, er verlässt Vater und Mutter nur um der Frau willen, nur um dieser einmaligen, einzigartigen Beziehung willen, um dieses „ein Fleisch werden" willen! Im Neuen Testament greift der Epheser-Brief (5,31-32) das auf und redet davon als von dem großen „Geheimnis".

Der Ehe zwischen Mann und Frau wird also ein Vorrang vor allen anderen familiären Bindungen, Beziehungen und Vereinnahmungen eingeräumt. Diese Vorrangstellung der Einehe wird im Neuen Testament bestätigt, wenn die Einehe mit der einmaligen Bräutigam-Braut-Beziehung zwischen Christus und der Gemeinde verglichen wird.

In Genesis 2 geht es um Beziehungen und um das, was wesentlich zu Beziehungen dazugehört. Vom sprachlichen Aufbau hat der Text mehr Bewegung in sich, Spannung, und weist auf mögliche Spannungen hin. In Genesis 1 ist allein Gott der Handelnde, in allen Sätzen ist er das Subjekt. In Genesis 2 kommt auch der Mensch als Handelnder, als Subjekt vor. Wieder spielt die Sprache eine herausragende Rolle. Begeisterung wird ausgedrückt, als der Mann zum erstenmal der Frau gegenübertritt. Da sprudelt er ein ganzes Gedicht hervor.

Und von noch etwas ist die Rede, was wesentlich zu Beziehungen und zum Menschsein dazu gehört: von Grenzen. Wieder redet Gott direkt zum Menschen, aber sein erstes Reden ist verbunden mit einer Grenzziehung, mit einem „du sollst nicht" (V 17). Noch bevor der Mensch die Tiere benennt und dadurch Erkenntnis gewinnt und Herrschaft über die Welt ausüben kann, soll er lernen, auf Gott acht zu haben. Gott aber zieht ihm eine Grenze. Warum?

Grenzen setzen, Spannungen aushalten gehört zu Beziehungen dazu, nicht nur zu Beziehungen zwischen Eltern und Kindern, sondern zu allen Beziehungen. Eine Grenze wird auch gezogen in Vers 24, wo es heißt „und wird Vater und Mutter verlassen". Wie viele Ehen sind schon daran zerbrochen, weil einer der Ehepartner seinen oder ihren Eltern keine Grenzen gesetzt hat und sie immer in der Ehe mitgemischt haben?

Es ist nicht gut, dass der Mensch allein sei

Nachdem es in Genesis 1 sechsmal hieß: „Und Gott sah, dass es gut war", heißt es bei der siebten Aufzählung nach der Erschaffung des Menschen (sieben ist die Zahl der Vollkommenheit): „Und siehe es war sehr gut." (Vers 31). Dass Gott den Menschen als Mann und Frau geschaffen hatte, war „sehr gut". Demgegenüber ertönt das „nicht gut" von Genesis 2,18: „Es ist nicht gut, dass der Mensch allein sei."

„Gott hätte, um das Problem des Alleinseins des Mann-Menschen zu lösen, einen anderen Mann erschaffen können, vielleicht sogar eine Gemeinschaft von Männern. Stattdessen löste Gott das Alleinsein des Mann-Menschen durch die Erschaffung einer anderen Person, einer Frau, nicht eines Mannes, nicht einiger Frauen, nicht einer Gemeinschaft von Männern und Frauen. Die Einsamkeit des Mannes war nicht Ausdruck dessen, dass ihm andere Menschen fehlten; sie war Ausdruck dafür, dass ihm eine Frau fehlte."[13]

---

[13] Prager, Dennis: Die Ablehnung der Homosexualität im Judentum, Brennpunkt Seelsorge 1997/4, Reichelsheim

Genesis 2, 18 schließt darum mit der Erklärung Gottes: „Ich will ihm eine Hilfe machen, die ihm entspricht"[14] (hebräisch: „kenägedo", englisch: „corresponding to it").

Das Wort „ezer", das hier für „Hilfe" steht, ist nicht das gewöhnliche Wort, das meist für Hilfe in der Bibel gebraucht wird. Das Wort „ezer" kommt im Alten Testament fast nur im Zusammenhang mit Gott vor, z. B. wenn es in den Psalmen heißt: „Gott ist meine Hilfe", „Gott komm mir zu Hilfe". Einige Male wird es auch für lebensnotwendige, menschliche Hilfe gebraucht. Gerade weil es dieses außergewöhnliche Wort für Hilfe ist, ist der einschränkende Zusatz bedeutsam „Hilfe, die ihm entspricht". Durch den Zusatz wird wieder die Ebenbürtigkeit beider betont: Keiner ist der bessere Mensch. Vielleicht kann man die göttliche Hilfe auch so verstehen, dass sie Hilfe zur Ebenbildlichkeit ist.

Nun würde man vielleicht erwarten, dass diese „Hilfe" im nächsten Satz vorgestellt wird. Stattdessen geht der Text ganz anders weiter. Es kommt ein Bericht über das verantwortliche, selbständige Handeln des Menschen, wie er den Tieren Namen gibt. Im Leser wird dadurch eine erwartungsvolle Spannung erzeugt, die sich zuspitzt und in der Aussage gipfelt: „aber für den Menschen ward keine Hilfe gefunden."[15] Obwohl der Mensch schöpferisch aktiv ist, Macht und Verantwortung hat - so wichtig das alles ist - seine Einsamkeit wird dadurch nicht gelindert.

An dem, was dann geschieht, ist der Mensch ganz unbeteiligt. Gott alleine handelt. Gott lässt den Menschen in einen tiefen Schlaf fallen, sozusagen in eine göttliche Narkose. Er fügt dem Menschen eine Wunde zu (V 2, 21b). Vielleicht können wir das deuten als eine Sehnsucht, die er nach dem anderen, nach der anderen in uns hineinlegt.

Gott baut die Frau nicht aus Erde wie den Menschen, die Tiere und die Pflanzen zuvor, sondern aus der Rippe des Menschen. Damit wird noch einmal betont: Beide sind aus dem gleichen „Stoff". Nicht die Frau selbst wird dabei aus dem Menschen genommen, sondern nur das „Rohmaterial", aus dem Gott die Frau baut.

Wie ein Brautvater seinem Sohn führt Gott dann die Frau dem Menschen zu. Und er? Er jubiliert und dichtet:

> „Das ist doch Bein von meinem Bein
> und Fleisch von meinem Fleisch;

---

[14] Revidierte Elberfelder Bibel, Wuppertal 1987
[15] Vgl. Alter, Robert: The Art of Biblical Narrative, Basic Books 1983

man wird sie Männin nennen,
weil sie vom Mann genommen ist. (V 23)

Die hebräischen Worte ish (Mann) und isha (Frau), die Luther mit Mann und Männin wiedergegeben hat, sind noch einmal wie ein Wortspiel, das auf einmalige Zugehörigkeit und Harmonie bei aller Unterschiedlichkeit hinweist.

In dem Moment, wo Mann und Frau einander gegenüberstehen, betont das Gedicht die Ähnlichkeit, ja Gleichheit, nicht die anatomischen oder sonstigen Unterschiede. Es geht darum: Wir beide gehören in einmaliger Weise zusammen.

Ein jüdischer Kommentar sagt dazu: „Aus dem Schöpfungsbericht schließen die Gelehrten des Talmud, dass der Mensch erst in der Zusammenführung von männlich und weiblich diesen Namen verdient: Mann (*i[j]sch*) und Frau (*ischa[h]*) haben Gemeinsames und Unterscheidendes in ihren Bezeichnungen. In beiden ist jeweils das hebräische Wort für Feuer (*esch*) enthalten, nämlich die Buchstaben *Alef* (hier i, dort e gesprochen) und *Schin*. Neben esch bleibt jeder Bezeichnung noch ein Buchstabe vom Gottesnamen (unvokalisiert: *jh*) innewohnend, der erst durch ihre Vereinigung aktiviert wird. Arbeiten Mann und Frau zusammen und sind sich einander Gegenpart und Hilfe, ist der Name Gottes (*jah*) mit ihnen, gehen sie getrennte Wege und wirken nicht zusammen, werden sie gleichsam vom Feuer verzehrt."[16]

Männlich und weiblich

Gott hat die Frau aus einem Bauteil des Menschen, aus der Rippe, gebaut. Heinrich Spaemann schreibt dazu: „Das will für uns besagen: In jedem Menschen sind sie beide. In jedem Menschen gibt es den Empfangenden, den Wartenden, den Lauschenden, den Zusammenhänge Erkennenden, und es gibt den Tätigen, der aus Zusammenhängen Konsequenzen zieht, der Wälder rodet, der Wüsten zu Wasserquellen macht, wie es in der Bibel steht. Diese beiden Seiten im Menschen müssen sein, und jeder Mensch, Mann oder Frau, hat auch beide Seiten. Nur dass eben diese beiden Seiten ihre je eigenen Ausprägungen in Mann und Frau erfahren."[17]

Aus Biologie und Medizin wissen wir, dass männliche und weibliche Hormone - wenn auch in ganz unterschiedlichem Mengenverhältnis – im Or-

---

[16] Herweg, Rachel Monika: Die jüdische Mutter, Wissenschaftliche Buchgesellschaft, Darmstadt 1995, S. 9
[17] Spaemann, Heinrich: „Vom wiedergefundenen Vater"; in: „OJC-Freundesbrief", Reichelsheim, 1993/4, S. 133

ganismus beider Geschlechter vorkommen. Männliches und Weibliches gibt es in jedem Menschen. Nur dass dies beim Mann eine ganz andere Ausprägung erfährt als bei der Frau. Wenn wir nichts vom Gegengeschlechtlichen in uns hätten, ständen wir doch nur wie Fremde voreinander.

Der „Mensch" ist eben nicht etwas Gemeinsames „oberhalb" des Weiblichen und Männlichen, „der Mensch" ist synonym mit „männliches und weibliches Geschöpf".

Mann und Frau

Erst im Vers 23 (Genesis 2,23) kommt das übliche hebräische Wort für Mann (ish) vor. Erst indem der Mann die Frau erkennt, erkennt er sich selbst. Indem ihm die Frau gegenübertritt, wird er selbst zum Mann. Im Angesicht der anderen erkennt er, wer er selbst in Wahrheit ist. Ja, er wird erst in der Begegnung mit der Frau zum Mann.

Indem es den Mann gibt, gibt es die Frau; indem es die Frau gibt, gibt es sie beide. Vorher ist nur vom Menschen (ha-adam) die Rede. Beide sind auf einmal da: Mann und Frau. Und gleichzeitig ist noch etwas drittes da: die Liebe. Wie könnte sonst das Gedicht (Vers 23) entstehen? Indem Gott Mann und Frau schafft, schafft er gleichzeitig etwas Drittes: die Beziehung und Liebe zwischen beiden. Wie könnte sonst der Mann so von sich absehen und die andere, die Frau, preisen, wenn nicht die Liebe da wäre? Wie könnte er erkennen, dass sie Bein von seinem Bein und Fleisch von seinem Fleisch ist, wenn nicht die Liebe da wäre? Sonst würde er sich nur abgrenzen. Im Gedicht des Mannes steht das Du im Vordergrund, die Bewunderung der Anderen. Es geht um das Du, um das Hinüberreichen zum Anderen, zur Anderen, das Bewundern des Anderen und um das Absehen vom Eigenen, ohne das Lieben und Gemeinschaft nicht möglich ist.

Die grundlegende biblische Aussage zur Ehe (Genesis 2, 24) steht direkt im Anschluss an den Freudenruf des Mannes über das *andere* Geschlecht (Genesis 2, 23).

Nur durch Absehen von uns selbst schaffen wir Gemeinschaft – und in geschlechtlich-sexueller Hinsicht meint das eben das Absehen vom eigenen Geschlecht.

Die Ehe ist ein Friedensschluss

Die Frage ist heute, was Ehe eigentlich sei. Ganz verschiedene Modelle werden da vorgestellt. Die Antwort der Bibel ist aber eindeutig: Ehe ist eine öffentlich erklärte, einzigartige sexuelle Gemeinschaft zwischen Mann und Frau, die auf der Unterschiedlichkeit, Ergänzungsmöglichkeit und Ergänzungsbedürftigkeit der beiden Geschlechter beruht.

Von der Wortbedeutung her geht „Ehe" mit dem mittelhochdeutschen „eija" zusammen, was den befriedeten Raum in einer Gemeinschaft bezeichnete.

Grundlage der Eheschließung war immer öffentliches Recht, Gesetz, nie einfach Privatvertrag. Ehe, Gesetz, echt und Ewigkeit gehören zur selben Sprachwurzel. Die Ehegelübde sind uns heute fast unverständlich geworden, weil wir sie nur noch privat sehen. Wir haben weitgehend vergessen, dass die Ehe das Haupt-Bindeglied zwischen den Geschlechtern, Mann und Frau, und dadurch zugleich zwischen den Generationen ist. Erst durch Eheschließungen wird das Leben in Generationen gegliedert, sonst gibt es nur jüngere und ältere Einzelmenschen. Und erst durch diese Gegliedertheit in Generationen entstehen Großeltern und Enkel, Vergangenheit und Zukunft, hat der Mensch Geschichte und wird in die Geschichte mit hineingenommen.

Viele Ehen scheitern. Völligen Frieden kann der Mensch nicht schaffen. Und doch: Von allem, was möglich ist, bringt die Ehe das Möglichste an Frieden zwischen Mann und Frau und zwischen den Generationen. Im gelungenen Eheleben werden tatsächlich nicht nur leibliche Kinder gezeugt, es wird auch eine Leistung vererbt:

Der Friedensschluss der Geschlechter. Dieser Friedensschluss zwischen Mann und Frau - wenn er gelingt - wird ganz wesentlich die Weltanschauung unserer Kinder und der nächsten Generation bestimmen.[18]

---

[18] Vgl. Rosenstock-Huessy, Eugen: Soziologie I, Kohlhammer, Stuttgart 1956, S. 257

Karl Barth

Die Totalität der Begegnung von Mann und Frau oder Die Privatisierung des Geschlechtlichen[1]

[...] Das Gebot Gottes beansprucht den *ganzen* Menschen, sagten wir, – und entscheidend damit, dass es das tut, ist es die Heiligung auch der physischen Geschlechtlichkeit und Geschlechtsbeziehung. Es heiligt den Menschen, indem es diese *einbegreift* in sein *Menschsein*, indem es den Menschen aufruft, auch in seiner Leiblichkeit und also auch in seiner physischen Geschlechtlichkeit, auch in seiner Beantwortung des Problems der Geschlechtsbeziehung Mensch zu sein: Leib also, aber nicht nur Leib, sondern geistgewirkte *Seele* seines Leibes – und darüber hinaus und noch konkreter: Mensch mit seinem Mitmenschen, das heißt Mensch, der auch im Anderen – Mann, der auch in der Frau, Frau, die auch im Mann – den Leib, aber nicht nur den Leib, sondern die geistgewirkte Seele seines Leibes und nur so dann auch seinen Leib meint und sucht, nur in diesem Zusammenhang auch die physische Geschlechtsbeziehung und Geschlechtsgemeinschaft. Gott will ja in seinem Gebot den Menschen in der *Totalität* seiner Geschöpflichkeit: er will ihn für sich, und er will ihn auch zur Begegnung und zum Zusammensein mit seinem Mitmenschen. Eben weil es um ihn in seiner Totalität geht, kann auch die physische Geschlechtlichkeit und Geschlechtsbeziehung von Gottes Gebot nicht unerfasst bleiben.

Aber eben weil es um seine Totalität geht, wird das *Geschlechtliche* von Gottes Gebot nur in seinem Zusammenhang mit dem ganzen geschichtlichen Sein des Menschen vor Gott und in der Gemeinschaft erfasst. Wer es aus diesem herausnimmt, wer es privatisiert: sei es, um es als ein Reservat zu behandeln, in welchem er selber Herr und Meister sein will, sei es, um sich daselbst irgendeinem besonderen Gesetz und Regime zu unterwerfen,

---

[1] Aus *Kirchliche Dogmatik III 4*. Zürich ²1957. S. 146–148. Mit freundlicher Genehmigung des *Theologischen Verlags*, Zürich. – Im Original gesperrte Wörter sind hier kursiv gesetzt; Überschrift vom Herausgeber. Dieser Beitrag ist im Gesamtwerk wie folgt eingeordnet:
Bd. III: Die Lehre von der Schöpfung
12. Kap.: Das Gebot Gottes des Schöpfers
§ 54:   Freiheit in der Gemeinschaft
1.:Mann und Frau

der entzieht sich eben damit – wohlverstanden auch und gerade in diesem letzteren Fall! – dem Gebote Gottes. Die Privatisierung des Geschlechtlichen als solche ist die Verhinderung der Heiligung des Menschen überhaupt und des Menschen in diesem besonderen Bereiche.

Gottes heiligendes Gebot meint und will *ihn selbst*: den Menschen, der freilich in seiner Totalität Mann *oder* Frau, der schon leiblich in jeder Faser, in jeder Zelle seines Leibes, der aber auch als geistgewirkte Seele seines Leibes nicht ungeschlechtlich, nicht übergeschlechtlich, nicht zweigeschlechtlich, sondern eingeschlechtlich, Mann oder Frau, und in dieser totalen und exakten Bestimmung vor ihm ist und ihm verantwortlich ist.

Aber eben damit meint und will Gottes Gebot nicht seine Geschlechtsorgane und Geschlechtsbedürfnisse an sich und als solche, sondern in der Ordnung und Folge seines sonstigen, seines ganzen Seins, das in seiner geschlechtlichen Bestimmtheit auch noch *andere* Dimensionen und Komponenten hat als die, die in diesem engsten Kreis sichtbar und wirksam werden. Geistgewirkte Seele seines Leibes ist der Mensch, wie wenn er leiblich isst, trinkt oder schläft, so auch in seiner Geschlechtlichkeit. Dass er, er *selbst*, die geistgewirkte Seele seines Leibes in Allem und so auch in seiner Geschlechtlichkeit – aber auch in ihr: er *selbst*! – *gehorsam* werde, darum geht es in Gottes Gebot.

Also: Wer und was bist *du* – *du* Mensch, *du* Mann, *du* Frau, du seelisch-leibliches Wesen (durch den Geist, der dich zu diesem Wesen macht und dir als solchem Existenz gibt!), *du* Wesen, das dann auch dieser Organe und Bedürfnisse teilhaftig ist – wer und was bist *du*?, das ist die umfassende und gerade so besondere Frage des Gebotes gerade im Blick auf diesen besonderen Bereich des menschlichen Seins.

Und Gottes Gebot meint und will, auch was dann die *Begegnung* von Mann *und* Frau betrifft, *sie selbst*: ihre Begegnung, ihr Zusammensein, das nun freilich in seiner Totalität auch ein Gefälle in der Richtung auf die eschlechtliche Beziehung hat, in dessen Problematik auch das Problem dieser Beziehung vordergründlich oder hintergründlich, in ihrer eigentlichen oder in einer verwandelten, sublimierten Form irgendeine Rolle spielt.

Aber das Gebot Gottes wird nicht erst aktuell, wenn es so oder so um den Vollzug dieser Beziehung geht. Die Begegnung von Mann und Frau erschöpft sich nun einmal nicht in diesem Vollzug. Schon dass die geschlechtliche Beziehung notorisch verwandlungs- und sublimierungsfähig ist, weist darauf hin. Auch sie ist doch nur eine Dimension und Komponente dieser Beziehung, neben der es in größerer oder geringerer Nachbarschaft auch noch andere gibt, alle seelisch und leiblich zugleich, genau so, wie das von der *geschlechtlichen* zu sagen ist. Keine von ihnen für sich und allein ist das Eigentliche, das durch Gottes Gebot angefordert ist. Eben darum wird man keine von ihnen auch von der geschlechtlichen einfach trennen dürfen: das könnte nur auf Illusionen und gegenseitige Täuschungen hinauslaufen. Aber eben darum darf man die geschlechtliche Dimension und Komponente der Begegnung zwischen Mann und Frau auch von diesen *anderen* nicht trennen, wäre es wieder Illusion und Täuschung, wenn man Mann und Frau, ihr Gegenüber, ihr Zusammensein, die Liebe, die Ehe gewissermaßen pansexuell verstehen und erleben wollte. Sie ist „keusch", ehrlich und wirklich sexuell, wenn sie umfasst ist von der Gemeinschaft des Geistes, der Liebe, aber auch der Arbeit, aber auch der Freude und des Leides ihres *ganzen* Lebens, wenn dann ihr *ganzes* Leben an bestimmter Stelle auch diese Beziehung nötig, wahr und recht macht.

Wird diese Beziehung in solchem Zusammenhang vollzogen, ist ihr Vollzug gefordert und getragen durch die Umgebung solch gänzlicher Koexistenz, dann und nur dann ist sie recht und heilvoll. Ist sie das nicht, ereignet sie sich ohne solche Umgebung, dann ist sie bestimmt „unkeusch", unrecht und unheilvoll. *Koitus ohne Koexistenz ist* – nochmals gesagt – eine *dämonische* Angelegenheit. Und man sei sich klar darüber, dass das auch dann gilt, wenn ein formeller und legitimer Eheschluss – nur scheinbar heiligend! – dahinter steht.

Also: Was seid *ihr*, was wollt *ihr* eigentlich miteinander? Was geht *ihr* euch an? Was habt ihr *gemeinsam* – du Mann und du Frau, die ihr nun miteinander in Geschlechtsbeziehung treten wollt? Hat es Sinn, das zu tun? Ist das gefordert und getragen durch eure wirkliche Koexistenz? Ist das von da aus berechtigt und kann das von da aus verheißungsvoll sein, dass ihr jedenfalls ehrlich und entschlossen auf dem Wege zu solcher Koexistenz seid? Das ist die Frage des Gebotes Gottes im Blick auf dieses besondere menschliche Tun.

Hört man sie nicht als die Frage nach der *Totalität* der *Begegnung* von Mann und Frau, dann hört man sie gar nicht. Alle Ungesetzlichkeit, in der man sich dann in jenem intimsten Bereich ergehen mag, und alle Gesetzlichkeit, durch die man sich dann in diesem Bereich sichern und rechtfertigen zu können meint, sind dann in gleicher Weise nur Symptome dafür, dass man das Gebot Gottes noch nicht gehört hat, vielleicht bisher noch nicht hören wollte, vielleicht auch nicht mehr hören will. „Entdämonisierung" durch Ausrichtung auf das Ganze der Menschlichkeit als Mitmenschlichkeit ist dann die Gnade, deren man entbehrt und um die man dann wohl bitten muss.

Siegfried Kettling

Einander untertan in Christus -
Auslegung von Epheser 5,15.21-33[1]

So seht nun sorgfältig darauf, wie ihr euer Leben führt, nicht als Unweise, sondern als Weise. [...] Ordnet euch einander unter in der Furcht Christi.

Ihr Frauen, ordnet euch euren Männern unter wie dem Herrn. Denn der Mann ist das Haupt der Frau, wie auch Christus das Haupt der Gemeinde ist, die er als seinen Leib erlöst hat. Aber wie nun die Gemeinde sich Christus unterordnet, so sollen sich auch die Frauen ihren Männern unterordnen in allen Dingen.

Ihr Männer, liebt eure Frauen, wie auch Christus die Gemeinde geliebt hat und hat sich für sie dahingegeben, um sie zu heiligen. Er hat sie gereinigt durch das Wasserbad im Wort, damit er sie vor sich stelle als eine Gemeinde, die herrlich sei und keine Flecken oder Runzel oder etwas dergleichen habe, sondern die heilig und untadelig sei. So sollen auch die Männer ihre Frauen lieben wie ihren eigenen Leib. Wer seine Frau liebt, der liebt sich selbst. Denn niemand hat je sein eigenes Fleisch gehasst; sondern er nährt und pflegt es, wie auch Christus die Gemeinde. Denn wir sind Glieder seines Leibes. „Darum wird ein Mann Vater und Mutter verlassen und an seiner Frau hängen, und die zwei werden ein Fleisch sein" (1 Mo 2,24). Dies Geheimnis ist groß; ich deute es aber auf Christus und die Gemeinde.

Darum auch ihr: ein jeder habe lieb seine Frau wie sich selbst; die Frau aber ehre den Mann.

Ein widerborstiges Wort

Die Aussagen des Apostels bürsten den heutigen Zeitgeist gegen den Strich, sie provozieren den geharnischten Protest der so genannten emanzipierten Zeitgenossen, der Frau („Unterstellt euch euren Männern") wie des Mannes („Haupt der Frau"). Sie bringen auch hörwillige Christen in

---

[1] Aus: Scheffbuch, Rolf (Hrsg.): Gottes Wort ist die Wahrheit. Texte aus Ansprachen beim „Gemeindetag unter dem Wort" 18.6.1992. Korntal-Münchingen: o. J. S. 154-167; mit freundlicher Genehmigung der Ludwig-Hofacker-Vereinigung. Bearbeitung vom Herausgeber.

nicht geringe Verlegenheit – das gestehe ich auch für meine Person. Häufig werden sie als zeitgebunden, dem antiken hierarchischen Denken verhaftet, abgetan, gar – in feministischer Sicht – als Paradestück, als *Magna Charta* einer patriarchalisch-„androzentrischen", die Frauen unterdrückenden Ideologie gebrandmarkt: „Wenn überhaupt noch Ehe, was keinesfalls ausgemacht ist, dann doch als herrschaftsfreier, partnerschaftlicher Intimraum ohne jedes Oben und Unten! Auch kein Apostel hat da hineinzureden!"

Die Aussagen des Apostels widersetzen sich ihrerseits solch einem raschen Abliefern unter die Rubrik *antiquiertes Denken, jüdische Eierschalen, typisch paulinische Frauenverachtung*. Wie sie uns heute nicht das sagen, was uns gefällt und bestätigt, so lagen sie quer auch zum damaligen Zeitgeist; sie sind ebenso antikem Denken non-konform wie modernem. Die Ermahnung an die Männer, ihre Frauen zu lieben, war „in der damaligen Zeit etwas schlechthin Besonderes und Neues" (W. SCHRAGE).

Zudem stellen diese Verse modellhaft vor die Bibelfrage, vor die Frage nach der Heiligen Schrift als verbindlichem Gotteswort. Ist die Bibel lediglich ein Selbstbedienungsladen, dem jede Generation, jede Interessengruppe entnimmt, was ihr brauchbar, verwertbar, sie stabilisierend erscheint? „Enthält" die Bibel nur Gottes Wort, das ich nach vorher festgelegtem Wertmaßstab heraussieben kann, oder „ist" sie wirklich *Kanon*, das heißt göttlicher Maßstab, der mich und mein Leben kritisch misst?

Ein höchst steiles Wort

PAULUS setzt bei der Behandlung des irdisch-alltäglichen, profanen Themas *Ehe* nicht „unten", nicht anthropozentrisch an als dem *Maß aller Dinge*, sondern auf „höchster" Ebene: Die Ehe wird von Gott, dem Schöpfer, von Jesus Christus, dem Erlöser, vom Heiligen Geist, dem Erneuerer, begriffen und gewertet. Leitmotiv des ganzen Zusammenhangs ist: „Werdet voll Geistes." Es wird also ein *geist*volles Leben beschrieben. Angeredet ist nicht der Mensch schlechthin, nicht *die* Frau oder *der* Mann überhaupt; angesprochen ist höchst speziell der „Christenmensch", der *von oben Geborene* (Joh 3,3.7), die *neue Kreatur* (2 Kor 5,17). Um Wesen und Gestalt der Ehe *im Herrn*, in der Ehrfurcht vor Christus (V. 21) geht es, also um eine höchst voraussetzungsvolle Angelegenheit! Außerhalb der Christusgemeinschaft bleibt Epheser fünf schlechterdings unbegreiflich, unzugänglich, verschlossen.

Unser (unser aller!) moderner Widerstand gegen alles „Oben", die Meinung, alle Macht und Herrschaft sei als solche menschenfeindlich, alles Dienen und Gehorchen als solches schände den Menschen – all dieses

Denken und Empfinden ist die logische Reaktion, das höchst verständliche Echo auf die Art, wie in dieser Welt Macht ausgeübt und Gehorsam verlangt und praktiziert wird, etwa im sogenannten „Dritten Reich" oder von manchen, auch „frommen", Haustyrannen. Bis ins Unbewusste sind wir geprägt, gezeichnet von diesem *Schema* (1 Kor 7,31), dieser Grundverfassung der *alten Welt* – ob wir dem willig folgen oder leidenschaftlich aufbegehren. Auch im „Kampf der Geschlechter" kommt dieses Gesicht des alten Systems heraus.

Wer Epheser fünf verstehen, damit umgehen, gar darin leben will, muss zunächst bereit sein, sich *alle* mitgebrachten Begriffe, Normen, Wertvorstellungen umprägen zu lassen. Der Zugang geht nur über eine *Erneuerung des Denkens* (Eph 4,23; Röm 12,1f), nicht in Gleichschaltung mit dem *man*, sondern nur im Nonkonformismus dazu. Unsere Vorstellungen und Urteile müssen „ersäuft" werden (LUTHER), das heißt, in Christi Karfreitag sterben und in seinem Ostern, radikal verwandelt, auferstehen.

Prägendes Urbild, normschaffend, „normklärend" (E. WOLF), normkorrigierend ist allein die Wirklichkeit Jesu Christi, seine Person, sein Wort, sein Werk und Weg. Sein Dienen, sein Hinabsteigen auf das unterste Niveau (Phil 2,5ff), sein Gehorsam dem Vater gegenüber (Phil 2,8; vgl. Hebr 5,8), sein freiwilliges Untertansein (Lk 2,51; 1 Kor 15,28; vgl. 1 Kor 11,3): diese Kondeszendenz, dieser „Abstieg" bis dahin, dass er den Jüngern die Füße wäscht (Joh 13), ist der einzige Grund unserer Rettung und so zugleich das Fundament unserer Nachfolge, der *typos*, das stilbildende Grundmodell jeder christlichen Lebensgestalt.

Für Christen ist daher das Dienen, das Sich-Unterstellen *im Geist Jesu* höchste Ehre, Würde, Echtheitszeichen, tiefste Erfüllung, im Sinne des PAULUS „ihr Ruhm". Wer sich dieser Umwertung, dieser Neuprägung aller Normen widersetzen wollte, würde damit den Weg Jesu selbst verneinen und sein Christsein preisgeben. Hier steht das Ganze auf dem Spiel.

Ein geheimnisvolles Wort

Was der Apostel hier zur Ehe sagt, in welchen Horizont er sie stellt, wie er sie umfassend heilsgeschichtlich fundiert, ja, sie in der ewigen trinitarischen Beziehung zwischen Gott-Vater und Gott-Sohn einwurzelt, das ist nicht nur allem sonstigen (weltlichen oder religiösen) Eheverständnis gegenüber ganz unvergleichlich, es ist auch im Neuen Testament einzigartig. PAULUS stellt das kleine, immer auch von Sünde und Versagen deformierte Verhältnis eines christlichen Ehepaares in atemberaubende Weiten. Diese Sicht muss sich nicht vor irgendwelchen modernen Parolen zum Verhältnis der Geschlechter rechtfertigen, sondern schafft eine ganz neue, alles Sonstige sprengende Perspektive. Hier wird das, was als Ehe von Christen *christliche Ehe* heißen kann, überhaupt erst geschaffen.

Wie tief geht für den Apostel das, was für Christen *Ehe* heißt? Ausgangspunkt seiner Argumentation – deren *erster* Schritt! – ist ein Wort aus der Urgeschichte: „Darum wird ein Mann Vater und Mutter verlassen und an seiner Frau hängen, und die zwei werden ein Fleisch sein" (V. 31; 1 Mo 2,24). Genau dieses Wort hat Jesus im Streitgespräch mit den Pharisäern über die Frage der Ehescheidung herangezogen (Mt 19,5). Während die Gegner meinen, die Ehescheidung sei ihr gutes, sogar vom Mosegesetz verbrieftes Recht, greift Jesus hinter das ganze Mosegesetz zurück auf den völlig ungebrochenen, den ganz ursprünglichen Gotteswillen (1 Mo 1f). Das Mosegesetz, das die Ehescheidung einräumt, ist für Jesus nur ein Zugeständnis, eine Konzession an den in seiner Sünde schwer „herzkranken", zu dem wirklichen Höhenweg von Liebe und Treue unfähigen Menschen. Diesem an *chronischer Sklerokardia* (Herzverkalkung) leidenden, diesem verkümmerten, invaliden Typen wird, um noch Schlimmeres zu verhindern, die Ehescheidung zugestanden.

Aber Gottes guter Urwille hat andere Dimensionen: Weil Gott selbst zwei Menschen zusammenfügte, sind sie für immer „ein Fleisch", ein aus dem Plural *zwei* wunderbar gefügter neuer Singular *eins*. Jesus aber ist der, der lieblose Herzen heilen und erneuern kann, und so vermag er die Ehe wieder in den vollen göttlichen Glanz des Anfangs zu stellen; er macht sie „herrlich wie am ersten Tag".

Der Apostel nimmt dies auf und führt es weiter. Für die Forscher ist das Wort aus 1 Mo 2,24 immer wieder ein Rätsel gewesen. Warum ist es ausgerechnet der *Mann*, der hier Elternhaus und Sippe verlässt; üblicherweise ist das doch der Weg der Frau? In diesem Rätsel meldet sich für den Apostel ein *mysterion*, ein *Geheimnis*: Es öffnet sich in diesem Wort und damit bei der von Gott gesetzten Ehe die Tiefe des göttlichen Ratschlusses.

PAULUS deutet das Wort so: Was hier vom ersten Menschen gesagt ist, was „Adam" tut, wenn er seine Frau gewinnt, ist Modell, *typos*, für den Weg Christi, des „letzten Adams" (vgl. Röm 5,12-21; 1 Kor 15,45-49). Der Sohn Gottes reißt sich, von unfasslicher, geradezu „verrückter" Liebe gepackt, von seiner himmlischen Heimat los und läuft einer „Frau" nach, die er sich als „Ehefrau", ja als „seinen Leib" gewinnt. Sieht man sich diese „Auserwählte" genauer an, entdeckt man, wie unfasslich diese göttliche Liebe ist: nicht das in sich Wertvolle, Schöne, Kostbare, Verlockende wählt dieser

„Brautwerber", sondern das Verlorene, Verworfene, Schuldige, Todgeweihte und in jeder Weise Abstoßende!

Der *Eros* entzündet sich am Wert des Anderen (der mich bereichert, der mir etwas „bringt"), die *Agape* aber schafft diesen Wert überhaupt erst, ist ganz voraussetzungslose, ganz einseitig erwählende, ganz und gar spontane und kreative, eben: schöpferische Liebe (vgl. Röm 5,5ff). Seine *Liebe* erst adelt die Gemeinde, seine Hingabe bis in den Tod macht sie erst schön, makellos, rein. „Ist das nicht ein fröhlicher Hausstand, wo der reiche, edle, fromme Bräutigam das arme, verachtete, böse Hürlein zur Ehe nimmt und sie befreit von allem Übel, sie ziert mit allem Guten!" (LUTHER).

Für den Apostel ist also das Wort aus der Urgeschichte eine geheimnisvolle Verheißung, die sich in Christi Menschwerdung, in seinem Sterben und Auferstehen erfüllt hat, also in seinem Weg zu den Menschen und mit ihnen.

Diese „Ur-Ehe" zwischen Jesus und seiner Gemeinde wird für ihn nun zum Grundmuster, zum Prototyp für die Ehe von Menschen in dieser Gemeinde Jesu. Natürlich ist dabei das ganz Unvergleichliche, nie zu Übertragende auszublenden: Die Frau verdankt ihrem Mann niemals die Erlösung; „das ist ein Vorzug, der nur Christo zukommt" (J. A. BENGEL). Aber alles in der Christenehe wird nun in das Christuslicht getaucht, vom Heiligen Geist durchatmet. Da kann die „Hauptschaft" des Mannes schlechterdings nichts zu tun haben mit patriarchalischem Despotismus, und die freiwillige Antwort der Frau, ihr „Sich-Unterstellen" (V. 22), nicht das Geringste mit einklagbarer Untertanenpflicht. Die „Hauptschaft" des Mannes muss sich befragen lassen, wie stilgemäß, das heißt wie „christus-haltig" sie ist: nämlich gewonnen und praktiziert durch die Hingabebereitschaft bis zum Tod. Nur so kann die antwortende Haltung der Frau darin bestehen, den Mann zu „ehren" (V. 33). Allein um den Christusstil geht es hier! Der Apostel fügt also mit diesem Dreischritt die Ehe von Christen in den großen Zusammenhang der Heilsgeschichte:

- Der *erste Adam* – als Vorbild der gottgewollten Ehe – bildet das Grundmuster für

- den *letzten Adam*, für den Christusweg der Menschwerdung und Hingabe. Ebenso schuf und erwählte er sich seine Gemeinde.

- Diesen Christusweg wiederum dürfen Christen in ihrer Ehe dankbar betreten und das „Gefälle" abbilden, das Gott ihnen vormalte.

Dort hinein verwebt der Apostel geheimnisvoll noch eine trinitarische Sicht; er tastet sich also vor bis in das innergöttliche Verhältnis zwischen dem ewigen Vater und dem ewigen Sohn: Der Vater ist das „Haupt" des Sohnes (1 Kor 11,3; 15,28; auch 3,23); der Sohn unterstellt sich in freier Liebe dem Vater. So ist er ganz Sohn, und so lässt er den Vater ganz Vater sein. Entsprechend ist der Sohn das „Haupt" seiner Gemeinde, die sich ihm in Liebe dankbar unterordnet.

Das darf und soll nun im ehelichen Verhältnis von Christen widerstrahlen. Wenn also die Frau in williger Liebe ihren Mann als „Haupt" ehrt, bildet sie damit nicht nur das Verhältnis *Gemeinde – Jesus* ab, sondern zugleich und noch unendlich höher steigend die ewige Beziehung des Sohnes zu seinem „Haupt", dem Vater. So werden wir in ein schier unausdenkbares, unauslotbares Geflecht geheimnisvoller Bezüge und Analogien geführt, wobei zu beachten ist, dass dies für PAULUS nicht beliebige Bilder sind, sondern tief im Seinsgefüge von Urgeschichte und Endvollendung, von Heilsgeschichte und innergöttlichem Leben gründet.

In der Trinitätslehre gilt: Vater und Sohn sind *wesenseins*, gleicher Art und gleichen Ranges; und doch gibt es in der Gottheit ein Gefälle: vom Vater zum Sohn. So gilt auch in der Ehe unverrückbar: Mann und Frau oder Frau und Mann sind „wesenseins": in ganz gleicher Weise Gottes Ebenbild (1 Mo 1,26f), völlig gleichrangig als von Christus Erlöste (Gal 3,28), ganz ebenbürtig als gemeinsame „Miterben des ewigen Lebens" (1 Petr 3,7) und zweifellos auch beide berufen, diesen ihren Herrn zu bezeugen.

Dennoch sieht PAULUS – eben auf dieser Basis der Gleichrangigkeit – auch in der Ehe ein Gefälle der Liebe. Es ist das doppelte Geheimnis der Liebe, dass sie, in schroffstem Gegensatz zu allen Herrschergelüsten, Gleichwertigkeit und Ebenbürtigkeit will und dass sie zugleich ein Gefälle ihr Eigen nennt, ein Gefälle des Haupt-Seins in liebender Hingabe und des Sich-Unterstellens in liebender Freiheit. Dieses Gefälle ist etwas ganz Neues gegenüber allem Gerangel um das „Oben", auch gegenüber jedem Kampf der Geschlechter im Namen der Selbstbehauptung.

Ein fundamentales Wort

Aus dem Apostelwort erwächst der Grundriss eines jeden christlichen Ehe-verständnisses. Hier wird diese Ehe recht fundiert, mit Leben erfüllt, zu Stand und Wesen gebracht. Im Folgenden hebe ich solche fundamentalen Elemente heraus, indem ich das Christliche jeweils konfrontiere mit Problemen oder Positionen aus der Geschichte der Institution *Ehe*. Ganz gewiss ist die Ehe „ein weltlich Ding" (LUTHER), das heißt, sie gehört in die welt-weite, die ganze Menschheit umspannende Ordnung Gottes. Dennoch kommt der ganze Glanz dessen, was dieser eine Gott für seine Menschen mit dem Geschenk der Ehe vorgesehen hat, da heraus, wo sie im Licht Jesu Christi, im inspirierenden Einfluss des Heiligen Geistes lebt. Dabei tut sich eine befreiende Perspektive auf, ein Raum zum Atmen: „Die Liebe Christi verwandelt die Ehe" (H. D. WENDLAND). Auch hier gilt: „Jesus ist kommen, nun springen die Bande" (J. L. K. ALLENDORF).

Erstens. Die *alten Kulturen*, auch *Israel*, kannten die Vielehe. In der ausgehenden römischen Antike machte sich die sukzessive oder progressive Polygamie breit: Man war zwar jeweils nur mit einem Partner verheiratet, hatte aber im Nacheinander deren viele.[2]

Der Apostel zeigt: Die Beziehung Jesu zu seiner Gemeinde ist getragen von der ganz unverbrüchlichen Treue des Einen, der diese seine eine „Braut" erwählt hat und sich durch ihre Mängel und Versagen niemals abschrecken lässt. Diese *Agape* Jesu will auch das Abbild, die Ehe der Christen, durchfluten. Als liebende Treue und treue Liebe unterfängt, trägt, birgt, heilt und befreit sie den schwankenden, zum Schweifen und Vagabundieren aufgelegten Eros, der nach Abwechslung verlangt. Die Art der Liebe Jesu – das ist die Chance einer Ehe von Christen! – stabilisiert das eheliche Miteinander, mehr: durchwärmt es immer neu. Die Art Jesu schlägt durch. *Liebe* heißt:

- du, nur du! – exklusiv;

- du, ganz und gar! – total, brutto;

- du, für immer! – kontinuierlich.

E. WOLF betont mit Recht: „Eine biblisch-theologische Begründung der Monogamie ist (im Neuen Testament) nur an dieser Stelle zu finden."

Zweitens. In der *Alten Kirche* wie im *Mittelalter* ist man der Ehe nicht recht froh geworden. Einerseits musste man die Kraft zur Fortpflanzung vom biblischen Schöpfungsglauben her als gottgewollt anerkennen, andererseits konnte man die Sexualität kaum als Gottes gute Gabe würdigen, und zwar nicht aus biblischer Sicht, sondern aus griechisch-neuplatonischem Denken heraus: der Mensch habe im Grunde nur Geistwesen zu sein. So kam ein übler Kompromiss zu Stande, der die Ehe überschattet: Der ledige, „geistliche" Stand wurde weit höher geschätzt als der Ehestand. Man meinte, die Ehe sei einer Rechtfertigung bedürftig, und fand diese dann besonders in zwei „Ehezwecken": Ehe ist erlaubt, denn sie dient der Fortpflanzung

---

[2] So berichtet HIERONYMUS (347-420 n. Chr.) von einer Frau, die ihre 23. Ehe mit einem Manne einging, für den es seine 21. war.

sowie der Verhinderung der Unzucht (als ein *Spital der Siechen*). Später kamen ähnlich scheinbar erhabene Ehezwecke hinzu: das politische Interesse (*Kriege sollen andere führen, du, glückliches Österreich, heirate!*) oder das wirtschaftliche (*Liebe vergeht, Hektar besteht*).

Nach Epheser fünf gibt es eindeutig keine solchen „Ehezwecke", keine solch makabren Begründungen von außen her. Die Gemeinde Jesu ist kein Mittel zum Zweck – auch nicht dem der Mission –, sondern ist in sich selbst wertvoll und geadelt als Geliebte ihres Herrn. Von daher ist auch ihr Abbild, die Ehe, von allem Fremden befreit; sie trägt als volle, ganzheitliche Liebes-, Lebens- und Dienstgemeinschaft ihren Sinn ganz in sich selbst. Sie ist ganze Ehe auch da, wo Kinder versagt bleiben.

Drittens. In der *Romantik* werden Liebe und Ehe überhöht als die alles entscheidende, schicksalhafte Begegnung zweier Individuen. Frau und Mann sind, für sich allein, je eine in sich unvollkommene Halbkugel, zu der das jeweils eine passende Gegenstück gefunden werden muss, andernfalls bleibt der Einzelne nur ein halber Mensch. Gelingt dies, so bedeutet die Ehe Glück, letzte Erfüllung, ganzer Lebenssinn, ja Seligkeit.[3] Hier wird der Ehe geradezu erlösende Kraft zugeschrieben. Das bedeutet aber: Eine irdische Ordnung wird vergötzt und damit völlig überfordert.

Viertens. In der *heutigen Gesellschaft* treten die immer kälter werdende, rein funktionale Arbeitswelt und die Wärme, Geborgenheit, Freiheit versprechende private Intimwelt immer mehr auseinander. Im Privaten, zumal in der erotischen Nähebeziehung, sucht man gerade das „Heil". Diese Überhöhung und Überforderung der Ehe rächt sich. Erweisen sich Königin und Märchenfee und ebenso Prinz und Göttergatte als fehlsame, alltägliche, gar kleinkarierte Wesen, muss man die Beziehung beenden, um sich neu auf die Suche nach dem einen wunderbaren Du zu begeben, das, so hofft man, „allen Durst auf immer stillt". Aus der Überschätzung der Ehe ergeben sich also bei dem Konflikt zwischen Traum und Wirklichkeit starke Motive zu Ehebruch und Partnerwechsel.

Der heilsgeschichtliche Zusammenhang von Epheser fünf zeigt den einzigen Erlöser und macht dabei deutlich: Nicht ideale Menschen führen ideale Ehen, sondern Menschen, die in sich selbst an *Herzenshärtigkeit* (Mt 19,8) leiden; sie werden von Jesus zu stets neuem Anfang ermächtigt. Die Partnerschaft zweier Menschen bedarf des großen *Dritten* (des Ersten!) *im Bunde*, um in seiner Geborgenheit immer neu aufzuleben. So gilt nach

---

[3] Vgl. auch die „reine Frau" als Erlöserin in den Opern R. WAGNERS.

M. HAUSMANN: „Liebende leben von der Vergebung." Auch A. DE SAINT-EXUPÉRYs Meinung ist wahr, dass *Liebe* nicht darin bestehe, auf die Dauer sich nur wechselseitig anzublicken, sondern gemeinsam in dieselbe Richtung zu schauen.

Die gegenwärtige Situation ist weitgehend durch den Verzicht auf die Ehe gekennzeichnet. Auf der einen Seite gibt es enge Partnerbeziehungen, die die öffentliche Institution *Ehe* strikt ablehnen. Man will wohl das private „*Ereignis* Liebe", aber die „*Gestalt* Ehe" verabscheut man (C. H. RATSCHOW). Im *Ereignis* sieht man Dynamik, Freiheit, Leben; in der *Gestalt*, der *Institution* starre Form, Zwang, Tod, Fremdbestimmung durch Staat, Kirche, Familie.

Auf der anderen Seite breitet sich immer mehr eine Zivilisation der „Singles" aus, teils weil man auf Grund negativer Erfahrungen in Elternhaus und Bekanntenkreis eine feste, dauerhafte Beziehung für unerreichbar hält und es so mit kurzlebigen und wechselnden Beziehungen versucht; teils weil man in egozentrisch vagabundierender Verantwortungslosigkeit meint, ohne Bindung bequemer und angenehmer leben zu können – freilich unter asozialer „Ausbeutung" der „dummen" Ehepaare, die jene Kinder zur Welt bringen und aufziehen, die einmal Rente und Pension jener Dauersingles erwirtschaften müssen.

Das Wort des Apostels verkündet den Gott, der sich fest bindet, indem er mit uns Menschen seinen Treuebund schließt. Bei ihm, der sich auf Ewigkeit für uns festgelegt hat, sind *Ereignis* und *Gestalt* versöhnt beieinander. Bei ihm findet das *Ereignis* in der *Gestalt*, also in der Institution, Bleibe, Wohnung, Schutz, Heimat. So ist die Gemeinde Jesu ganz vom Geist erfüllte Dynamik (vgl. die Fülle ganz individueller Gaben in 1 Kor 12) und ebenso Kontinuität (der eine, bleibende *Leib Christi*). Von dieser stets gesthaften Liebe Gottes her kann auch die *Institution Ehe* als Gottes gute Gabe neu als das bergende Gehäuse für das *Ereignis Liebe* entdeckt werden.

Ebenso kann von Gott her, der es nicht als „Single" bei sich aushielt, sondern das „Elternhaus" verließ, um uns zu finden, der Egoismus der Verantwortungslosigkeit wie die Bindungsangst überwunden werden. Hier sind die Christen gerufen, mit ihren – durch Gottes Gnade! – gelingenden Ehen und deren Gestaltung Zeichen der Hoffnung zu setzen. Junge Menschen müssen sagen lernen: „Ich wage es im Namen Jesu!"

Ein konkret helfendes Wort

Unser Abschnitt ist Stück einer *Haustafel*. Hier wird den einzelnen Gruppen *Paraklese* zuteil, Ermutigung, Zuspruch, Orientierung. Es geht um Einweisung in das Christenleben, um „Anstandsunterricht": Es wird dem Christen gezeigt, was seinem Stand vor Gott wohl ansteht. *Stilkunde für Christenmenschen* wird angeboten, praktische Einübung in den „Stil" Jesu Christi.

„Ihr Männer"

Gerade dieser Abschnitt wurde oft von „frommen" Haustyrannen schändlich missbraucht. Ihre Ansprüche und ihre vermeintlichen Rechte gegenüber Frauen schienen ihnen hier dokumentiert. In Wirklichkeit sind in diesen Versen gerade die Männer „dran". Sie haben solche Einweisung, solchen Anstandsunterricht offenbar besonders nötig, sind sie doch offensichtlich von ihrer physischen Überlegenheit her von der Antike bis in die Neuzeit geneigt, ihre Frauen körperlich und seelisch zu misshandeln und sie in Paschamanier zu „vergewaltigen". Wer sich hier als „Mann" bestätigt fühlt und nicht den dringenden Ruf zu Umkehr und Buße vernimmt, hat diese Worte gründlich missverstanden.

Gleich dreimal werden die Männer zur *Agape*, zur Liebe, aufgerufen (V. 25.28.33). Die *Agape* aber führt, wie das Urbild Jesu zeigt, nicht in den selbstherrlichen Triumph, sondern in das Sterben des „alten Adams". Der eigensüchtige, selbstverliebte Herrschertyp muss in der Ehe in den Tod. Der natürliche *Eros*, der immer auch Habgier und Besitzerstolz ist, muss am Karfreitag Jesu mitsterben, um dann, österlich verwandelt, im Feuer des heiligen Geistes umgeschmolzen, aufzuerstehen – eben das meint *Heiligung*. Der Mann wird als *Haupt* angesprochen, eben nicht wie in der Sündenfall- und Fluchgeschichte als *Herr* (1 Mo 3,16). Der Dick*kopf*, der sich herrisch be*haupt*en will, ist das Gegenteil von dem Haupt im Stil Jesu.

„Hauptschaft" ist eine Form von Dienst, ist Verantwortung vor Gott für den Partner, ist Eintreten vor der Welt für die Frau, bedeutet den *Kopf* hinhalten. Bei diesem Haupt-Sein als Dienst wird der Mann nicht etwa degradiert; er wird in wahrer Selbstliebe (V. 28!) zu seinem Eigentlichen befreit. „Was hat meine Frau von meiner *Haupt*rolle, was ist ihr Gewinn dabei?", so lautet die *Haupt*frage.

Diese *Haupt*position wird dem Mann von Gott zugesprochen. Es ist eine unverdiente Ernennung, eine Berufung. Sonst, etwa in Wirtschaft und Politik, muss jede Führungsposition durch Leistung erworben und verteidigt werden. Ist meine Position mir aber *übertragen* und gerade nicht durch

Leistung erobert, führt das zu einer großen Entkrampfung: Ich kann als Mann meine Grenzen und Schwächen eingestehen. Wenn mich dagegen Angst vor Gesichtsverlust beherrscht, treibt diese gerade in den Machtkampf, gerade aus Schwäche muss ich dann „Stärke" zeigen.

Es ist merkwürdig, wie mütterlich-fürsorglich die Aufgaben beschrieben werden, die dem *Haupt*dienst zukommen: „nähren, pflegen, sich um die Schönheit des andern kümmern" (V. 29.27). Es geht also um das Wachstum, um die gute Entfaltung der Ehefrau, um ihr geistig-seelisches Wohl, um das Gespräch, um das Teilnehmen und -geben, um das Anerkennen und Loben der geistig-seelisch-körperlichen Schönheit der Frau – wahrhaft als der „besseren Hälfte". Kommt im Licht Jesu etwas von der paradiesischen Gemeinschaft wieder hervor, wird der Mann sich bei der Begegnung mit seiner Frau ganz einsetzen, sich voll „dreingeben", sie „erkennen" wollen (1 Mo 2,23; 4,1). Indem er der Frau ihre Würde gibt, empfängt er die seine.

„Ihr Frauen"

Die Paraklese, die Ermutigung für die Frau konzentriert sich auf zwei Worte: auf das freiwillige „Sich-Unterstellen" und das „Den-Mann-Ehren" (V. 22.33).

Das *Sich-Unterstellen* als freier Akt der Frau – nicht als Anspruch seitens des Mannes – braucht das gute Klima, den Freiraum, in dem die Gemeinde sich Jesus in Liebe unterstellt. Dabei kann man das Wort zweifach betonen: sich *unter*stellen oder sich unter*stellen*. Beides wird, wenn das Haupt wirklich wie ein schützendes Dach ist, zur Freude (H. BÄREND). PAULUS fügt hinzu: „gleichsam als gelte es dem Herrn (Jesus)" (V. 22). Auch der schwierige Mann wird in ein neues Licht getaucht, wenn er von seiner Schöpfung her, von seiner Erlösung her und auf seine Vollendung hin angeschaut wird als einer, den es mitzunehmen gilt in die Ewigkeit.

Ebenso wertvoll ist die Ermunterung, den Mann zu *ehren*. Das ist wichtig, weil die Frau von ihrem Mann so oft enttäuscht wird: Der Prinz verwandelt sich immer wieder in einen Frosch, der Sieger zeigt sich als Feigling, der Alleskönner als Drückeberger, der Held als trotziger kleiner Junge (E. RIETH). Das wird gerade dann geschehen, wenn der Mann seine „Hauptschaft", seine Verantwortung, seine Verpflichtung versäumt und die Tatsache, dass er damit seine Frau belastet und ausnutzt, noch als „Beitrag" zur Emanzipation der Frauen ausgibt und feiert: „Ich lasse dir den Vortritt!" – das wahre Motiv aber ist Feigheit oder Bequemlichkeit. Diesen „Kerl", der seine Schwäche noch ideologisch bemäntelt, nicht zu verachten, sondern ihn zu ehren, weil *Jesus* ihn angenommen hat: Das ist Herausforderung an die Liebe, die nicht das Ihre, sondern das „Seine" (!) sucht (1 Kor 13,5; vgl.

Phil 2,4). In diesem Dienst liegt die Ehre der Frau, nicht etwa in ihrer (Selbst)-Erniedrigung.

Für beide aber gilt, sich wechselseitig aus Gottes Hand zu nehmen, das heißt, die eigene Ehe als Gottes Gabe und Auftrag zu glauben. Diese fremde, also von außen, von Gott gegebene Würde ist der höchste Schmuck. Wer Liebe und Ehe nur freud- und lustvoll erleben will, wer nicht seine Ehe von Gott her glaubt, wird leicht an ihr irrewerden. Dazu gehört gewiss auch die Aufgabe des Trauerns: zu akzeptieren, dass der andere wie ich ein Sünder ist. Meine Träume, Idealbilder und Projektionen muss ich loslassen. Aus der träumenden Verliebtheit darf reife Liebe wachsen, die den anderen „brutto", inklusive nimmt.

Wie die „Hauptschaft", wie das Ehren, wie das Gefälle in der Ehe jeweils richtig gestaltet wird, lässt sich – gerade in einer kulturellen Umbruchszeit – nicht in einer allgemeinen Formel fassen. Wo die Teilhabe, das Ein-Fleisch-Sein, in Christus die Basis findet, werden sich individuelle Wege finden. Hauptsache, es regiert *die* Liebe, die den anderen nicht auf das fixiert, was er jetzt ist, sondern auf das schaut, was der andere *in Christus* ist und deshalb auch auf Erden und in der ehelichen Gemeinschaft werden darf.

Torsten Kiefer

Eine biblische Anregung zum Thema: Partnerschaft und Ehe zwischen Christ und Nichtchrist

Über Jahrhunderte hinweg boten Liebesbeziehungen, die Standesgrenzen überschritten, willkommenen Stoff für eine gute Geschichte. Man erinnere sich nur Fontanes „Irrungen und Wirrungen". Das Tragische an diesen Geschichten war nur, dass sie nicht gut ausgingen. Noch 1887 veranlasste Fontane, dass sich Lene von ihrem Botho trennten musste. Ein Glück, dass wir diese Zeiten hinter uns gelassen haben!

Verständlicherweise reagiert noch heute manch einer sehr empfindlich, wenn an dieser Errungenschaft gerüttelt wird. Und gerüttelt werden kann daran leicht. Zum Beispiel durch ein Thema, wie das uns gestellte: Wie steht es um Partnerschaft und Ehe zwischen Christ und Nichtchrist? Denn bevor man recht darüber nachdenkt, schleicht sich dieses unangenehme Gefühl ein: Sollen hier neue Standesgrenzen aufgebaut werden, die „man" nicht überschreitet?

Dem geschulten Bibelleser werden zu diesem Thema etliche Stellen (viele aus dem Alten Testament) einfallen. Ich möchte mich im Folgenden auf einen Abschnitt aus dem ersten Korintherbrief konzentrieren und von dort aus eine Antwort auf die gestellte Frage wagen. Ich hoffe, zeigen zu können, dass es nicht um Standesgrenzen geht, die „man" zu akzeptieren hat.

1 Kor 7,10-16 [1] *:*

[10] *Den Verheirateten aber gebiete nicht ich, sondern der Herr, dass die Frau sich nicht von ihrem Manne scheiden soll* [11] *– hat sie sich aber geschieden, soll sie ohne Ehe bleiben oder sich mit ihrem Mann versöhnen – und dass der Mann seine Frau nicht verstoßen soll.*

[12] *Den andern aber sage ich, nicht der Herr: Wenn ein Bruder eine ungläubige Frau hat und es gefällt ihr, bei ihm zu wohnen, so soll er sich nicht von ihr scheiden.*

---

[1] Zum vertiefenden Studium sei empfohlen: Christian Wolff, Der erste Brief des Paulus an die Korinther (Theologischer Handkommentar zum Neuen Testament 7), Berlin 1996, 140-146.

[13] Und wenn eine Frau einen ungläubigen Mann hat und es gefällt ihm, bei ihr zu wohnen, so soll sie sich nicht von ihm scheiden. [14] Denn der ungläubige Mann ist geheiligt durch die Frau, und die ungläubige Frau ist geheiligt durch den gläubigen Mann. Sonst wären eure Kinder unrein; nun aber sind sie heilig.

[15] Wenn aber der Ungläubige sich scheiden will, so lass ihn sich scheiden. Der Bruder oder die Schwester ist nicht gebunden in solchen Fällen. Zum Frieden hat euch Gott berufen. [16] Denn was weißt du, Frau, ob du den Mann retten wirst? Oder du, Mann, was weißt du, ob du die Frau retten wirst?

Der Abschnitt behandelt zwei Fragen. In den Versen 10 und 11 geht es um Verheiratete, die beide zur Gemeinde in Korinth gehören. Der zweite Teil (Verse 12-16) wendet sich an die „anderen", und zwar an Verheiratete, deren Ehepartner nicht in der Gemeinde sind. Dieser zweite Abschnitt unterteilt sich noch einmal in einen ersten Teil (a), der vom christlichen und einen zweiten (b), der vom nichtchristlichen Ehepartner aus denkt.

Schauen wir uns also kurz die einzelnen Abschnitte an.

An die Verheirateten innerhalb der Gemeinde (1 Kor 7,10-11):

Unter Berufung auf unseren Herrn Jesus verbietet Paulus die Scheidung einer Ehe. Die Aussage ist klar und bedarf keiner Erklärung. Jesus setzt nicht bei unseren beschränkten Möglichkeiten an. Es gibt einen Grund dafür. Jesus weiß um die Entscheidung, die Gott selbst in der Entscheidung zweier Menschen füreinander vollzieht, wenn er sagt: Was *Gott* zusammengefügt hat, soll der Mensch nicht scheiden (vgl. Mk 10,9). Auf der Ehe liegt Segen. Gott will, dass Ehe gelingt. Darum ermahnt uns Jesus, sich nicht aus diesem Segen zu entfernen. So leuchtet in der Forderung Jesu zugleich eine große Verheißung auf. Gott steht zu eurer Ehe, darum sollt auch *ihr* euch nicht scheiden.

An die mit Nichtchristen Verheirateten (1 Kor 7,12-16):

Nach dieser grundsätzlichen Aussage wendet sich Paulus ab Vers 12 einem spezielleren Fall der selben Frage zu. Wie verhält es sich mit den Ehen zwischen Christ und Nichtchrist?

Als Hintergrund dürfen wir uns die Situation in Korinth vor Augen führen. Korinth war eine junge Gemeinde, die schnell wuchs. Menschen wurden Christen und stellten ihr ganzes Leben unter die Herrschaft unseres Herrn Jesus Christus. Sie begannen, die Gebote Gottes sehr ernst zu nehmen. Ihr ganzes Leben sollte Gott geheiligt sein, ohne Wenn und Aber.

Nun häuften sich aber die Fälle, dass nur *ein* Ehepartner Christ wurde. In manchen Ehen wird es also so gewesen sein, dass ein Ehepartner die damaligen Götter ehrte oder sich zu den Mysterienkulten hingezogen fühlte und dem Kaiser huldigte, während der andere bekannte: „Jesus Christus ist der Herr". Es ist keine Frage, dass es in solchen Ehen zu Spannungen kommen konnte. Die Frage war brennend: „Wie will Gott, dass ich mich verhalte? Hindere ich nicht mit meiner Ehe, dass Gott ganz von mir Besitz ergreift?"

Für manchen feurigen korinthischen Christen schien es immer unmöglicher, mit einem unheiligen Ehepartner verheiratet zu sein. Sollte man sich nicht lieber trennen, um ganz und völlig rein für Gott da zu sein?

(a) Wir schauen uns die Verse 12 bis 14 an. Zunächst redet Paulus zu den Männern, danach in gleicher Weise zu den Frauen. Er sagt also beiden dasselbe: „Wenn dein Partner bei dir wohnen will, obwohl du Christ bist, dann sollst *du* dich nicht scheiden lassen."

Maßstab für das Weiterbestehen der Ehe ist also die Bereitschaft des *nichtchristlichen Ehepartners*, mit der Partnerin oder dem Partner, die Christ sind, zu leben. „*Wenn* es *ihm* gut gefällt, mit dir zu leben, dann *sollst du dich nicht* scheiden!" Die Frage ist nicht, ob du als Christ dich zu heilig für deinen Ehepartner fühlst. Die Frage ist, ob dein Ehepartner bereit ist, mit dir zu leben.

Es war eine ängstliche Heiligkeit, die manche Christen in Korinth antrieb, sich von ihren nichtchristlichen Partnern scheiden zu lassen. Gemeint ist damit die Angst, durch ein bestimmtes Verhalten, die Kraft Gottes in sich zu dämpfen. Es ist die selbe Angst, die Christen aus der Welt fliehen lässt, um nicht von ihr gefangen zu werden. Ängstliche Heiligkeit hat immer die Tendenz zu Elitedenken, zu Abgrenzung. In ihrem tiefsten Innern sträubt sie sich gegen den Auftrag und die Art Jesu. Ängstliche Heiligkeit sträubt sich, in die Welt zu gehen, um ihr die gute Nachricht vom Mensch gewordenen, gekreuzigten und auferstandenen Herrn zu bringen.

Paulus dreht mit seiner Antwort an die Korinther den Spieß um. In Vers 14 betont er: „*Nicht eure Heiligkeit* wird durch eure Ehe *gedämpft*, sondern eure *Ehepartner* und eure *Kinder* werden durch euch *geheiligt*."

Paulus betont zwar, dass sein Rat in diesem speziellen Fall sich nicht auf ein Jesuswort gründen kann. Er argumentiert aber ganz im Sinne Jesu. *Ihr* sollt euch nicht scheiden lassen!

Grundlegend war für Paulus, dass es dem nichtchristlichen Ehepartner „gefällt, bei dir zu wohnen". Dahinter steckt die Frage, ob der nichtchristliche Partner mit der Entscheidung seines Partners für Jesus leben kann oder nicht. Die Formulierung, die Paulus hier verwendet (οἰκεῖν – *„bei dir wohnen“*), spielt auf die Geschäfte des ganz normalen Alltags an.

Was ist nun aber, wenn das nicht der Fall ist, wenn der ungläubige Partner nicht „bei dir wohnen“ will?

(b) Im zweiten Teil (Verse 15 und 16) geht es um diesen Fall. „Nimmt dein nichtchristlicher Partner Anstoß an deinem Glauben und stellt dich vor die Alternative: Ich oder Jesus, so entscheide dich für Jesus und lass ihn gehen“, sagt Paulus sinngemäß in Vers 15.

Das ist nichts als eine Notlösung. Gerade in dieser Notlösung der Ehescheidung aber wird das Explosive der Lebenshaltung deutlich, die Paulus hier voraussetzt. Paulus schließt die Möglichkeit nicht aus, dass die Entscheidung für Jesus eine Scheidung vom Lebenspartner zur Folge hat.

Wir könnten sagen, dass Paulus mit den Korinthern um ein rechtes Verständnis von Heiligkeit ringt. Hatte Paulus im ersten Teil darauf hingewiesen, dass die „Unheiligkeit“ des Ehepartners nicht die eigene Heiligkeit dämpfen kann, so weist er nun darauf hin, dass die eigene Hingabe an Jesus noch lange nicht den Ehepartner erlösen wird. Paulus lenkt vielmehr den Blick seiner (schriftlichen) Gesprächspartner auf sie selbst: „Über dich, den Christen, wollen wir reden. Deine Heiligkeit wird den anderen ebenso wenig erlösen, wie er dich von Christus trennen kann. Aber ... (und das füge ich ausdrücklich hinzu, um Paulus nicht misszuverstehen) ... aber *du* sollst *heilig* sein; ganz und gar.“ Das gilt selbstverständlich auch für die Ehe. Für einen Christen ist die Ehe nichts, was er aus seiner Hingabe an Jesus Christus heraus halten könnte. Sie ist kein privater oder zu intimer Bereich, in dem Jesus nichts zu sagen hätte. An anderer Stelle nämlich ermuntert Paulus die Christen: „...dass ihr eure Leiber hingebt als ein Opfer, das lebendig, heilig und Gott wohlgefällig ist. Das sei euer vernünftiger Gottesdienst!“ (Römer 12,1). „Eure Leiber“ – das heißt: euer ganzes Leben.

Was können wir daraus für unser Thema lernen?

Wir haben festgestellt, dass der oben behandelte Abschnitt sich nur an Verheiratete richtet. Er sagt nichts direkt zum Thema Partner*wahl*. Auch die recht moderne Situation einer vorehelichen Freundschaft ist nicht berücksichtigt. Wenn Paulus also sagt: „...hat jemand einen ungläubigen Partner und es gefällt dem, bei ihr/ihm zu wohnen, so soll er/sie sich nicht scheiden lassen!“, so sagt er es eben zu Verheirateten. Er sagt es nicht zu Verlobten. Er sagt es nicht zu Befreundeten. Er sagt es nicht zu Ledigen.

Wir werden darum nicht versuchen, konkrete Anweisungen an Verheiratete, direkt auf die Situation Unverheirateter zu übertragen. Wir können aber aus der eben bedachten Argumentation biblische Grundsätze erkennen, die sich auch auf die Frage nach der Partner*wahl* auswirken.

Zunächst ist klar, dass Paulus nicht eine Art Freibrief in Puncto Partnerwahl gibt. Nach dem Motto: „Es ist egal, ob Christ oder Nichtchrist. Wichtig ist, dass dein Partner deine Entscheidung für Jesus akzeptieren kann." So meint es Paulus nicht. Sondern Paulus mahnt mit ganzem Ernst die Hingabe an den Auferstandenen im alltäglichen Leben an. Diese Hingabe umfasst auch die Partnerwahl, die zu den wichtigsten Entscheidungen gehört, die wir im Leben zu treffen haben. Daraus folgt: *Wir räumen Jesus die höchste Priorität in unserem Leben ein.* Selbst eine beginnende Liebe, eine erprobte Freundschaft, eine Ehe wird (so schlimm es klingt) zweitrangig. Das ist für unsere Ohren eine Provokation, denn es kann bedeuten, dass aus Liebe zu Jesus, eine Partnerschaft nicht eingegangen oder eine Freundschaft gelöst wird. Grund für eine solche Trennung – auch das lernen wir von Paulus – ist nicht ein übersteigertes Heiligkeitsbestreben. Es gibt nur einen Grund: das höchste Gebot. Wenn dich deine Partnerschaft vor die Entscheidung stellt: Partner oder Jesus, dann löse sie auf bzw. geh' sie gar nicht erst ein.

Man wird nun nicht pauschal sagen können: „Heirate niemals jemanden, der nicht selber gläubig ist!" Aber man muss klarstellen, dass auch unsere Partnerwahl von unserer völligen Hingabe an Jesus bestimmt sein soll. Unsere eigene Entscheidungsfreiheit wird der Hingabe an unseren Herrn und seinem Gebot untergeordnet. Es gibt eine Grenze meiner Entscheidungsfreiheit – auch in Puncto Partnerwahl. Diese Grenze ist die Hingabe an Jesus.

Zum Schluss noch eine Überlegung. Paulus gab den mit Nichtchristen verheirateten Korinthern ein Kriterium an die Hand, nämlich: „…wenn es ihr/ihm (d.i. dem nichtchristlichen Partner) gefällt, bei dir zu wohnen…". Es klingt verlockend, dieses Kriterium in dem Sinne auf die Partnerwahl zu übertragen, dass man sagen könnte: „Wenn dein nichtchristlicher Freund bzw. deine Freundin deinen Glauben akzeptiert, dann ist es gut." Wir werden es uns aber nicht zu leicht machen dürfen. Zustimmungen solcher Art sind sehr gewagt und stehen oft in der Gefahr, etwas Lässiges zu sein: „Warum sollte ich es nicht akzeptieren, wenn sie/er an diesen Jesus glauben will?" – Schließlich gehört es zu unserer westlichen Lebenskultur, in einer pluralistischen Welt zu leben. Ein anderes Weltbild stellt kaum noch ein Hindernis für eine Beziehung dar. Aus diesem Grund wird es auch in vielen Fällen so sein, dass ein ungläubiger Partner keine Probleme hat, unsere Entscheidung für Jesus zu akzeptieren. Ich vermute, dass sich unsere Situation in diesem Punkt nur unwesentlich von der Situation der Korinther in den 50-er Jahren des ersten Jahrhunderts unterscheidet. Im Angesicht dieser Pluralität scheint „Akzeptanz" nur ein vager Maßstab zu sein. Paulus schreibt aber: „wenn es ihr/ihm gefällt, bei ihm/ihr zu *wohnen*". Er spricht von der Zustimmung des nichtchristlichen Partners, das ganz alltägliche Leben mit einem Christen zu teilen.

Wir werden uns also ganz praktisch fragen müssen, wie die Freizeitgestaltung, der Umgang mit dem Geld, der Umgang mit der Sexualität oder die Kindererziehung aussehen sollen. Wird es mir möglich sein, gebunden an diesen Partner, *mit meinem* Leben *völlig für Gott* und seine Ziele verfügbar zu sein? Abstriche werden sich kaum vermeiden lassen. Ein Weg in die Mission z.B. wird wohl nicht möglich sein. Das sind Entscheidungen, die sorgfältig bedacht sein müssen. In einer schon bestehenden Freundschaft ist ein offenes, faires, rücksichtsvolles Gespräch über diese Themen nötig. Der Rat eines Seelsorgers hierzu ist kostbar.

Fazit:

Für die Bibel sind Ehe und Partnerwahl unmittelbar mit der Lebensentscheidung für den lebendigen Gott verbunden. Sie weiß um die klare Grenze zwischen Glaube und Unglaube und misst ihr eine grundlegende Bedeutung für die Suche nach dem Lebenspartner zu. Und doch errichtet die Bibel keine neue Standesgrenze. Die Grenze, die hier gezogen wird, ist nicht menschlicher Art. Die Grenze ist Jesus selbst.

Dietrich Bonhoeffer

Traupredigt aus der Zelle
Mai 1943[1]

Eph 1,12: „... dass wir etwas seien zum Lob seiner Herrlichkeit."

Ein Brautpaar hat das Recht darauf, den Tag der Hochzeit mit dem Gefühl eines unvergleichlichen Triumphes zu begrüßen und zu begehen. Wenn alle Schwierigkeiten, Widerstände, Hindernisse, Zweifel und Bedenken – nicht in den Wind geschlagen, aber ehrlich ausgestanden und überwunden sind – und es ist sicher gut, wenn nicht alles gar zu selbstverständlich geht –, dann haben die beiden in der Tat den entscheidenden Triumph ihres Lebens errungen. Mit dem Ja, das sie zueinander gesprochen haben, haben sie ihrem ganzen Leben in freier Entscheidung eine neue Wendung gegeben; sie haben allen Fragen und Bedenklichkeiten, die das Leben jeder dauernden Verbindung zweier Menschen entgegenstellt, in froher Gewissheit Trotz geboten und sich in eigener Tat und Verantwortung ein Neuland für ihr Leben erobert. Etwas von dem Jubel darüber, dass Menschen so große Dinge tun können, dass ihnen eine so unermessliche Freiheit und Gewalt gegeben ist, das Steuer ihres Lebens in die Hand zu nehmen, muss bei jeder Hochzeit durchklingen. Es muss etwas von dem berechtigten Stolz der Erdenkinder, ihres eigenen Glückes Schreiner sein zu dürfen, in dem Glück eines Brautpaares liegen.

Es ist nicht gut, hier allzu schnell und ergeben von Gottes Willen und Führung zu reden. Es ist zunächst einfach und nicht zu übersehen euer ganz und gar menschlicher Wille, der hier am Werk ist und der hier seinen Triumph feiert; es ist zunächst durchaus euer selbstgewählter Weg, den ihr beschreitet; es ist auch nicht in erster Linie ein frommes, sondern ein durch und durch weltliches Ding, das ihr getan habt und tut. Darum tragt auch ihr selbst und allein die Verantwortung dafür, die euch kein Mensch abnehmen kann; genauer gesagt, dir, Ehepaar, ist die ganze Verantwortung für das Gelingen eures Vorhabens mit all dem Glück, das eine solche Verantwortung in sich schließt, auferlegt. Es wäre eine Flucht in falsche Fröm-

---

[1] Aus: BETHGE, E. (Hrsg.), *Widerstand und Ergebung. Briefe und Aufzeichnungen aus der Haft.* München 1951. Mit freundlicher Genehmigung des *Gütersloher Verlagshauses.* – Zitiert ist nach: Siebenstern-TB 1, [2]1965, S. 31-37; Bearbeitung vom Herausgeber.

migkeit, wenn ihr nicht heute zu sagen wagtet: es ist *unser* Wille, es ist *unsere Liebe*, es ist *unser* Weg. „Eisen und Stahl, sie mögen vergehen, *unsere* Liebe bleibt ewig bestehen." Dieses Verlangen nach der irdischen Glückseligkeit, die ihr ineinander finden wollt und die darin besteht, dass – mit den Worten des mittelalterlichen Liedes – einer des andern Trost ist nach Seele und Leib, dieses Verlangen hat sein Recht vor Menschen und vor Gott.

Gewiss habt gerade ihr beide – wenn irgend jemand – allen Grund, mit einer Dankbarkeit sondergleichen auf euer bisheriges Leben zurückzublicken. Ihr seid mit den Freuden und Schönheiten des Lebens geradezu überschüttet worden, es ist euch alles gelungen, es ist euch die Liebe und die Freundschaft der Menschen um euch herum zugefallen, eure Wege waren meist geebnet, ehe ihr sie betratet, in jeder Lebenslage konntet ihr euch durch eure Familien und Freunde geborgen wissen, jeder hat euch nur Gutes gegönnt, und schließlich habt ihr euch finden dürfen und seid heute ans Ziel eurer Wünsche geführt. – Ihr wisst es selbst, dass sich ein solches Leben kein Mensch aus eigener Kraft schaffen und nehmen kann, sondern dass es dem einen gegeben wird, dem andern versagt bleibt, und das ist es, was wir Gottes Führung nennen. So groß also heute euer Jubel darüber ist, dass euer Wille, euer Weg zum Ziel gekommen ist, so groß wird auch eure Dankbarkeit sein, dass Gottes Wille und Gottes Weg euch hierher geführt hat, und so zuversichtlich ihr heute die Verantwortung für euer Tun auf euch nehmt, so zuversichtlich dürft und werdet ihr sie heute in Gottes Hände legen. Indem Gott heute zu eurem Ja sein Ja gibt, indem Gottes Wille in euren Willen einwilligt, indem Gott euch euren Triumph und Jubel und Stolz lässt und gönnt, macht er euch doch zugleich zu Werkzeugen seines Willens und Planes mit euch und mit den Menschen. Gott sagt in der Tat in unbegreiflicher Herablassung sein Ja zu eurem Ja; aber indem er das tut, schafft er zugleich etwas ganz Neues: er schafft aus eurer Liebe – den heiligen Ehestand.

Gott führt eure Ehe.

Ehe ist mehr als eure Liebe zueinander. Sie hat höhere Würde und Gewalt; denn sie ist Gottes heilige Stiftung, durch die er die Menschen bis ans Ende der Tage erhalten will. In eurer Liebe seht ihr euch beide nur allein auf der Welt, in der Ehe seid ihr ein Glied in der Kette der Geschlechter, die Gott zu seiner Ehre kommen und vergehen lässt und zu seinem Reich ruft; in eurer Liebe seht ihr nur den Himmel eures eigenen Glückes, durch die Ehe seid ihr verantwortlich in die Welt und die Verantwortung der Menschen hineingestellt; eure Liebe gehört euch allein und persönlich, die Ehe ist etwas Überpersönliches, sie ist ein Stand, ein Amt. Wie die Krone den König macht und nicht schon der Wille zu herrschen, so macht die Ehe und nicht schon eure Liebe zueinander euch zu einem Paar vor Gott und vor den Menschen. Wie ihr den Ring erst euch selbst gegeben habt und ihn noch einmal aus der Hand des Pfarrers empfangt, so kommt die Liebe aus euch, die Ehe von oben, von Gott. Soviel höher Gott ist als der Mensch, soviel höher ist die Heiligkeit, das Recht und die Verheißung der Ehe als die Heiligkeit, das Recht und die Verheißung der Liebe. Nicht eure Liebe trägt die Ehe, sondern von nun an trägt die Ehe eure Liebe.

Gott macht eure Ehe unauflöslich.

„Was Gott zusammengefügt hat, das soll der Mensch nicht scheiden" (Mt 19,6). Gott fügt euch in der Ehe zusammen; das tut nicht ihr, sondern das tut Gott. Verwechselt eure Liebe zueinander nicht mit Gott. Gott macht eure Ehe unauflöslich, er schützt sie vor jeder Gefahr, die ihr von außen oder innen droht; Gott will der Garant ihrer Unauflöslichkeit sein. Es ist eine beglückende Gewissheit für den, der das weiß, dass keine Macht der Welt, keine Versuchung, keine menschliche Schwachheit auflösen kann, was Gott zusammenhält; ja, wer das weiß, darf getrost sagen: was Gott zusammengefügt hat, das *kann* der Mensch nicht scheiden. Frei von aller Bangigkeit, die der Liebe immer innewohnt, dürft ihr in Gewissheit und voller Zuversicht nun zueinander sagen: Wir können einander nie mehr verloren gehen, wir gehören einander durch Gottes Willen bis zum Tod.

Gott gründet eine Ordnung, in der ihr in der Ehe miteinander leben könnt.

„Ihr Frauen, seid untertan euren Männern, in dem Herrn, wie sich's gehört. Ihr Männer, liebet eure Frauen" (Kol 3,18f). Mit eurer Ehe gründet ihr ein Haus. Dazu bedarf es einer Ordnung, und diese Ordnung ist so wichtig, dass Gott selbst sie setzt, weil ohne sie alles aus den Fugen ginge. In allem seid ihr frei bei der Gestaltung eures Hauses, nur in einem seid ihr gebunden: die Frau sei dem Manne untertan, und der Mann liebe seine Frau. Damit gibt Gott Mann und Frau die ihnen eigene Ehre. Es ist die Ehre der Frau, dem Manne zu dienen, ihm eine *Gehilfin* zu sein – wie es in der Schöpfungsgeschichte heißt (1 Mo 2,20) –, und es ist die Ehre des Mannes, seine Frau von Herzen zu lieben. Er „wird Vater und Mutter verlassen und an seinem Weibe hangen" (Mt 19,5), er wird sie „lieben wie sein eigenes Fleisch".

Eine Frau, die über ihren Mann herrschen will, tut sich selbst und ihrem Manne Unehre, ebenso wie ein Mann durch mangelnde Liebe zu seiner Frau sich selbst und seiner Frau Unehre zufügt, und beide verachten die Ehre Gottes, die auf dem Ehestand ruhen soll. Es sind ungesunde Zeiten und Verhältnisse, in denen die Frau ihren Ehrgeiz darin sucht, zu sein wie der Mann, und der Mann in der Frau nur das Spielzeug seiner Herrschsucht und Freiheit erblickt. Es ist der Beginn der Auflösung und des Zerfalls aller menschlichen Lebensordnungen, wenn das Dienen der Frau als Zurücksetzung, ja als Kränkung ihrer Ehre, und die ausschließliche Liebe des Mannes zu seiner Frau als Schwäche oder gar als Dummheit angesehen wird. Der Ort, an den die Frau von Gott gestellt ist, ist das Haus des Mannes.

Was ein Haus bedeuten kann, ist heute bei den meisten in Vergessenheit geraten, uns anderen aber ist es gerade in unserer Zeit besonders klar geworden. Es ist mitten in der Welt ein Reich für sich, eine Burg im Sturm der Zeit, eine Zuflucht, ja ein Heiligtum; es steht nicht auf dem schwankenden Boden der wechselnden Ereignisse des äußeren und öffentlichen Lebens, sondern es hat seine Ruhe in Gott, das heißt, es hat von Gott seinen eigenen Sinn und Wert, sein eigenes Wesen und Recht, seine eigene Bestimmung und Würde.

Es ist eine Gründung Gottes in der Welt, der Ort, an dem – was auch in der Welt vorgehen mag – Friede, Stille, Freude, Liebe, Reinheit, Zucht, Ehrfurcht, Gehorsam, Überlieferung und in dem allem – Glück wohnen soll. Es ist die Berufung und das Glück der Frau, diese Welt in der Welt dem Manne aufzubauen und in ihr zu wirken. Wohl ihr, wenn sie erkennt, wie groß und reich diese ihre Bestimmung und Aufgabe ist.

Nicht das Neue, sondern das Bleibende, nicht das Wechselnde, sondern das Beständige, nicht das Laute, sondern das Stille, nicht die Worte, sondern das Wirken, nicht das Befehlen, sondern das Gewinnen, nicht das Begehren, sondern das Haben – und dies alles beseelt und getragen von der Liebe zum Manne –, das ist das Reich der Frau.

In den *Sprüchen Salomos* heißt es: „Ihres Mannes Herz darf sich auf sie verlassen, und Nahrung wird ihm nicht mangeln. Sie tut ihm Liebes und kein Leides ihr Leben lang. Sie geht mit Wolle und Flachs um und arbeitet gerne mit ihren Händen. Sie steht vor Tage auf und gibt Speise ihrem Hause und Essen ihren Mägden. Sie breitet ihre Hände aus zu dem Armen und reicht ihre Hand dem Dürftigen. Kraft und Schöne sind ihr Gewand, und sie lacht des kommenden Tages. Ihre Söhne stehen auf und preisen sie selig; ihr Mann lobt sie. Viele Töchter halten sich tugendsam, aber du übertriffst sie alle." (Spr 32,11f).

Das Glück, das der Mann in einer rechten oder, wie es in der Bibel heißt, „tugendsamen", „klugen" Frau findet, wird in der Bibel immer wieder als das höchste irdische Glück überhaupt gepriesen. „Die ist viel köstlicher als die köstlichsten Perlen." (Spr 31,10). „Eine tugendsame Frau ist eine Krone ihres Mannes." (Spr 12,4). Ebenso offen aber spricht die Bibel von dem Unheil, das durch eine verkehrte, „törichte" Frau über den Mann und das ganze Haus kommt.

Wenn nun der Mann als das Haupt der Frau bezeichnet wird und sogar unter dem Zusatz „gleichwie Christus ist das Haupt der Gemeinde" (Eph 5,23), so fällt damit auf unsere irdischen Verhältnisse ein göttlicher Abglanz, den wir erkennen und ehren sollen. Die Würde, die dem Mann hier zugesprochen wird, liegt nicht in seinen persönlichen Fähigkeiten und Anlagen, sondern in seinem Amt, das er mit seiner Ehe empfängt. Mit dieser Würde umkleidet soll ihn die Frau sehen. Ihm selbst aber ist diese Würde höchste Verantwortung.

Als das Haupt trägt er die Verantwortung für die Frau, für die Ehe und für das Haus. Ihm fällt die Sorge und der Schutz für die Seinen zu, er vertritt sein Haus gegenüber der Welt, er ist der Halt und Trost der Seinen, er ist der Hausmeister, der ermahnt, straft, hilft, tröstet und der für sein Haus vor Gott steht. Es ist gut, weil göttliche Ordnung, wenn die Frau den Mann an seinem Amte ehrt und wenn der Mann seines Amtes wirklich waltet. „Klug" sind der Mann und die Frau, die die Ordnung Gottes erkennen und halten; „töricht" ist, wer meint, an ihre Stelle eine andere, dem eigenen Willen und Verstand entspringende Ordnung setzen zu können.

Gott hat auf die Ehe einen Segen und eine Last gelegt.

Der Segen ist die Verheißung der Nachkommenschaft. Gott lässt die Menschen teilnehmen an seinem immerwährenden Schaffen; aber es ist doch immer Gott selbst, der eine Ehe mit Kindern segnet. „Kinder sind eine Gabe des Herrn" (Ps 127,3), und als solche sollen wir sie erkennen. Von Gott empfangen die Eltern ihre Kinder, und zu Gott sollen sie sie wieder führen. Darum haben die Eltern göttliche Autorität gegenüber ihren Kindern. LUTHER spricht von der „güldenen Kette", die Gott den Eltern umlegt, und das Halten des vierten Gebots hat nach der Schrift die besondere Verheißung eines langen Lebens auf Erden.

Weil und solange aber die Menschen auf Erden leben, hat Gott ihnen eine Erinnerung daran gegeben, dass diese Erde unter dem Fluch der Sünde steht und nicht das Letzte ist. Über der Bestimmung der Frau und des Mannes liegt der dunkle Schatten eines göttlichen Zorneswortes, liegt eine göttliche Last, die sie tragen müssen. Die Frau soll ihre Kinder mit Schmerzen gebären, und der Mann soll in seiner Sorge für die Seinen viele Dornen und Disteln ernten und seine Arbeit im Schweiße des Angesichts tun. Diese Last soll Mann und Frau dazu führen, zu Gott zu rufen, und sie an ihre ewige Bestimmung in seinem Reiche zu erinnern. Die irdische Gemeinschaft ist nur ein Anfang der ewigen Gemeinschaft, das irdische Haus ein Abbild des himmlischen Hauses, die irdische Familie ein Abglanz der Vaterschaft Gottes über alle Menschen, die vor ihm Kinder sind.

Gott schenkt euch Christus als den Grund eurer Ehe.

„Nehmet euch untereinander auf, gleichwie euch Christus aufgenommen hat zu Gottes Lobe" (Röm 15,7). Mit einem Worte: Lebt miteinander in der Vergebung eurer Sünden, ohne die keine menschliche Gemeinschaft, erst recht keine Ehe bestehen kann. Seid nicht rechthaberisch gegeneinander, urteilt und richtet nicht übereinander, erhebt euch nicht übereinander, schiebt nie einander die Schuld zu, sondern nehmt euch auf, wie ihr seid, und vergebt einander täglich und von Herzen.

Vom ersten Tage einer Ehe an bis zum letzten muss es gelten: Nehmet euch untereinander auf ... zu Gottes Lobe. –

So habt ihr Gottes Wort über eure Ehe gehört. Dankt ihm dafür, dankt ihm, dass er euch bis hierher geführt hat, bittet ihn, dass er eure Ehe gründe, festige, heilige und bewahre; so werdet ihr in eurer Ehe „etwas sein zum Lobe seiner Herrlichkeit". Amen.

IV. Die Freiheit – Warum Leben gestaltet werden muss

Carl Heinz Ratschow

Die Freiheit aus der triebverfallenen Weltentfremdung – Über das Sittliche[1]

Der Mensch hat seinen Grundkontakt zu seiner Umwelt, wie auch Pflanze und Tier, darin, dass der Zwang, seine Bedürfnisse zu befriedigen, ihn dieser seiner Umwelt anweist. Er muss essen, und damit ist er seiner Umwelt in bestimmter Weise zugewendet. Er muss trinken. Er braucht die Höhle als Unterschlupf oder die künstliche Blätterwand als Dach oder Windschirm. Der Mensch bedarf seiner Umwelt.

I. Das Problem der Daseinsbewältigung
(Antriebsmomente und Erotik)

Eng ist er ihr verflochten, und dennoch – er als Mensch steht ihr gegenüber. Seine Angewiesenheit auf die Umwelt teilt der Mensch mit Pflanze und Tier. Seine Entfremdung von dieser Umwelt und seine Instinktunsicherheit aber scheiden ihn in seinem Umweltverhalten von den Pflanzen wie von den Tieren. Der Brückenschlag zu seiner Umwelt ist das zentrale

---

[1] Aus: Ethische Studien. Aus dem Kolleg: „Ethik", Teil 1, Wintersemester 1979/80. In: Von der Gestaltwerdung des Menschen. Beiträge zu Anthropologie und Ethik. (KELLER-WENTORF, CH.; REPP, M. [Hrsg.]). Berlin: 1987. S. 17ff; hier: S. 31–38 und 39–41. Mit freundlicher Genehmigung des Autors. – Überschrift des Beitrags, Zwischenüberschriften und Bearbeitung vom Herausgeber. Dieser Beitrag ist in der Vorlesung wie folgt eingeordnet:
A. Das sittliche Geschehen in seiner Materialität
II. Bedürfniszwang und Gestaltfreiheit
1. Der Tatbestand des humanen Sittlichen
2. Freisetzung und Funktion

Lebens- und Denkproblem des Menschen. Die Sicherung dieses Brückenschlages stachelt den Menschen zu seinen großen Leistungen in der Daseinsbewältigung an. Seine Instinktunsicherheit und Entfremdung von seiner Umwelt verdankt er seiner Vernunft, die ihn von Pflanze und Tier scheidet und die ihn zugleich aus ihrer Umweltverwobenheit zu ihm eigenen neuen Daseins-Bewältigungen freistellt.

Der Mensch ist auf die Nutzung seiner Umwelt angewiesen. Seine Bedürftigkeit treibt ihn unentwegt an, sich Nahrung und Kleidung, Wohnung und eine Frau zu rauben oder zu kaufen oder zu erarbeiten. Seine Familie aber weitet sich zur Sippe oder zum Clan, und die Sippe bedarf einer Ordnung, und der Stamm, die Stadt und der Staat machen sich im Zusammenschluss um der Sicherheit und Wohlfahrt willen unentbehrlich. Der Mensch lebt seine Bedürftigkeiten in den genannten Richtungen. Diese Antriebswelt heißt man *Erotik*.

Es gibt sehr verschiedenartige Eros-Weisen, wie es verschiedene Bedürftigkeiten gibt. Wenn man sich die Eroslehre LUDWIG KLAGES' zum Beispiel ansieht, dann leuchtet es ein, dass zum Beispiel nicht nur ein Eros lebt, der dem Trinken überhaupt gilt, weil man Durst hat, sondern dass sich die Weisen des Eros – auf Rotwein zum Beispiel – noch spezialisieren. Der Mensch ist aus seiner Antriebswelt auf Grund seiner verschiedenen Bedürftigkeiten seiner Umwelt „erotisch" aufgetan.

Die „Bedürftigkeiten"

Aber, wir müssen uns fragen, wieso denn aus dem Antrieb des Durstes ein Eros oder erotisches Schema wird, das sich auch meldet, wenn kein eigentlicher Durst antreibt. Offenbar ist das beim Tier anders. Das Tier hat Durst, säuft sich satt, und die Sache ist erledigt. Der Mensch macht das im Allgemeinen nicht so. Er hat auch Durst. Aber wie die Sprache deutlich macht, *trinkt* er und säuft nicht. Wenn er Hunger hat, *isst* er und frisst nicht wie ein Tier. Auf diese Unterschiede kommt es offenbar an, denn in ihnen ist das markiert, was das Sittliche ausmacht. In ihnen ist auch das markiert, was den vitalen Antrieb zum Eros werden lässt.

Gehen wir die *Grundbedürftigkeiten* des Menschen einmal durch: Das tiefste und stärkste Antriebsmoment des Menschen gründet wohl in seiner Bedürftigkeit nach dem anderen Geschlecht. Dies ist ein sehr komplexer Bereich, in dem Sexus, Eros und Philia in sehr variablen Formen sich treffen. *Zweitens* stellen wir daneben jene besondere Antriebszone, die Eltern und Kinder verbindet beziehungsweise die Kinder an ihre Eltern bindet. *Drittens* sind es die vitalen Bedürftigkeiten von Essen und Trinken, *viertens* die sich zu kleiden, *fünftens* die zu schlafen beziehungsweise zu wohnen. *Sechstens* ist der Antriebsbereich zu nennen, der dem Menschen Sicherheit und Ordnung zum dringenden Bedürfnis macht und der zu den politischen Zusammenschlüssen führt.

Was geschieht nun eigentlich in diesen Antriebsbereichen oder mit diesen Bedürftigkeiten? Was ist es, so können wir auch fragen, was an ihren Befriedigungen charakteristisch menschlich ist? Das wird vermutlich in den verschiedenen Bereichen auch noch wieder verschieden sein. Sehen wir die sechs Bereiche daraufhin an:

1. Die Ehe

Der Antrieb des Mannes zur Frau oder der Frau zum Manne in seiner ganzen komplexen Struktur wird unter Menschen, solange wir sie beobachten können, so gelebt, dass ein Mann mit einer oder mehreren Frauen, oder auch eine Frau mit einem oder mehreren Männern, eine Ehe begründen und führen. Diese Ehe hat sich nicht aus anfänglichen Formen der Promiskuität erhoben. Sie ist auch nicht aus anfänglicher Monogamie depraviert. Sie ist, soweit wir das beobachten können, als Ein- oder Mehr-Ehe mit all den Querelen und all den hohen Möglichkeiten, die eine Ehe mit sich bringt, mit dem Menschen als typisch menschliche Weise, mit den tiefen Antrieben in der Verbindung von Sexus, Eros und Philia fertig zu werden, dagewesen.

Was ist denn nun das Besondere an dieser offenbar spezifisch menschlichen Lösung des Problems? Das Besondere an der Ehe ist, dass der schweifende Trieb des Mannes an einer Frau festgehalten wird, und dies gilt auch umgekehrt. Es ist dabei nicht so, dass dieses Festhalten von außen käme. Zur Liebeserfahrung zweier Menschen gehört der Impuls: auf ewig! Dieser Impuls, der zur Menschenliebe gehört, schafft sich die Lebenslänglichkeit ehelicher Bindungen.

Das spezifisch Menschliche an der Lösung oder Befriedigung dieser Bedürftigkeit wäre also: Wenn es denn so ist mit Männern, dann laufen sie nicht zur ersten besten, um mit ihr zu schlafen. Dann suchen sie erst einmal „ihre" Partnerin. Und dann rennen sie auch nicht wie wild zusammen. Dann feiern sie erst einmal ein rauschendes Fest, und dabei geloben sie einander Treue, und das gehört „zur Sache". Und dann, nachher können sie ungerügt, wichtiger ist ungefährdet, einander liebhaben.

Was als Ehe oder in einer Ehe geschieht, ist also dies: Die Befriedigung der sexuell-erotischen Bedürftigkeit zweier Menschen wird aus ihrer Augenblickshörigkeit, die sie zum quälenden Partnerwechsel verdammt, befreit und auf Dauer oder Ständigkeit transzendiert. Dies geschieht durch

Gestaltgebung: Die Liebe überschreitet ihre Zeitanfälligkeit zur Gestalt der Ehe. Diese Gestalt erhebt sich als Fest oder aus einem Fest, in dem und durch das sich die Transzendierung der Bedürftigkeit zu ihrer Befriedigung in Gestalt vollzieht. Dieser Vorgang also: „Die Transzendierung der Bedürfnisbefriedigung zur Gestalt" ist das spezifisch Menschliche an diesem vitalen Geschehen. Dieser Vorgang „gestaltet" es, und diesen Vorgang nennen wir das Sittliche an diesem Geschehen.

2. Die Familie

Gehen wir zum zweiten Bereich, der Familie. Es ist lange Zeit die Meinung der Ethiker gewesen – auch heute ist diese Gewohnheit nicht ausgestorben –, sich um die Familie nur als Anhang zur Ehe kümmern zu sollen. Dies ist ein bedauerlicher Fehlansatz, der die ethische Behandlung der Ehe ebenso hemmte, wie er die Erkenntnis des sittlichen Belanges der Familie hinderte. Dieser Sachverhalt ist aber verständlich, denn die Familie, wie sie als spezifischer Eros von Vätern und Müttern zu ihren Kindern und als ebenso spezifischer Eros der Kinder zu ihren Eltern lebt, ist als diese sogenannte Kleinfamilie einerseits lange unter der Großfamilie verborgen geblieben. Oder sagen wir besser, dass sich die Kleinfamilie immer wieder in die Großfamilie aufhob beziehungsweise über sie als tragender wirtschaftlicher oder politischer Faktor von Belang war und beachtet wurde.

Andererseits meinte man, die Familie in die Ehe aufheben zu sollen, da die Ehe den Sinn haben sollte, Kinder hervorzubringen. Beide Aufhebungen von Familie haben wir hinter uns, und wir vermögen die Familie in der Eigenständigkeit ihrer erotischen Bindungen zu erfassen. Diese Bindungen sind ja auch hier hochkomplex. Da ist die mütterliche Bindung an die Kinder andersartig als die väterliche. Die mütterliche Bindung an die Jungen ist wieder andersartig als die an die Mädchen. Und so ist das auch beim Vater. Auch die Bedürftigkeit der Kinder zu den Eltern hat sehr verschiedene Ausprägungen bei Jungen und bei Mädchen jeweils zu den Müttern anders als zu den Vätern.

Die Familie ist an den spezifischen Antrieben und Bedürftigkeiten, die Eltern und Kinder einander anweisen, als spezifisches Geschehen ausgewiesen. Die Familie konsolidiert sich nicht institutionell. Sie ist von der Ehe als Institution getragen. Um so kräftiger aber drückt sich die Familie in einem eigenen Brauchtum aus. Es ist bekannt, dass jede Familie eine ihr eigene und nur ihr voll verständliche Binnensprache ausbildet, die sich aus vielen Bezüglichkeiten auf familiäre Ereignisse anreichert. Das Brauchtum einer Familie umspannt den gesamten Lebensbereich und besitzt eine hohe Prägekraft für das ganze Leben des Menschen. Aufgeschlossenheiten für ganze Lebensbereiche wie Musik oder Handfertigkeiten werden in diesem Brauchtum der Familie ebenso grundgelegt wie Sicherheit im Auftreten und Offenheit.

Das Familienbrauchtum ist eine ganze große Lebensgestalt, die sich in den Familienfesten zusammenfasst. Diese Feste, in denen „sich" die Familie in Geburtstagen, Tauftagen, Weihnachtsfesten und vielen anderen feiert, sind der meist ganz festgelegte, immer „gleich" verlaufende Gestaltkanon der Familie. Schon kleine Kinder – gerade sie – achten auf die Einhaltung der gleichen Abläufe. Dabei geht es nicht um große Aufwendungen, sondern um die wiederkehrende Markierung von Tagen als Ausdruck und Befriedigung der Antriebe, die die Familie binden. Das vielfältig spezifische Brauchtum der Familie schafft den Kindern das „zu Hause". Seine Stabilität bringt die „Nestwärme". Ihrer bedürfen Kinder zur gesunden Reifung. Von ihr gewinnt der Mensch sein Leben lang eine ganz bestimmte frohe Sicherheit.

Man kann den Einfluss dieser Familie als sittliche Gestalt, in der sich die sehr vielartigen Antriebe zwischen Eltern und Kindern zu einem geschlossenen Lebenszyklus im Kreise des Jahres als Familie transzendierend Ausdruck geben, auf die Bildung des Menschen kaum zu hoch werten. Die sittliche Kraft dieser Gestaltung basiert ein Menschenleben.

3. Die Ernährung

Der dritte Antriebsbereich geht aus der vitalen Bedürftigkeit des Menschen, Hunger und Durst zu haben, hervor. Dieser Bereich verbindet den Menschen aufs engste seiner Umwelt. Er ist zur Befriedigung dieser Bedürftigkeit an ihre Pflanzen und Tiere gebunden. In zwei großen Komplexen tritt uns der Mensch hier handelnd entgegen. Einmal das gewaltige Feld der Gewinnung von Essen und Trinken. Dazu gehört die Sammlung, der Fang wie die Kultivierung von Pflanzen und Tieren. Und sodann der Bereich der Gestaltung des Essens und Trinkens selbst.

Wenn wir hier nur bei dem zweiten Komplex bleiben. Soweit wir den Menschen bis in die Frühzeiten seines Daseins beobachten können, sehen wir ihn damit befasst, Ernährung über das bloße Hunger- und Durst-Stillen hinaus als Ess- und Trinksitte gesthaft zu kultivieren. Diese Gestaltung wendet sich einerseits dem Koch-, Ess- und Trinkgerät zu. Die Schmuckkerben am Bambusrohr, die Schmuck-ornamentik am Tontopf zeigt die frühe Überschreitung der bloßen Brauchbarkeit.

Andererseits gilt sie dem Vorgang von Essen und Trinken selbst. Das Essen und Trinken geschieht in Formen und Gestalten, die diesen Vorgang selbst zur „frohen" Gemeinsamkeit und zur Achtsamkeit auf den anderen ausprägen, dass das bloße Sättigen überschritten wird. Das Essen wird zur zentralen Ausdrücklichkeit menschlicher Vollzüge. Wer mit dem Hausherrn aß, trat in seinen Schutz. Das Mahl nimmt eine gewichtige Stellung im Stammes- und Familienleben ein. Zusammen essen, das ist über die Sättigung hinaus die Stiftung von befreiender Gemeinsamkeit.

Die Tischsitte transzendiert die Befriedigung der Bedürftigkeit. Sie erhebt die bloße Nützlichkeit von Essen und Trinken in der Schönheit des Bechers und der Krüge wie im geordneten „Verlauf" des Mahles zur Gestalt. Diesen Vorgang nennen wir das *Sittliche*. In diesem Vorgang verwirklicht sich das Menschliche des Menschen. Die bloße Funktion der Befriedigung vitaler Antriebe wird zur gesitteten, das ist auch zur maßvoll geregelten, Gestaltung überschritten. Wie tief dieser Vorgang der Gestaltung reicht, zeigt die merkwürdige Tatsache, dass man Festmahle halten kann, wo nur die Sitte zelebriert wird. Aber die Gäste stehen hungrig auf. Das Essen als Sättigung tritt völlig zurück.

Und man kann auch dies zeigen: Bescheidenheit wird als sittlicher „Wert" sichtbar. Die sittliche Gestalt des Mahles impliziert offenbar die Möglichkeit des Verzichtes auf volle Sättigung. Das alles sind Hinweise darauf, dass die sittliche Gestalt des Mahles sich gegenüber der vitalen Bedürfnisbefriedigung so viel verselbständigen kann, dass sie sich stärker als der Antrieb erweist!

4. Die Kleidung

Neben Essen und Trinken steht die Notwendigkeit des Menschen, sich zu kleiden. Der Mensch hat diese Notwendigkeit in seinen Mythen immer wieder mit der Frage umkreist, warum er als einziges Wesen nicht von Natur dem Klima und seinen Wirkungen angepasst ist. Er ist offenbar unfertig? Es hat den Menschen stets beschäftigt, wie er mit der Kälte und Nässe durch Bekleidung fertig wird und wo das im tropischen Regenwald nicht so wichtig ist, da ist es der Schutz der Genitalien vor Verletzungen oder auch das Tabu der Genitalien, das ihn auf Bekleidung sinnen lässt.

Es liegt auf der Hand, wie früh und wie total der Mensch die Befriedigung dieses Bedürfnisses transzendierte. Die Probleme der Mode sind sehr alt und offenbar „allzu menschlich". Die Probleme der Mode sind rasch sie selbst. Die Befriedigung der Bedürfnisse des Menschen, sich vor Kälte zu schützen oder mit seiner Scham fertig zu werden, steht in ihrer transzendierten Gestalt der Mode kaum noch zur Debatte. Das sittliche Geschehen der Mode ist zu weiten Teilen ganz es selbst geworden. Seine Probleme von Schönheit und Ethik sind allerdings spezifisch sittliche Probleme, die sich freilich von ihrer Existenzgrundlage in der Bedürfnisbefriedigung immer wieder einmal lösen, um nach einigen Mini-Eskapaden dorthin zurückzukehren.

5. Die Wohnung

Nahe bei dem sittlichen Geschehen von Ehe wie von Tischsitte und Mode liegt das Bedürfnis des Menschen, „behaust" zu sein. Dieses Bedürfnis hat es zunächst einmal mit der Notwendigkeit zu tun, zum Schlafen eine vor Sturm und Regen wie vor Tiger und Wolf geschützte Stelle zu haben. Dieser Ort verleiht die Freiheit von Sorge und Furcht, bannt mit seiner Feuerstelle auch die Angst vor dem Dunkel und seinem Ungefähr, die der Mensch braucht, um schlafen zu können. Der Schlaf ist mehr als die Erfrischung von Kräften und Bewältigung von Müdigkeiten. Der Schlaf repräsentiert für das seiner Welt entfremdete Wesen Mensch eine Phase von Geborgenheit und für das auf Zukunft und Sorge angewiesene Wesen Mensch eine Phase von bloßer Gegenwärtigkeit. Der Schlaf ist der Exponent der Muße, in der der Mensch die gegenwartsoffene Geborgenheit pflegen kann.

Dafür aber bedarf er eines „zu Hause". Der Mensch hat dieses Bedürfnis befriedigt. Er hat sich Wohnungen gebaut. Und er baut sie so, dass er seinen eigenen Charakter in dem Charakter seiner Landschaft zur Gestalt erhebt. Gedrängt von äußerlichen Notwendigkeiten – nur dies oder das Baumaterial zu haben – gestaltet er seine Häuser aus der tiefen Verwobenheit mit seinem Tal oder seiner Düne. Wir wissen ja auch, wie tief dabei das sittliche Geschehen dieser Hausgestalt das Bedürfnis nach jener Muße und Schlafruhe transzendiert, wie viel, wie man so sagt, ganz überflüssige Schönheit in diese Gestalten eingeht und wie sittigend gerade diese Gestaltgebung ist.

6. Die politische Gemeinschaft

Wir können unsere Beobachtungen leicht auf ihre Höhe bringen und auf das Bedürfnis des Menschen, sein Leben mit anderen zusammen nur auf Dauer meistern zu können, anwenden. Die sittlichen Gestalten, zu denen der Mensch dieses sein Bedürfnis transzendiert – der totemistische Clan, der Stamm, die Stadt, der Staat –, zeigen an allererster und hervorragender Stelle die Merkmale sittlicher Gestaltung. Ihre Gestalthaftigkeit oder Institutionalität umgreift die vielen Bedürfnisse ihrer Menschen, sichert ihre Befriedigung auf Dauer hin und fasst sich in den zentralen Hoch-Festen zusammen, konsolidiert sich als dieser Stamm, diese Stadt oder dieser Staat in und aus diesen Festen und bedarf ihrer.

Wir können auch hier beobachten, wie dieses sittliche Geschehen – als Transzendierung einer Bedürfnisbefriedigung zur Gestalt – sich selbst total setzt. Da ist das Zelebrieren des Staates als Staat dann plötzlich es selbst geworden, und die ihn möglich und nötig machende Bedürftigkeit des Menschen, auf Dauer in Sicherheit sein eigenes Leben meistern zu können, ist vergessen. –

In den sechs Ausprägungen von Ehe und Familie, Ernährung und Kleidung, Wohnung und politischer Gemeinschaft sind die Bereiche des sittlichen Handelns des Menschen charakterisiert. In diesen sechs Bereichen gestaltet der Mensch sein Leben und Sterben.

Das sittliche Geschehen

In ihnen allen ist er sich als Mensch sittliche Aufgabe. Er bewältigt sein Dasein, in dem er die vitale Welt seiner Antriebe zur „gestaltenden" Erfüllung ihrer Bedürftigkeiten überschreitet. An dem, was wir in den sechs Gestaltungsbereichen sehen, können wir klären, was wir als *Erfüllung des Menschlichen im sittlichen Vollzug* bemerken. Der sittliche Vollzug stellt sich in allen sechs Bereichen so dar: Der Mensch ist damit befasst, seine vitale Bedürftigkeit nicht nur als solche zu befriedigen, sondern ihre Befriedigung zu transzendieren in der Erhebung zur *Gestalt*.

Der Mensch bewältigt sein Dasein mit Hilfe dieser Gestalten. Aber er schafft sie nicht nur zweckgerecht. Er verleiht ihnen – und das nennen wir das Sittliche – festliche Ausdrücklichkeit. Diese Festlichkeit begründet nicht nur ein Haus oder einen Stadtstaat als Initiation bis heute. Sie verziert nicht nur das Trinkgefäß und den Umhang. Sie kultiviert des Daseins Zwänge. Das heißt wohl zumal, dass sie den Menschen mitten in seiner Bedürftigkeit freisetzt, dieser Bedürftigkeit „Herr zu werden", ihrer Befriedigung aus dieser Freisetzung heraus nicht nur zweckgerechte, sondern spielerische, schöne, freudevolle Gestalt zu geben.

Dieses Geschehen, das wir *sittliches Geschehen* nennen, umfasst alle Lebensäußerungen des Menschen. Sie lassen sich den genannten sechs Komplexen einordnen, und die bäuerliche Arbeit hat darin ihren sittlichen Ort wie das ärztliche Tun. Dabei ist zu bemerken, dass also nicht einfach die Kultur als sittliches Geschehen anzusprechen ist. Man könnte geneigt sein, diesen etwas unscharfen Begriff auf die genannten Komplexe anzuwenden. Wir würden sagen, an der Kultur ist das sittlich, worin sie als Hausbau oder Mode den Vorgang der Transzendierung bestimmter Bedürfnisbefriedigung zur Gestalt darstellt.

Hierin ist auch ein Kriterium enthalten, um die Grenzen sittlichen Geschehens zu bestimmen. Wir haben erwähnt, dass dieses sittliche Geschehen den Menschen gegenüber den Zwängen seiner Bedürfnisse freisetzt. Wir haben auch beobachtet, dass die sittlichen Gestalten wie Mode, Staat und Esssitte sich so verselbständigen können, dass der Staat seine Bürger nicht mehr fördert und sichert, dass die Mode den Menschen frieren lässt und die Esssitte ihn hungrig von der Tafel aufstehen lässt.

In diesen Fällen ist die Freisetzung des Menschen offenbar ausgewuchert und verkehrt das Sittliche in nichtigen Unsinn beziehungsweise völlige Lebensferne oder bloße Formalität. Der Grundsatz der *fin-de-siècle*-Kunst um 1890 zum Beispiel das *l'art pour l'art*, ist für ein Ethos der Kunst offenbar so eine Grenzbestimmung. Das sittliche Geschehen dient der Bedürfnisbefriedigung. Wo es nur sich selbst zelebriert, da ist es in der Entartung begriffen. Das gilt für die Mode wie für den Wohnungsbau, für die Ehe wie für den Staat.

II. Das sittliche Geschehen „Ehe"

[...] Die Ehe ist nicht nur eine Einrichtung, damit ein Mann und eine Frau ungerügt miteinander schlafen können. Freilich, die Liebe zwischen Mann und Frau ist sowieso viel umfassender und erstreckt sich mit ihren zentralen Belangen nicht nur auf die Sexualität. Aber gleichwohl sind die Beziehungen von Mann und Frau alle in bestimmter Weise auch stets sexuell bestimmt. Also die Ehe ist, ganz analog zur Tischsitte, sehr viel anderes als die Befriedigung der Sexualität.

Ehe und Liebe

Die Freude, die in einer glücklichen Ehe lebt, ist ganz etwas anderes als das sexuelle Vergnügen. Diese tiefe Freude zweier Eheleute aneinander und füreinander umfasst das geistige und seelische Dasein ebenso wie das Leibhafte. Zumal, diese beiden Menschen sind als Eheleute nicht mehr fixiert auf die sexuelle Befriedigung. Sie sind gerade in dieser Hinsicht durch die Transzendierung ihrer akuten Leidenschaft auf Dauer freigesetzt dazu, auch ganz anders für einander dazusein. So wird die Ehe zur wirtschaftlichen, geistigen und politischen Handlungsgemeinschaft, die von größtem öffentlichen Interesse ist.

Dieser eminent wichtige Bereich ehelichen Daseins als öffentliches Handeln – zumal ja auf jeden Fall als wichtigster Konsum- und Wirtschaftsfaktor – ist nun aber nichts an sich. Dieses sittliche Geschehen „Ehe" ist solange sittlich verantwortlich, solange sie eine Gestalt der Liebe der beiden

Menschen ist und bleibt. Diese sogenannte „Liebe" kann und wird sich im Laufe der Jahre sehr verändern. Sie kann eines Tages völlig auf die sexuelle Seite verzichten, denn andere tief beglückende Gemeinsamkeiten sind gewachsen, deren Verwirklichung viel wesentlicher ist als alles Sexuelle. Also die Liebe, die sich zur Ehe transzendiert, kann und wird sich im Laufe einer Ehe sehr verwandeln. Aber wo zwischen den beiden Menschen von „Liebe" nichts mehr zu spüren ist, da ist die Ehe als sittliches Geschehen zu Ende. Daran ändern auch Möbelgemeinschaft und andere Äußerlichkeiten nichts.

Das Zerbrechen der sittlichen Gestalt „Ehe"

Wenn die Ehe als sittliche Gestalt nicht mehr existiert, dann ist freilich, wenn Kinder da sind, die Familie noch nicht aufgehoben. Das heißt, wo eine Ehe Kinder hat, stehen die beiden Menschen, wie wir bemerkten, in einem ganz neuartigen sittlichen Geschehen – der Familie. In dieser sittlichen Gestalt Familie ist die Liebe der Eltern zueinander nicht konstitutiv, sondern das Verhältnis zu den Kindern und das Verhältnis der Kinder zu den Eltern. Das aber ist ein ganz eigener Eros. Die Frage einer als sittliche Gestalt zerfallenen Ehe muss, wenn Kinder da sind, vor ihrer Auflösung auf die sittliche Anforderung der Familie eigens befragt werden. Eine Mutter oder ein Vater allein mit Kindern ist keine Familie!

Die Zerrüttung der Ehe muss nicht zur Zerstörung der Familie führen. Nun ist aber zu sagen, dass zwei Eheleute, die einander nichts mehr bedeuten, auch als „Eltern" nicht fungieren werden. Das ist wohl wahr. Aber sollte da nicht doch in den meisten Fällen ein sittlich verantwortbarer Weg sein, die Familie zu retten, wenn die Ehe nicht mehr existiert? Die Mütter wie die Väter sind für die Kinder wichtig, auch wo ihre eheliche Gemeinschaft sie untereinander nicht mehr bindet.[2] [...]

Sittlichkeit: die Freisetzung aus der triebverfallenen Weltentfremdung

Das sittliche Geschehen transzendiert die reine Funktionalität der Triebbefriedigung. Es erhebt den Menschen über die Unmittelbarkeit der Zwänge

---

[2] Das Schwierige an diesen Problemen ist ja, dass die meisten Ehen, die geschieden werden, nicht an innerer Zerrüttung scheitern, sondern an der berühmten dritten Person. D. h., sie scheitern an ganz simpler Untreue. Das sagt man heute so nicht mehr gerne, wahrscheinlich weil man entdeckte, dass auch Eheleute ein „Recht" auf körperliche Befriedigung haben. Im Falle der berühmten dritten Person kann man die Frage der Erhaltung der Familie nicht so einfach „lösen".

des Triebhaften. Das sittliche Geschehen eröffnet dem Menschen eine bestimmte Freisetzung von der Triebhörigkeit in der Vermittlung, die durch Ehe, Familie, Tischsitte, Mode, Haus und Staat dargestellt ist.

Auf das *Gestalten* in seiner Vermittlerrolle kommt es offenbar an. Man kann das daran sehen, dass in Zeiten starker zivilisatorischer Selbstüberschätzung der sittlichen Gestaltungen der Ruf nach Natürlichkeit und der Ruf zum einfachen Leben laut wird. Diese Parolen haben niemals viel erreicht. Ihre Richtung führt ja auch an dem vorbei, worauf es im Es geht um einen Vorgang, in dem dem Menschen, der *in puris naturalibus* ebenso triebverfallen wie weltentfremdet ist, die Vermittlungsgestalten zukommen, die es ihm erlauben, sein Dasein zu bewältigen, ohne zwischen den beiden Polen seiner triebverfallenen Weltentfremdung hin und her zu taumeln. Diese Gestalten wachsen aus dem Fest und eröffnen in ihrer Augenblicks-Überlegenheit ein Stück Freiheit. Sie erweisen den Menschen als ein seiner Lebens-*Funktionalität* überlegenes Wesen.

Gotthold Müller

Braucht „Leiblichkeit" Normen?[1]

Man kann über den menschlichen Leib unter ganz verschiedenen, sich teilweise ergänzenden oder auch widersprechenden oder gar ausschließenden Perspektiven sprechen: unter einer materialistischen, idealistischen, einer biologischen oder biologistischen, einer künstlerisch-ästhetischen oder einer spiritistisch-antileiblichen Voraussetzung und Zielvorstellung. Wenn wir hier über den *biblischen* Sinn des Leibes nachdenken wollen, so beschränken wir uns (im Prinzipiellen wenigstens) auf jene Perspektive, die uns die biblische Botschaft in ihrer Gesamtheit für die Betrachtung, Wertung und Würdigung des menschlichen Leibes an die Hand gibt.

I. Warum Gott den Leib schuf

Zuerst wird man davon ausgehen müssen, dass es in der Bibel explizit grundsätzlich so etwas wie eine „Lehre vom Leibe" nicht gibt, ja nicht geben kann. Und zwar deswegen, weil ihre Botschaft immer den ganzen Menschen und seine Beziehung zu Gott, Mitmenschen und Welt im Auge hat. Einzelnes kann hier nie aus sich selber, sondern immer nur vom Ganzen her gesehen und begriffen werden.

Die moderne theologische Arbeit hat uns sehen und erkennen gelehrt, dass die Grundstruktur des biblischen Welt- und Menschenverständnisses nicht in irgendeinem Naturbegriff und den daraus abzuleitenden Einzelgesichtspunkten zu suchen ist, sondern nur in dem gefunden werden kann, was ich *Geschichts-Erfahrung* nennen würde. Überall in der Bibel ist der Mensch primär ein Wesen, das *Erfahrungen* macht.[2] Erfahrungen macht man aber

---

[1] Aus: *Verantwortliches Leben. Grundfragen christlicher Ethik.* Stuttgart: 1973. S. 146-150, 151-153, 154-157 und 161-163. Mit freundlicher Genehmigung des *Steinkopf-Verlags*, Stuttgart. – Überschrift, Zwischenüberschriften und Bearbeitung vom Herausgeber. Dieser Beitrag ist im Buch wie folgt eingeordnet:
IV.   Leibhaftigkeit als Medium der Verantwortung
1.   Medium verantwortlicher Beziehung. Vom biblischen Sinn des Leibes
2   ‚Ewige' und starre ‚Normen' oder Verantwortlichkeit? (Sexualität und Norm)
       1.   Sexualität
       3.   Die Zuordnung von Sexualität und Norm
[2] Die Verwerfung der *Erfahrung* durch die frühe dialektische Theologie und viele ihrer geistig kleinkrämerischen epigonenhaften Nachbeter war zweifelsohne eine der allergrößten Dummheiten der christlichen Theologiegeschichte!

in Israel primär nicht an der Natur, sondern in der Geschichte, in jenem Raum, in dem Gott wirkt und handelt, sich als der Lebendige, Heilige, Liebende, Strafende oder Rettende erweist.

Was Israel relativ spät (etwa in 1 Mose 1) zur „Natur" zu sagen hat, ist nichts anderes als eine Anwendung dieses Geschichtsglaubens auch auf die Natur. Verstand der Geschichtsglaube den Menschen als in seiner Totalität auf die Partnerschaft mit Gott hin entworfen, in die Beziehung zu Gott gerufen (vgl. Abraham, 1 Mose 12), so konnte die späte Einbeziehung der „menschlichen Natur" (ein Ausdruck, den man unmöglich ins Hebräische übersetzen kann!) in diesen Geschichtsglauben nichts anderes bedeuten, als dass auch der *ganze* Mensch in seinem Werden, Wandel und Sein auf Gott bezogen beziehungsweise von Gott hergeleitet wurde. Eine Unterscheidung und verschiedene Bewertung von *Leib* und *Seele* ist dabei völlig ausgeschlossen und kann gar nicht erst in den Blick kommen.

Was im Raum der Geschichte das einmalig-unverwechselbar-kontingente Handeln Gottes an einzelnen Menschen oder an seinem Volk bedeutete und aussagte, nämlich die zeit-, orts- und erdgebundene *Konkretion*, musste sich zwangsläufig im „Medium" der als Geschichte gedeuteten Natur dahingehend auswirken, dass hier die „Materialität" und Sinnenfälligkeit des menschlichen Leibes der geschichtlichen Konkretion des Glaubens an Gottes Heilshandeln entsprach.

Mit anderen Worten ausgedrückt: Im Heils- und Geschichtsglauben Israels ist die Einbeziehung und Hochbewertung des menschlichen Leibes in seiner irdischen Konkretion nicht etwa ein unbedeutendes Nebenprodukt, sondern ein unaufgebbares und unumgängliches Entsprechungsmerkmal. Wer den menschlichen Leib leugnen wollte, würde im Letzten Gottes Handeln in Geschichte und Natur leugnen und damit Gott selbst in Frage stellen.

„Leibfeindlichkeit": nicht biblisch

Der Leibgedanke und seine positive Bewertung sichert in der Bibel nicht nur die Konkretion von Gottes Handeln, sondern er ist geradezu die unerlässliche Voraussetzung für dieses. Während in den asiatischen Religionen die Impersonalität an der Tabellenspitze aller religiösen Erwartungen und Hoffnungen steht (*Nirvana* = Verwehen), während dort Lichtpartikel „ausfließen" und „zurückfließen", aus einem „Urmeer" kommen und in dieses zurückkehren, lässt die Bibel Gott und Mensch immer und überall in einem echten Gegenüber erscheinen, in dem sich zwei *Partner* begegnen, die durch je eigenes Wort und eigenen Willen scharf voneinander unterschieden sind (aber gerade deswegen in der denkbar engsten Beziehung zueinander stehen). Der Leibgedanke sichert hier mehr, als man für gewöhnlich denkt: Er gehört zu den konstitutiven Voraussetzungen der klar umschriebenen Gottesbeziehung der Menschen. Gott schafft sich als Gegenüber keine profillosen Gespenster, sondern Menschen mit Augen, Ohren, mit Mund, Nase, Armen, Füßen, mit vielen Passionen (Leidenschaften). Der norwegische Theologe THORLEIF BOMANN hat das in seinem sehr bemerkenswerten Buch *Das hebräische Denken im Vergleich mit dem Griechischen* unübertrefflich sachgemäß so formuliert: „Auch für die Israeliten fing die Schönheit im Sinnlichen an. *Schön* ist zuerst, was seine Bestimmung und seinen Zweck erfüllt; wenn ein Ding so ist, wie es sein sollte, ist es schön. *Schön* und *gut* sind demnach Synonyme."[3]

Der menschliche Leib in seiner vollen Sinnlichkeit ist hier *eine* Realisierungsweise dessen, wozu der Mensch als ganzer berufen ist: er soll „seine Bestimmung und seinen Zweck erfüllen". Auf dem Hintergrund dieses Glaubens konnte es in Israel niemals so etwas wie *Leibfeindlichkeit* geben. Sie wäre ja *ipso facto* Gott-Feindlichkeit gewesen. Man nahm den Leib aus Gottes Hand, weil man sich selber aus dieser guten Hand empfangen hatte. Diese gute Hand schafft nur Dinge, die gut oder *sehr gut* (vgl. 1 Mo 1,31) sind.

Man muss hier einen Moment innehalten, um sich zu vergegenwärtigen, was geschah, als die Kirche seit dem zweiten, dritten und vierten Jahrhundert die griechisch-platonische oder gnostisch-manichäische Leibfeindlichkeit in ihre Theologie und Praxis eindringen ließ. Es entstand nicht nur eine Verirrung an einer relativ unbedeutenden Stelle, sondern die gesamte Botschaft der Bibel wurde ausgehöhlt und pervertiert!

Wir sind alle seit der Reformation und ihren Nachfolgern beinahe perfekt darauf geeicht, bei jeder noch so kleinen Häresie gegen den zweiten Artikel sofort „hochzugehen" und zur Klarheit zu rufen. Wenn in einer christlichen Gemeinde jemand während eines Gottesdienstes aufstehen und dem Pfarrer mit dem Satz: „Es ist grundfalsch, sich auf das Verdienst und die Gnade Christi zu berufen, wir müssen aus eigener Kraft zurechtkommen!" in die Predigt fallen würde, so wären alle anwesenden Christen sicher hell empört. Und dies mit gutem Recht.

---

[3] Ich zitiere nach der 4. Aufl., Göttingen 1965, S. 71.

Wissen wir aber, dass wir mit jeder noch so heimlichen und verborgenen Zustimmung zur Leibfeindlichkeit (oder gar mit ihrer Propagierung) dasselbe oder noch viel Schlimmeres im Blick auf den ersten Artikel tun? Hat man nicht seit AUGUSTIN in der Kirche immer wieder (wenn auch oft in sehr verschlüsselten Worten!) den Eindruck erweckt, alles unterhalb des menschlichen Nabels sei „vom Teufel geschaffen" und müsse deswegen dem Tabu und der Verdrängung verfallen? Der schrankenlose naturalistische Leib-Kult der Gegenwart ist (mindestens zum großen Teil) nichts anderes als eine direkte Folge dieser „christlichen" Häresie.

Die leibliche Konkretion des Glaubens

Für diese Krankheit gibt es nicht etwa dadurch Heilung, dass man von einem Extrem ins andere fällt. [...] Auch in dieser Frage ist die *Position* die einzig hilfreiche Alternative zur Negation. Paulus hat in seiner längsten Ermahnungsrede (Röm 12ff) die jungen Christen in Rom dazu aufgerufen, ihre „Leiber zum Opfer" zu begeben, „das da lebendig, heilig und Gott wohlgefällig sei" (12,1). Gleich, wie man *ta sômata* zu verstehen hat: In jedem Falle ist damit auch der menschliche Leib qua Körper gemeint. Paulus sagt nicht: „Schaltet möglichst alles Körperliche und Leibliche aus, haltet es nicht für wichtig; es kommt ja letztlich doch alles auf den Geist an und so weiter!", sondern er ruft zur *Konkretion des Glaubens* – auch im Bereich menschlicher Leiblichkeit. Der ganze neue Mensch gehört Gott und gehört dem Dienst Jesu Christi.

In manchen paulinischen Gemeinden, die aus einer Tradition griechischer Leibfeindlichkeit gekommen waren, mag man solche Aufforderungen nur schwer verstanden haben. Galt doch nicht wenigen griechischen Philosophen der Leib als *Gefängnis der Seele*, als etwas Böses, Minderwertiges, etwas zu Überwindendes. Die Paulusbriefe zeigen da und dort, dass diese Leibfeindlichkeit sehr schnell und leicht in libertinistische Exzesse umschlagen konnte (hier berühren sich – wie immer in solchen Fällen – die Extreme nur zu offensichtlich!). Im Zusammenhang mit solchen Auseinandersetzungen hat dann Paulus das Wort 1 Kor 6,19 geschrieben, das in einsamer Größe das Schönste und Leuchtendste darstellt, was je ein Mensch über den menschlichen Leib äußerte.

Erlöste Leiblichkeit

Ein Letztes. Der christliche Auferstehungsglaube bekannte sich von Anfang an zur Leiblichkeit des Auferstandenen. Als solcher Glaube war er *Glaube in Konkretion*. Wie immer man zu den urchristlichen Auferstehungsberichten und ihrer religions-geschichtlichen und theologisch-exegetischen Problematik im Einzelnen stehen mag – sie vertreten ein für den christlichen Glauben unverzichtbares Moment: das der Konkretion des Handelns Gottes auch in der Auferstehung (oder Auferweckung) Jesu Christi (vgl. etwa Joh 20,27).

Gottes Heilsplan sieht für uns keine Entwerdung, keine Depersonalisierung oder Verschmelzung vor, sondern eine Neu-*Schöpfung*, in der wir als konkretes Gegenüber vor ihm stehen werden. Es hängt hier nichts an der *Form*, in der wir uns das vorstellen und ausmalen können oder nicht, sondern am entscheidenden Inhalt dieses Gedankens: Gott wird uns neu schaffen, um uns die Partnerschaft mit sich in einem ganz auf ihn bezogenen, aber gerade deswegen auch deutlich von ihm unterschiedenen Gegenüber zu ermöglichen. Der positive und konstitutive Leibgedanke gehört somit in gleich vitaler Weise in den ersten, zweiten und dritten Artikel unseres Glaubensbekenntnisses.

Aus diesem Kontext heraus müssen wir heute die biblische Botschaft vom Sinn menschlicher Leiblichkeit neu schöpfen und für unsere Zeit aussagbar und verständlich machen. Die Bibel enthält nicht in erster Linie Antithesen, mit denen wir Irrtümer unserer Zeit zu widerlegen hätten (das enthält sie gewiss implizit auch!). Sondern sie sagt uns eine *erfreuliche Kunde*, die auch unsere Leiblichkeit in der Totalität aller ihrer Gaben und Äußerungsmöglichkeiten einschließt. Niemand in der Welt hat mehr legitimen und überzeugenden Grund, sich seiner Leiblichkeit zu freuen, als der Christ, der unter der dreifach-einheitlichen Botschaft von Gottes Schöpfertum, Christi Erlösungstat und der Hoffnung auf eine Neuschöpfung der Welt und des Menschen steht.

Die Christen müssten beileibe nicht etwa nur „erlöster aussehen" (NIETZSCHE; das zu erreichen und zu demonstrieren, könnte zu einem obligatorischen, berechnenden „frommen Tick", also zu einer Leistung werden!), sondern vor allem auch wesentlich „erlöster" zu ihrer Leiblichkeit stehen, sie annehmen, bejahen und in Verantwortung vor dem Schöpfer und dem Mitmenschen gestalten. Wer außer und neben ihnen sollte dazu mehr und besseren und dringenderen Anlass haben?

II. Warum Sexualität Normen braucht

Wenn der christliche Theologe von *Sexualität* spricht, so kann er das nur tun, indem er mit dem Eingeständnis beginnt, dass der Begriff der *Sexualität* in der Geschichte der christlichen Kirche eine nicht gerade rühmliche Rolle gespielt hat, dass er mehr verdrängt als verarbeitet, mehr in den Schatten (oder ins Zwielicht) als in die Helle des Nachdenkens und der sachbezogenen Überlegung gerückt wurde. Wir können hier nicht die einzelnen Gründe anführen, die zu dieser Entwicklung führten. Sie hängen unter anderem auch damit zusammen, dass sehr bald heidnisch-dualistisches Denken der spätantiken Philosophie in die alte Christenheit eindrang und dass später durch Jahrhunderte hindurch unsere gesamte Kultur vorwiegend von Menschen gepflegt und überliefert wurde, die von Berufs wegen nicht verheiratet sein durften. Die Reformation ist – trotz all ihrer Neuansätze im Blick auf den Glauben und das aus ihm zu gestaltende christliche Leben – im Prinzip nicht über diesen Zustand hinausgekommen, wenigstens was die Bewertung und Behandlung der Sexualität im praktischen Alltagsempfinden ihrer Gemeinden betraf.

Sexualität als die Sünde schlechthin

Es bedarf keiner langen Argumentationsreihe, um diesen Sachverhalt plastisch evident zu machen. Noch heute gilt in weiten Kreisen der evangelischen Christenheit die sexuelle Verfehlung (gleich in welcher Abweichung von der üblichen Norm sie sich manifestiert) als *die* Sünde schlechthin. Sogar unsere Sprache ist von dieser (falschen) Vorstellung geprägt: Sie spricht von „sittlichen" Entgleisungen und meint damit nicht irgendwelchen x-beliebigen Verstoß gegen die *guten Sitten*, sondern ein den allgemeinen Erwartungen entgegenstehendes Verhalten in Sachen Sexualität. Der sogenannte „Sittlichkeitsverbrecher" begeht nicht etwa ein Verbrechen gegen die allgemeinen Regeln der Sittlichkeit, indem er mordet, tötet, fremdes Eigentum an sich bringt und so weiter, sondern seine Delikte liegen ausschließlich auf dem Gebiet der Sexualität. Kaum jemand nimmt an diesem absolut irreführenden Sprachgebrauch Anstoß und weist auf seine Unsachgemäßheit hin.

Wir ahnen wohl nur selten, welche Implikationen in einem solchen Sprachgebrauch enthalten sind und sich zu Worte melden! Dadurch, dass man über die Sexualität Jahrhunderte hindurch sozusagen in erster Linie nur dann geredet und geschrieben hat, wenn es um ihre negativen Aspekte und Begleiterscheinungen ging, ist sie selber als Ganzes unwillkürlich in den Verdacht geraten, etwas Zwielichtiges, Unreines zu sein, über das man besser nicht spräche. Es ist kein logischer Lapsus, sondern ein tiefenpsychologisch einsichtig zu machender Mechanismus, der gleichzeitig dazu geführt hat, dass unsere Sprache bis auf diesen Tag die Sexualität mit einem Akzent, einer Erwartung und zugleich einer Last belegt und befrachtet hat, die vielleicht noch irreführender sind als die Rede von der „sittlichen" Verfehlung: nach wie vor sprechen wir davon, dass es immer da, wo die Sexualität in der Begegnung von Mann und Frau ins Gespräch und ins

Spiel komme, um *das Letzte* gehe. Diese unüberlegte Redeweise suggeriert jungen Menschen die völlig abwegige und sachfremde Vorstellung (und damit zugleich Erwartung!), dass es sich bei der Entdeckung und beim Vollzug menschlicher Sexualität sozusagen um die Freilegung der Goldader im Bergwerk menschlich-zwischenmenschlicher Begegnung und Gemeinschaft handle.

Indem wir diese Sprache weiterhin unter uns pflegen, verleiten wir (bewusst oder unbewusst) junge Menschen dazu, nach diesem Golde zu graben. Finden sie aber nach intensiver Suche nur glitzernden Schwefelkies, der ihnen unmöglich als das edelste aller Metalle erscheinen kann, so fühlen sie sich nicht ohne Gründe als die Verführten und Genarrten. [...]

Das Wagnis des (geschlechtlichen) Mensch-Seins

Wir müssen uns hier darauf beschränken, die Leitlinien des biblischen Menschenbildes kurz zu skizzieren: Menschsein heißt Partner Gottes und des Mitmenschen sein. Nur der Mensch verfügt über das Mittel des Wortes, durch das er als Du angeredet wird und sich als Ich selber gegenüber Gott und den anderen artikulieren kann. Diese Relationalität, dieses Bezogensein, ist die Grundstruktur und bildet das Urmuster menschlicher Existenz.

Sie macht zugleich die Bindung des Menschen an Gott und den Mitmenschen – und die Freiheit seiner Wahl und Möglichkeit seiner Selbstbestimmung oder Selbstverfehlung aus. Verfehlt der Mensch den lebendigen Gott als seinen Partner, so verfehlt er zugleich den Mitmenschen – und damit im tiefsten Grund sich selbst. Das heißt aber: Menschsein ist nichts Abgeschlossenes oder Abschließbares, sondern es ist ständig Bezogensein, immer erneutes Zugehen auf ein Du, nie zum Abschluss zu bringendes Wagnis zwischen den Polen des Einsatzes oder des Sich-Verschließens. Menschsein kann gewonnen und verfehlt werden. Darin liegt seine unvergleichliche Würde gegenüber dem Stein, der Blume und dem Tier, die entweder keinen Spielraum der Entscheidung besitzen oder sich in den engen Bahnen des bloßen Instinktes bewegen, ohne je aus ihnen heraustreten zu können. Nur der Mensch vermag sich zu verfehlen. Unsere Sprache spricht dann vom Unter-Menschen, während sie die Bezeichnung „Unter-Tier" beachtenswerterweise nicht kennt.

Der biblische Bericht von der Erschaffung des Menschen durch Gott macht in all seiner durch die orientalische Kultur bedingten Zeitgestalt deutlich, dass das Animalisch-Biologisch-Vegetative mit zur Totalität des Menschseins gehört und in keinem Sinne etwas weniger Wertvolles oder Gottgewolltes ist. Menschsein heißt demnach: in, mit und durch diese Totalität Partner Gottes und des Mitmenschen zu werden. Die Partnerschaft gegenüber dem Mitmenschen schließt schöpfungsmäßig die Tatsache ein, dass ich ihm unter anderem nicht als neutrales Etwas, sondern als ein wesensgemäß geschlechtlich bestimmtes Du begegne. Ich kann nur wirklich Mensch sein und mich als Mensch verhalten, wenn ich von dieser Vorgegebenheit ausgehe, sie anerkenne und als von Gott gewollt dankbar hinnehme.

Menschliche Sexualität unterscheidet sich – sieht man einmal künstlich und theoretisch von der als grundlegend bezeichneten Relationalität menschlicher Existenz ab – biologisch-physiologisch gesehen wenig von tierischer Sexualität. Sie ist eine unverwechselbare Weise leiblich-körperlicher Bestimmtheit, die sich auch seelisch manifestiert, die unsere Fortpflanzung sicherstellt und deren Betätigung im Tierreich an einen instinktgesteuerten Regulationsrhythmus gekoppelt ist, während beim Menschen ein solch rhythmischer Mechanismus fehlt, so dass er seine Sexualität sinnvoll nur durch Integrierung in die Relationalität des Mit-Menschseins gestalten kann.

Jede anthropologische, moralische oder sonstige Sicht der menschlichen Sexualität, die dieses *punctum differentiae* übersieht oder überspielen möchte, degradiert – ob gewollt oder ungewollt, ist ohne Belang – den Menschen zum Tier, macht den Versuch, die Sexualität vom Mitmenschsein abzuspalten und – wenn man so sagen darf – sie den „Gesetzen des Tierreiches" zu unterstellen. [...]

In der Sexualität spiegelt sich das Selbst- und Gottesverhältnis

Weit wichtiger als solche Absicherungen gegen die Negation scheint mir jedoch der positive Aufbau zugunsten einer rechtverstandenen und gelebten Sexualität zu sein. Zum biblisch verstandenen Glauben gehören nicht nur Sünde, Schuld, Buße, Vergebung, „Himmel und Hölle", sondern auch unsere geschöpfliche Wirklichkeit[4]. Der Glaube, der sich dazu bekennt, dass er sie Gott verdankt, hat allen Grund, sich ihrer zu freuen. Die gegenüber Menschen durchaus berechtigte Haltung der Scham darf sich sozusagen

---

[4] [...] Zwei der zentralen Leitbegriffe des alttestamentlichen Denkens, nämlich *sedaqa* und *schalom*, meinen nichts anderes als die heil-volle Beziehung zwischen Gott und Menschen, der Menschen untereinander *und* eines friedvollen Zustandes auch der *Natur!* Vgl. dazu Jes 11,1-9. Die Ausklammerung oder auch nur Minderbewertung der geschöpflichen Wirklichkeit des Menschen und der Welt (einschließlich *aller* sozialen, ökonomischen und politischen Faktoren) ist immer ein sicheres Zeichen einer antibiblischen und massiv heidnischen Spiritualisierungs-Tendenz, die nur um den Preis eines völligen Verrates gegenüber dem Inhalt des ersten Glaubensartikels zu erkaufen ist.

nicht auf unser Verhältnis zu Gott erstrecken. Wir brauchen uns vor ihm nicht dessen zu schämen, dass wir Männer und Frauen sind und als solche empfinden, reagieren – manchmal sogar recht stürmisch. Es kommt vielmehr alles darauf an, ob unser Glaube an den Schöpfer- und Erlösergott auch unsere Leiblichkeit mit all ihren Möglichkeiten umfasst und einschließt. Dass wir nicht Steine oder Blumen, auch nicht Kaninchen oder Hühner sind, ist für den Glauben ein Geschenk, dessen er sich freut und das er dankbar annimmt.

Freilich weiß niemand besser als der Glaube, dass auch diese wunderbare Möglichkeit der umfassenden Realisierung unseres Menschseins im Zeichen der Spannung zwischen Ergreifen- und Verfehlenkönnen steht. Nicht etwa deswegen, weil die Sexualität die größte natürliche Affinität zum Bösen oder zum Teufel hätte, sondern weil sie als menschliche Sexualität keine rein biologische Vorgegebenheit ist, sondern in der Relationalität des Menschseins ergriffen und gestaltet sein will. Diese Aufgabe kommt unter allen Wesen nur dem Menschen zu. Deswegen ist die Frage nach ihrer Bewältigung immer zugleich die Frage danach, wie wir uns als Mann und Frau letztlich verstehen und was wir mit unserem Menschsein im Ganzen wollen. Sexualität ist niemals „das Letzte"! Sondern die Weise, wie wir in ihr unser Menschsein auslegen und selber im Mitsein mit den anderen deuten, macht nur offenbar, wie es im „Letzten" (das heißt aber: in unserem Verhältnis zu Gott) um uns steht.

Jede andere Betrachtung menschlicher Sexualität mag richtige und wichtige Einzelaspekte derselben ins Auge fassen, wissenschaftlich einwandfrei und überzeugend sein. Sie stößt aber dort auf ihre Grenzen, wo es nicht mehr um den isolierten Aspekt menschlicher Sexualität geht, sondern letztlich darum, den Menschen in seinem Gesamtmenschsein zu verstehen und seiner Sexualität eine Deutung zu verleihen, die seine Ehre und Würde als Partner Gottes und des Mitmenschen nicht verdunkelt, sondern sie ins rechte Licht stellt.

Der Sinn der sozialen Normierung des Geschlechtsverhaltens

Wir haben gesehen, dass der herkömmliche ethische Normbegriff eine verdächtig große Affinität zum Bereich der Sexualität besitzt. Das ist nicht nur im christlichen Kulturkreis so. Diese auch außerhalb des Christentums zu beachtende Affinität mag ihren tiefsten Grund darin haben, dass auch nicht rational durchdrungene und gestaltete Kulturen im Unbewussten etwas davon geahnt haben und noch ahnen, welche fundamentale Bedeutung einer kontrollierten Regulierung der Sexualität für jede Form menschlich-mitmenschlichen Zusammenlebens zukommt. Diesen Sachverhalt trifft

HELMUT SCHELSKY mit frappierender Präzision, wenn er in seiner *Soziologie der Sexualität* (rde 2, 50) sagt: „In der metaphysischen Überhöhung ihrer sexuellen Normen verteidigt jede Kultur ihre versehrbaren Fundamente." SCHELSKY macht darauf aufmerksam, dass die „soziale Normierung des Geschlechtsverhaltens zu den grundlegenden Kulturleistungen gehört" und in allen Gesellschaften „daher diese Normen mit tiefer Notwendigkeit den Charakter des Absoluten" annehmen (ebd.).

So wenig christliche Theologie irgendeinen Anlass hat, diese kulturanthropologische und soziologische Sicht zu bestreiten, so wenig wird sie es sich leisten können, sie einfach pragmatisch hinzunehmen, ohne sie von der biblischen Botschaft her zu beleuchten. Bei dieser Beleuchtung darf es sich nicht um die Bestreitung exakter wissenschaftlicher Forschungsergebnisse handeln (denn dadurch würde sich die Theologie dem Ideologie-Verdacht aussetzen), wohl aber um ihre Deutung und Inbeziehungsetzung zur „Norm aller Normen" des christlichen Glaubens. Der Glaube trägt Verantwortung für diese Welt. Er weiß, dass er selber noch unterwegs ist. Dieses Unterwegssein bedeutet aber unweigerlich das Partizipieren an vorläufigen, veränderlichen weltlichen Normen. Der Glaube kann diese darum nicht grundsätzlich verneinen oder gar bekämpfen. Denn indem ich Verantwortung nicht nur für mich und mein subjektives Verhältnis zu Gott wahrnehme, nehme ich zugleich die Aufgabe wahr, die mir als Christen in dieser Welt aufgetragen ist.

Das bedeutet konkret: Ich nehme (gerade als Glaubender!) das zur Kenntnis, was etwa SCHELSKY über die Bedeutung sexueller Normen für den Bestand der Gesellschaft und der Fortentwicklung der Kultur ausführt. Als Glied dieser Gesellschaft kann ich mich unmöglich selber von den Verpflichtungen entbinden, die sie mir im Rahmen des Ganzen auferlegt – am wenigsten, wenn ich Christ bin.

Die Aufgabe des Christen

Diese Haltung bedeutet indessen nicht, dass der Christ sozusagen von Amts wegen dazu prädestiniert wäre, das jeweils Bestehende und Gültige, das heißt eben: die Norm, gleichsam zu vergöttlichen und ihre Anbetung von seiner Umgebung zu erzwingen. Vielmehr ist der Christ, sofern er um die „Norm aller Normen" weiß, dazu berechtigt und aufgefordert, aktiv an der Meinungsbildung darüber mitzuarbeiten, was etwa unter den veränderten neuzeitlichen Verhältnissen der Technisierung, Urbanisierung und der weitgehenden Desintegration des Familienlebens im Blick auf das Verhältnis der Geschlechter heute sinnvoll als Norm gelten könne.

Dem Christen ist eine solche Überlegung nicht nur erlaubt, sondern geradezu geboten, denn er soll ja nicht nur Verantwortung für seinen Glauben und seine künftige Seligkeit, sondern für diese Welt und ihre brennenden Probleme wahrnehmen. Er wird bei diesem Bemühen nie glatte Lösungen finden und vorzeigen können, sondern sich zwischen der Szylla eines starren Norm-Prinzips und der Charybdis eines Normen-Hasses hindurchbewegen müssen. Die akutere Gefahr scheint mir im Augenblick von einem Normen-Hass zu kommen, den SCHELSKY als „übertriebene Abwehr der sozialen Normierungsnotwendigkeit" (a. a. O. 48) gekennzeichnet hat.

Wir befinden uns in dieser Sache offensichtlich in einem Übergangsstadium: Das Alte hat seine Stabilität, seinen Anspruch und seine (angeblich selbstverständliche) Geltung weithin verloren. Früher Versäumtes rächt sich nach einfachen tiefenpsychologischen Gesetzen dadurch, dass es sich heute überakzentuiert zu Worte meldet. Viele spüren, dass das alte Normen-Korsett nicht mehr passt. Sie meinen, es sei besser, sich jeder Stütze zu begeben und dem sexuellen Konsumtrieb zu folgen. Wer diese Sicht der Dinge teilt oder gar propagiert, gleicht einem Kriegsgefangenen, der in einem Lager festgehalten wird, das inmitten der Wüste in einer Oase liegt, und der es hinter dem Stacheldraht ihn gefangenhaltender und als überholt empfundener Normen nicht mehr aushält und deswegen beschließt, eines Nachts die Weite zu suchen. Dieses Weite ist aber die Wüste, in der es zwar keinen Stacheldraht, dafür aber auch nichts Trinkbares gibt, so dass den Flüchtigen nach Stunden der grausame Durttod ereilt.

Was meine ich mit diesem Bild? Wir mögen viele der im Blick auf die Sexualität unter uns noch kursierenden Normen als verstaubt und muffig empfinden und den durchaus realistischen Eindruck gewinnen, dass sie mehr zur Heuchelei und Unwahrhaftigkeit als zur modernen partnerschaftlichen Gestaltung des Verhältnisses von Mann und Frau anleiten. Niemand wird dieser Sicht bestreiten, dass sie Richtiges und Wichtiges sieht. Noch wichtiger aber ist, dass wir an diesem Punkt nicht zur „Flucht in die Wüste" aufrufen (und damit *in den Konsequenzen* nur zum Selbstmord verleiten!), sondern konstruktive Wege in fruchtbares Neuland suchen und bahnen.

Klaus Bockmühl

Gesetze und Gebote: auch für den Christen?[1]

„Ich gebiete dir vor Gott, der alle Dinge lebendig macht, und vor Jesus Christus, der unter Pontius Pilatus bezeugt hat das gute Bekenntnis, dass du das Gebot unbefleckt, untadelig haltest bis zur Erscheinung unseres Herrn Jesus Christus." (1 Tim 6,13f). Diese Stelle macht uns mit ihren Bezugnahmen auf „den Gott, der alle Dinge lebendig macht" und „die Erscheinung unseres Herrn Jesus Christus" darauf aufmerksam, dass das Gesetz biblisch im Zusammenhang und im Rahmen der Heilsgeschichte gesehen werden muss. Man muss seinen Dienst im Bereich der *Schöpfung*, im Bereich der *Erlösung* und im Bereich der *Vollendung* erkennen, wenn man wissen will, wozu das Gesetz gut ist. Gehen wir also im Folgenden diesen drei Zwecken des Gesetzes nach.

Der Zweck des Gesetzes im Rahmen des geschöpflichen Lebens

Das Halten der Gebote hat seinen Sinn zunächst im Bereich unseres natürlichen Lebens, denn Gottes Gebote beschreiben die Ordnung, die der Erhaltung seiner Schöpfung dient. Sie sind sozusagen die Grammatik der Schöpfung, die Grammatik der sozialen und ganz allgemein der geschöpflichen Welt. An bedeutender Stelle, nämlich am Schluss der Wiederholung der Zehn Gebote und auch sonst öfter, heißt es diesbezüglich: „Wandelt in allen Wegen, die euch der Herr, euer Gott, geboten hat, damit ihr leben könnt und es euch wohlgeht" (5 Mo 5,30).

Dasselbe wird vielfältig zum Ausdruck gebracht durch die Verheißung des Segens, der dem Halten der Gebote folgen soll. Infolgedessen betont die Heilige Schrift die große Wohltat Gottes, die uns mit den Geboten gegeben ist. Ich zitiere als Beispiel nur Psalm 19,8ff: „Das Gesetz des Herrn ist vollkommen und erquickt die Seele. Das Zeugnis des Herrn ist gewiss

---

[1] Aus *„Selig sind, die Gottes Gebote halten".* Referat *auf der SMD-Herbstkonferenz 1979 in Marburg.* In: *Gottes Gebote – die Füße der Liebe.* (PORTA 26, 1979/80). S. 28-37. – Bearbeitung vom Herausgeber. Originalüberschrift: „III. Das ,Halten der Gebote' im Lichte der Heilsgeschichte".

[zuverlässig] und macht die Unverständigen weise. Die Befehle des Herrn sind richtig und erfreuen das Herz. Die Gebote des Herrn sind lauter und erleuchten die Augen. Auch lässt dein Knecht sich durch sie warnen; und wer sie hält, der hat großen Lohn."

Man muss solche Worte nicht als leere liturgische Wendung verstehen, die ebenso gut durch einen beliebigen anderen Lobspruch ersetzt werden könnte. Vielmehr wollen diese Worte wörtlich verstanden sein als *Erfahrungssätze*. „Zwei Säulen tragen die Welt", sagt LUTHER, obwohl sie gegen beide anstürmt: Gottes Ordnung und Gebot, und der Christen Gebet."

Mit der gleichen spürbaren Wirksamkeit folgt – das darf nicht verschwiegen werden – auf die Übertretung der Gebote der Fluch Gottes (vgl. 3 Mo 26,3-12.14.38). Der Prophet JESAJA hat diesen unabänderlichen Zusammenhang beschrieben: „Die Erde ist entweiht von ihren Bewohnern; denn [das ist die Ursache!] sie übertreten das Gesetz und ändern die Gebote und brechen den ewigen Bund" (Jes 24,5). Eine präzise Darstellung der Reihenfolge der einzelnen Schritte eines Abfalls! Die Folge ist: „Darum verschmachtet das Land", der Fluch frisst es, selbst die Vegetation verdorrt. Dass die Ökologie nicht mehr funktioniert, zunächst im sozialen Haushalt, aber dann auch in der Natur, wird als Folge der Übertretung der Gebote angesehen. Soziale Gesetzlosigkeit findet ihre Antwort in einer von Gott zugelassenen Gesetzlosigkeit der Natur.

Wozu ist also das Gesetz gut? Es soll uns das Unzuträgliche anzeigen wie die Verkehrsschilder. Nun mag es Verkehrsschilder geben, die eine Willkür oder Schikane der Behörde darstellen. Aber in einer Kurve entspricht die Tempobeschränkung auf achtzig den objektiven Gegebenheiten: der dort auftretenden Fliehkraft. Ebenso sind die Zehn Gebote gemeint. Diebstahl, Rufmord, Ehebruch und so weiter zerrütten die menschliche Gemeinschaft und zerstören am Ende den Täter selbst.

Der Fluch, mit dem Gott seine Schöpfungsordnung negativ bestätigt hat, gilt noch heute. Die Worte JEREMIAS gelten, als wären sie zum ersten Male gesagt: „Bald rede ich über ein Volk und Königreich, dass ich es ausreißen, einreißen und zerstören will; wenn es sich aber bekehrt von seiner Bosheit, gegen die ich rede, so reut mich auch das Unheil, das ich ihm gedachte zu tun" (Jer 18,7f).

Gelten diese Worte noch, so muss man vor allem in einer Zeit mit einer Tendenz zur Gesetzlosigkeit die Zehn Gebote verteidigen als Gottes guten Rat an den Einzelnen wie an die Gesellschaft, und als unsere gnädige Sicherung gegen das Chaos. Unbegreiflich, wenn Christen zur Beseitigung der Gebote Beihilfe leisten, etwa um sich als „vorurteilslos" zu beweisen!

Ein Christ kann letztlich an keine Situation vorurteilslos herangehen, zwar wohl vorurteilslos in Bezug auf die Person, aber nicht in Bezug auf einen Tatbestand. Ein Christ kann nicht abgehen von dem Vor-Urteil der Gebote Gottes, ebenso wenig wie ein Richter im konkreten Fall abgehen kann von dem Vorausurteil des Straf- oder Zivilgesetzbuches.

Die Behandlung des geschöpflichen Lebens, die Behandlung des Mitmenschen und der Natur ist nicht Sache unseres individuellen Meinens und Beliebens. Die säkularistische Leugnung des Gesetzes übersieht die gegebene Strukturiertheit der Natur und der menschlichen Existenz; die Leugnung des Gesetzes, wo sie in der Christenheit auftritt, vergisst, dass nach dem Urteil Jesu die Gebote Gottes bleiben, bis dass Himmel und Erde vergehen. Gott ist ein Gott der Ordnung: er hat das Chaos zum Kosmos wunderbar geordnet, sowohl im Makrokosmos des Haushalts der Natur wie im Mikrokosmos des menschlichen Leibes (CALVIN).

Kosmos statt Chaos, damit Leben gedeihen kann, ist der Auftrag Gottes an den Menschen im Paradies und noch heute (s. Ps 8). Zum Wesen des Kosmos aber gehören Regelmäßigkeit und Gesetz, die wir demgemäß auch als Schönheit empfinden. Ebenso braucht der Mensch, der einzelne wie die Gesellschaft, Beschränkung und Gesetz, wenn er Kultur will, Formung seiner chaotischen Natur und nicht nur Rausch und danach Katzenjammer.

Zum schöpfungsmäßigen Sinn des Gesetzes gehört schließlich noch der Dienst, den es uns weiterhin tut, wenn wir unter dem natürlichen Segen Gottes stehen, wenn es uns gut geht. Denn gerade dann besteht die Gefahr, dass wir übermütig werden. Für diesen Fall gilt die Warnung der Heiligen Schrift: „Wenn du gegessen hast und satt bist", wenn sich alles mehrt gemäß der Verheißung, „dann hüte dich, dass sich dein Herz nicht überhebt und du den Herrn, deinen Gott, vergisst" und seine Gebote nicht mehr hältst (5 Mo 8,11ff). Das bezeugt deutlich: Die Gesetzlosigkeit wächst auf dem Wohlstand; der Antinomismus ist ein Kind der Üppigkeit.

Demgegenüber ist man fast versucht, in paradoxer Weise von dem Segen eines gewissen materiellen Mangels zu sprechen. Jedenfalls zeigt sich, dass uns inmitten des Wohlstands ein Stück Askese, Besitz- und Genussverzicht, wohltäte. Wir sollen uns nicht dem „goldenen Überfluss der Welt" unterwerfen, sondern uns in der Hand behalten. Einer solchen Selbstdisziplin wird das Gebot zum nützlichen und willkommenen Helfer. Materielle und moralische Selbstbeschränkung gehen Hand in Hand, ebenso wie auf der andern Seite Überfluss und Gesetzesfeindschaft. In einer Situation wie der unsrigen gewinnt das biblische Gebot der Genügsamkeit erst recht Sinn und tiefere Bedeutung: dass wir uns dem fortschreitenden Progress zum

Materialismus, zur Gesetzlosigkeit und zu der ihr folgenden Zerstörung versagen!

Wenn wir uns jedoch nicht Einhalt gebieten lassen, so kehrt sich das Gesetz negativ, als Anklage und als Fluch gegen den Übertreter. Es deckt die Sünde auf. LUTHER vergleicht das Gesetz daher einmal treffend mit dem Wasser, das man auf ungelöschten Kalk schüttet. Es bringt ihn zum Kochen und deckt damit seine wahre Natur auf. Wer gegen das Gebot Gottes verstößt, bekommt den Krieg zu spüren. Wenn PAULUS schreibt: „Der Buchstabe [also das Gesetz] tötet, der Geist macht lebendig", so muss man das nicht als ein abwertendes Urteil über das Gesetz verstehen, sondern als Feststellung eines Faktums. Das Gesetz tötet in der Tat; es ist die *Aufgabe* des Gesetzes, sich gegen den Übertreter zu wenden.

Der Mensch braucht letzten Endes das strafende Urteil über sein unrechtes Tun, wenn er irgendein Interesse für die göttliche Vergebung gewinnen soll. Man muss den Schmerz fühlen, um den Gang zum Arzt sinnvoll zu finden. Die Preisgabe des Gesetzes in der heutigen Theologie dagegen bedeutet nicht nur den Verlust der Gebrauchsanweisung für die Schöpfung, sondern auch den Verlust des Ansatzes für das Verständnis der Rechtfertigungsbotschaft. Sie versperrt den Weg zur Vergebung.

Der Zweck des Gesetzes im Rahmen der Erlösung

Wir haben von der wesentlichen Aufgabe des Gesetzes Gottes im Raum der Schöpfung, des natürlichen Lebens gesprochen. Kommt dem Gesetz auch eine Aufgabe im Rahmen der Erlösung zu? Gemäß dem, was wir bereits in der These gehört haben, beantwortet die Heilige Schrift diese Frage mit Ja. Das *Halten der Gebote* erwies sich als ein auch im Neuen Testament wiederkehrender Begriff. In welchem Sinne ist nun nach der in Christus geschehenen Erlösung noch von einer Funktion des Gesetzes zu reden? Auf das christlich-richtige Verständnis des Gesetzes kommt alles an.

Auf die Frage, wozu das Gesetz gut ist im Raum der Erlösung, ist zuerst zu antworten: Zu der eigentlichen Erlösung und Erneuerung des Menschen in Christus trägt das Gesetz nichts bei. Hier pausiert es. In diesem Augenblick geschieht selbst etwas an ihm: Für die, die an Christus glauben und seinen Namen anrufen, wird das Gesetz zum *Gebot*. Damit soll ausgedrückt werden, dass Christus den „Fluch des Gesetzes" auf sich geladen und weggenommen hat, so dass nur noch der Segen bleibt beim Halten der Gebote.

Das Gesetz taugt nicht als Heilsweg, weil es nur die Theorie des Guten liefert, aber nicht die zu seiner Verwirklichung nötige Kraft. Dennoch bleibt es gut in dem, was es lehrt. Christus hat uns nicht erlöst vom *Gesetz*, sondern vom *Fluch* des Gesetzes. Um mit CALVIN zu reden: Das Lehramt des Gesetzes, seine Aufgabe, uns zu unterrichten über das, was recht ist, bleibt „bis dass Himmel und Erde vergehen". Und treffend sagte LUTHER in seinem (dringend zu empfehlenden!) Galaterkommentar von 1519: Bei uns wird nicht das Gesetz geändert, sondern der Mensch; aus Feinden werden Freunde des Gesetzes.

Dasselbe bringt das Neue Testament zum Ausdruck mit seiner Dialektik von *Gesetz und Freiheit*. In Gal 5,13 lesen wir: „Ihr aber, liebe Brüder, seid zur Freiheit berufen. Allein seht zu, dass ihr durch die Freiheit nicht dem Fleisch Raum gebt [dass sie euch nicht zu einem Anlass wird für die Selbstsucht]; sondern durch die Liebe diene einer dem andern." Bezüglich der christlichen Freiheit stoßen wir aber heute auf mannigfache mühsame Missverständnisse. Unsere Freisetzung vom Dienst des Nichtigen, die Christus bewirkt hat, öffnet theoretisch zwei Wege: auf der einen Seite den des unbeschränkten Selbstgenusses und der egoistischen Willkür, auf der andern Seite den der Liebe zu Gott und zum Nächsten.

Das erste Verständnis der Freiheit ist ein totales Missverständnis, denn so heißt es an der zentralen Stelle 2 Kor 5,15: „Christus ist darum für alle gestorben, damit, die da leben, hinfort nicht [für] sich selbst leben, sondern dem, der für sie gestorben und auferstanden ist." Die vormalige Knechtschaft wird nicht durch die Untätigkeit und das Amüsement des Privatiers ersetzt, sondern durch Arbeitsgemeinschaft mit Jesus. Das Reich Gottes ist keine Freizeitgesellschaft: Es ist nicht nur für die Freizeit da und wird auch nicht als Freizeit gestaltet. Die christliche Freiheit gleicht deshalb nicht der Freiheit des Playboys, sondern der eines Handlungsbevollmächtigten. Der Dienst der Liebe ist das Charakteristikum christlicher Freiheit. Die Alternative ist eben nicht Knechtschaft oder Autonomie, sondern ein Wechsel des Dienstes. Paulus hat das in der zweiten Hälfte von Römer sechs ein für allemal klargestellt: So, wie ihr vorher Erfüllungsgehilfen der Ungerechtigkeit wart, so stellt jetzt eure Glieder, eure Fähigkeiten, in den Dienst der Gerechtigkeit! (Röm 6,19). Diese Gerechtigkeit nun wird in den Geboten elementar umschrieben.

Es geht also bei dem Zweck der Gebote im Rahmen der Erlösung näherhin um den Bereich, den man mit *Heiligung* umschreibt; *Heiligung* in dem Sinne menschlichen Tuns und Fortschreitens, von dem PAULUS redet, wenn er ermahnt: „Lasst uns die Heiligung vollenden in der Furcht Gottes" (2 Kor 7,1), oder der Hebräerbrief: „Jagt dem Frieden nach mit jedermann und der Heiligung, ohne die niemand den Herrn sehen wird" (Hebr 12,14).

Gott hat gesprochen: „Ihr sollt heilig sein, denn ich bin heilig" (3 Mo 19,2). Der Christ ist dazu bestimmt, in einem fortschreitenden Gang der Heiligung zu leben. Wir bedürfen der Heiligung nicht nur funktional um des Dienstes, zum Beispiel der Mission willen, sondern auch überhaupt, um unserer Kindschaft Gottes gegenüber angemessen zu leben. Und hier gelten die Gebote für den Christen weiter, als *Indikative*, als Rahmenrichtlinien für das Tun des Guten, für die guten Werke, die positiven Realisierungen der Gebote, die vom Christen erwartet werden.

Heiligung – liegt hier heute bei uns eine Bewusstseinslücke? Haben wir den Auftrag zur Heiligung vergessen? Freilich lastet auf uns ein schweres Erbe. In dieser Stadt Marburg ist vor nicht allzu langer Zeit die These aufgestellt worden, es ändere sich praktisch nichts, wenn wir Christen werden, wir sähen uns nur jetzt in einem anderen Licht, das heißt, wir verstünden uns nun als solche, denen vergeben ist.[2] Zur gleichen Zeit deutete ein anderer berühmter alter Marburger weiter südlich die Bekehrung als eine Wende um dreihundertsechzig Grad – kein greifbares Ereignis, nur sozusagen ein Looping im Bewusstsein!

Es gibt in der Christenheit eine ganze Geschichte dessen, was man den „zweiten Antinomismus" nennen könnte, der die Gebote nicht in der Schöpfung, sondern im Bereich des christlichen Lebens ignoriert, weil er sich dem Auftrag zur Heiligung entzieht. Es ist, als habe MELANCHTHON den Typ jener modernen These schon im Auge gehabt, wenn er 1528 klagte: Viele missverstehen die Freiheit eines Christenmenschen, sie sprechen nur noch über Sündenvergebung, aber nicht mehr über Buße. Reue über die eigene Sünde bleibt aber Voraussetzung für das Evangelium, und die Zehn Gebote sind nützlich und not als Führer zu den guten Werken, die dem rechten Glauben folgen.

LUTHER zog gegen Ende seines Lebens mit ganzer Energie zu Felde gegen diese Art Theologen, die „Antinomer", wie er sie nannte, die den christlichen Auftrag zur Heiligung verleugnen. Seine Worte in der Schrift *Von Conziliis und Kirchen* (1539) sind ein vorzügliches Kompendium dessen, was hier erinnert werden muss:

> „Es sind wohl feine Osterprediger, aber schändliche Pfingstprediger, denn sie predigen nichts de sanctificatione et vivificatione Spiritus sancti, von der Heiligung des Heiligen Geistes, sondern allein von der

---

[2] Die Formel hat eine geradezu ominöse Nähe zu der Kritik durch die berühmte MARXsche These XI gegen FEUERBACH: „Die Philosophen haben die Welt nur immer anders interpretiert, es kommt aber darauf an, sie zu verändern!" Ist es so, dass die Theologen auch immer nur den Menschen anders interpretieren, statt ihn dahin zu führen, wo er anders wird?

Erlösung Christi. So doch Christus (den sie hoch predigen, wie billig) darum Erlösung von Tod und Sünde erworben hat, dass uns der Heilige Geist soll zu neuen Menschen machen aus dem alten Adam, dass wir der Sünden tot und der Gerechtigkeit leben, wie St. Paulus lehrt, hier auf Erden anfangen und zunehmen und dort vollbringen. Denn Christus hat uns nicht allein gratiam, die Gnade, sondern auch donum, die Gabe des Heiligen Geistes verdient, dass wir nicht allein Vergebung von Sünden, sondern auch Aufhören von den Sünden hätten. Wer nun nicht aufhöret von Sünden, sondern bleibt im vorigen bösen Wesen, der muss einen anderen Christum von den Antinomern haben, der rechte Christus ist nicht da. Aber unsere Antinomi sehen nicht, dass sie Christus predigen ohne und wider den Heiligen Geist, weil sie die Leute wollen lassen in ihrem alten Wesen bleiben und gleichwohl seligsprechen. So doch die Konsequenz das will, dass ein Christ soll den Heiligen Geist haben und neu Leben führen oder wissen, dass er keinen Christus habe.“

Gut gebrüllt, Löwe! Dass die Heiligung nicht in unser Belieben gestellt ist, und dass es mit dem Halten der Gebote eine besondere und sehr wesentliche Bewandtnis hat, geht schließlich daraus hervor, dass Jesus vom Halten der Gebote unser Fortschreiten in der Gotteserkenntnis abhängig macht. Darin kommt ja die elementare biblische Wahrheit zum Ausdruck, dass Theorie und Praxis immer in enger Beziehung und in Wechselwirkung miteinander stehen. Jesus sagt nach Joh 14,15 und 21: „Liebt ihr mich, so werdet ihr meine Gebote halten. Wer meine Gebote hat und hält sie, der ist's, der mich liebt. Wer mich aber liebt, der wird von meinem Vater geliebt werden, und ich werde ihn lieben und mich ihm offenbaren.“ JOHN STOTT hat jüngst darauf aufmerksam gemacht, dass diese Worte Jesu ein bedingtes Versprechen darstellen. Dem, der ihn liebt und seine Gebote hält, will er sich zu erkennen geben. Der Weg zur Erkenntnis Gottes ist offenbar nur denen zugänglich, die lieben, die gehorchen.

Im ersten Johannesbrief ist dieselbe Einsicht in den Zusammenhang vom Halten der Gebote und der Gotteserkenntnis wie in Rückkopplung formuliert (1 Joh 2,3): „Und daran merken wir, dass wir ihn kennen, wenn wir seine Gebote halten.“ Da steht nun mit einfachen Worten die unbestechliche biblische Wahrheit, um deren Wahrnehmung und Ausdruck wir oft so vergeblich ringen. Zuverlässige Gotteserkenntnis ist nur da zu erwarten, wo man das Gebot Jesu, die Gebote Gottes hält. Alles andere ist Täuschung. Der sonst als so milde beschriebene Apostel JOHANNES lässt nicht mit sich handeln. Er schließt vielmehr: „Wer sagt, dass er in ihm [Christus] bleibt, der soll auch leben, wie er [Christus] gelebt hat“ (1 Joh 2,6).

Zwei Gesichtspunkte zur Geltung der Gebote im Bereich der Heiligung sind hier noch geltend zu machen, damit das Halten der Gebote nicht in ein schiefes Licht gerät: der Blick auf den Geist Gottes und der Blick auf das Reich Gottes.

Erstens. Man darf wohl kühnlich feststellen: Wer nur die Zehn Gebote hat, wird unweigerlich ein Kandidat für die Gesetzlichkeit und danach (im Umschlag) für die Gesetzlosigkeit. Wie wir in dem großen LUTHER-Zitat gegen die Antinomer hörten, ist es wesentlich der Heilige Geist, der uns zu guten Werken treibt, der niemals ruht und stets etwas tut, das dem Reiche Gottes dient.

Der Geist oder die durch den Heiligen Geist in unsere Herzen ausgegossene Liebe treibt aber nicht nur, sie lehrt uns zugleich, was zu tun sei. Das ist geradezu das Besondere der christlichen Ethik, dass sie lehrt, *wie* die Weisung des Geistes und die Phantasie der Liebe die Gebote *überbieten*. Ein Beispiel dafür ist Jesu Gleichnis vom barmherzigen Samariter (Lk 10,25ff). Wer dagegen den Rat des Geistes zur Deutung des Gebotes verschmäht, der sehe zu, wieweit er mit der Interpretation des Gebotes durch die Vernunft kommt und ob er im Konkreten nicht bald Freiheit vom Gebot, Freiheit von der Schrift fordert!

Der *zweite* Gesichtspunkt für das Halten der Gebote ist der Horizont des Reiches oder der Herrschaft Gottes, das heißt der Horizont unserer je individuellen Berufung und des Zieles, das der Geschichte insgesamt gesetzt ist. Jesus, der von seinen Jüngern die Liebe verlangt, die seine Gebote hält, sagt ihnen zugleich: Ich nenne euch nun nicht mehr Knechte, sondern ich nenne euch meine Freunde, „denn alles, was ich von meinem Vater gehört habe, habe ich euch kundgetan" (Joh 15,15).

Ziele und Normen gehören notwendig zusammen. Auch im Verfallsprozess christlicher Ethik ist noch zu sehen: erst gehen die Ziele, dann gehen die Normen verloren. Niemand akzeptiert gern eine Disziplin, ohne zu wissen wofür. Ziele und Normen müssen einander entsprechen. Warum sollte ich mir große Entsagung auferlegen, jeden Abend auf dem Sportplatz trainieren, wenn es nur darum geht, morgens mit einem Sprint noch den Bus zu erreichen? Aber für einen, der an der Meisterschaft teilnimmt, ist solches Training normal und notwendig.

Die Gebote gehören zur Herrschaft Gottes wie die Gesetzlosigkeit zum Säkularismus. Der Kampf um das Reich Gottes fordert Zielstrebigkeit und Disziplin. Wo Liebe sein soll, muss Selbstzucht sein. Deshalb heißt es: „Gott hat uns nicht gegeben den Geist der Furcht, sondern der Kraft, der Liebe und der Besonnenheit" (2 Tim 1,7). Wo dieser Geist nicht wirkt und der Horizont des Reiches nicht bewusst ist, da wird das Halten der Gebote allerdings erstarren oder ermüden.

Das Halten der Gebote im Blick auf die Vollendung

Seit der Auferstehung Jesu Christi von den Toten ist alle Geschichte, ist unser ganzes Leben eschatologisch, endzeitlich bestimmt, bezogen auf die kommende, ewige Verwirklichung des Reiches Gottes.

Es muss auffallen, wie sehr das Halten der Gebote im Neuen Testament immerzu unter diesen Horizont der Vollendung gestellt wird. Jesus sagt: „Wer aber diese Gebote tut und lehrt, der wird groß heißen im Himmelreich" (Mt 5,19b). Dem „reichen Jüngling" antwortet er – und wir sollten nicht zu schnell darüber hinwegeilen: „Willst du zum Leben eingehen, so halte die Gebote" (Mt 19,17), und er nennt die Gebote der zweiten Hälfte des Dekalogs sowie das Gebot der Nächstenliebe.

Auch Paulus bezieht die Heiligung und das gute Werk der Christen auf den Jüngsten Tag, wenn er für sie erbittet, „dass ihr prüfen könnt, was das Beste sei, damit ihr lauter und unanstößig seid für den Tag Christi, erfüllt mit Frucht der Gerechtigkeit durch Jesus Christus zur Ehre und zum Lobe Gottes" (Phil 1,10f). Umgekehrt warnt er, dass die Übertretung der Gebote vom Eingang in das Reich Gottes ausschließen werde (1 Kor 6,9-11). Selbst die wesentliche Stelle Röm 13,8-10, die die Liebe „als des Gesetzes Erfüllung" beschreibt, stellt diesen Satz in einen endzeitlichen Zusammenhang. Paulus fährt nämlich unmittelbar fort: „Und das tut, weil ihr die Zeit erkennt, nämlich dass die Stunde da ist. Die Nacht ist vorgerückt, der Tag aber nahe herbeigekommen. So lasst uns ablegen die Werke der Finsternis und anlegen die Waffen des Lichts. Lasst uns ehrbar leben wie am Tage, nicht in Fressen und Saufen, nicht in Unzucht und Ausschweifung, nicht in Hader und Eifersucht, sondern zieht an den Herrn Jesus Christus und sorgt für den Leib nicht so, dass ihr den Begierden verfallt" (Röm 13,11-14). Alle Heiligung steht unter dem Horizont der Wiederkunft Christi und des Gerichts.

Das Halten der Gebote geschieht aber nicht nur mit Blick auf die endliche Vollendung, sondern es hat auch seinen wesentlichen Platz in der endzeitlichen Situation selbst, in der Situation der „letzten Zeit". Denn die endzeitliche Situation ist nach der Lehre der Heiligen Schrift gekennzeichnet durch Gesetzlosigkeit. „Weil die Ungerechtigkeit [= Gesetzlosigkeit] überhandnehmen wird, wird die Liebe in vielen erkalten", prophezeit Jesus in der denkwürdigen Stelle Mt 24,12. Zwar gibt es Gesetz ohne Liebe, aber es gibt keine Liebe ohne das Halten der Gebote. Das Neue Testament beschreibt den Antichristen als „den Menschen der Gesetzlosigkeit" (2 Thess 2,3). Deshalb wird das Halten der Gebote unmittelbar zu einem Zeugnis für die Herrschaft Gottes, während alle Gesetzlosigkeit Vorarbeit für den Antichristen ist.

Unter der Voraussetzung des prophetischen Satzes Jesu in Mt 24 ist es schließlich konsequent, dass die Offenbarung, das letzte Buch der Bibel, das Halten der Gebote gar als das endzeitliche Kennzeichen der Gemeinde beschreibt: Die Christen sind die, „die Gottes Gebote halten und haben das Zeugnis Jesu" (Offb 12,17), oder: „Hier ist Geduld der Heiligen! Hier sind, die da halten die Gebote Gottes und den Glauben an Jesus!" (Offb 14,12).

Und so schließt die Offenbarung, indem sie noch einmal, wie am Anfang der Schrift, Segen und Fluch beschreibt, die Gott auf das Halten oder die Verwerfung seiner Gebote gelegt hat: „Wer Böses tut, der tue weiterhin Böses, und wer unrein ist, der sei weiterhin unrein; aber wer gerecht ist, der übe weiterhin Gerechtigkeit, und wer heilig ist, der sei weiterhin heilig. Siehe, ich komme bald und mein Lohn mit mir, einem jeden zu geben, wie seine Werke sind. Selig sind, die ihre Kleider waschen, dass sie teilhaben an dem Baum des Lebens und zu den Toren eingehen in die Stadt. Draußen sind die Hunde und die Zauberer und die Unzüchtigen und die Mörder und die Götzendiener und alle, die die Lüge lieben und tun" (Offb 22,11-15). Das bezeugt Jesus seinen Gemeinden; und wir werden uns hüten, davon etwas abzustreichen oder etwas hinzuzusetzen (vgl. Offb 22,18f).

Ich schließe mit einer Feststellung: Ich bin fest davon überzeugt, dass das Gesetz Gottes, die Ordnung seiner Schöpfung auch heute noch Gültigkeit hat. Wo Menschen und Völker diesen Willen Gottes respektieren und ihm gehorchen, da wird es ihnen zum Segen gereichen. Wer aber nicht auf Gottes Gebot hören will, wird geistlich, kulturell, sozial und schließlich auch physisch nicht am Leben bleiben.

Ulrich Beck

Ich bin ich[1]

Zur Lage von Männern und Frauen – Thesen

Die Themen und Konflikte zwischen Männern und Frauen sind nicht *nur* das, was sie zu sein scheinen: Themen und Konflikte zwischen Männern und Frauen. In ihnen zerbricht *auch* eine gesellschaftliche Struktur im Privaten. Was als „Beziehungskonflikt" erscheint, hat eine allgemeine, gesellschaftstheoretische Seite, die hier in drei Thesen entwickelt werden soll:

*1. Die moderne Industriegesellschaft braucht **und** zerstört die Geschlechterrollen.*

Die Zuweisung zu den Geschlechtscharakteren ist *Basis* der Industriegesellschaft und nicht etwa ein traditionelles Relikt, auf das zu verzichten ein leichtes wäre. Ohne Trennung von Frauen- und Männerrolle keine traditionelle Kleinfamilie. Ohne Kleinfamilie keine Industriegesellschaft in ihrer Schematik von Arbeit und Leben. Das Bild der bürgerlichen Industriegesellschaft basiert auf einer unvollständigen, genauer: *halbierten* Vermarktung menschlichen Arbeitsvermögens. Vollindustrialisierung, Vollvermarktung *und* Familien in den traditionalen Formen und Zuweisungen schließen sich aus. Einerseits setzt Erwerbsarbeit Hausarbeit, marktvermittelte Produktion die Formen und Zuweisungen der Kleinfamilie voraus. Die Industriegesellschaft ist insofern auf die ungleichen Lagen von Männern und Frauen angewiesen. Andererseits stehen diese im Widerspruch zu den Prinzipien der Moderne und werden in der Kontinuität von Modernisierungsprozessen problematisch und konfliktvoll. Im Zuge der *tatsächlichen* Gleichstellung von Männern und Frauen werden damit aber die Grundlagen von Familie (Ehe, Sexualität, Elternschaft usw.) in Frage gestellt. Das

---

[1] Aus *Risikogesellschaft. Auf dem Weg in eine andere Moderne*. Frankfurt/M. 1986. (es 1365. N. F. Bd. 365). S. 174-176 und 198-200. Mit freundlicher Genehmigung des *Suhrkamp-Verlags*, Frankfurt/M. Überschrift des Beitrags, Thesenüberschriften und Bearbeitung vom Herausgeber. Dieser Beitrag ist im Buch wie folgt eingeordnet:
IV. Ich bin Ich. Vom Ohne-, Mit- und Gegeneinander der Geschlechter innerhalb und außerhalb der Familie
   1. Zur Lage von Männern und Frauen
   5. Szenarien zukünftiger Entwicklung

heißt: in der Modernisierungsphase nach dem Zweiten Weltkrieg fallen Durchsetzung und Aufhebung der industriellen Marktgesellschaft zusammen. Der Universalismus des Marktes kennt auch seine eigenen, selbstgesetzten Tabuzonen nicht und durchlöchert die Einbindung der Frauen in ihr industriell erzeugtes „Ständeschicksal" von Hausarbeitszuweisung und Eheversorgung. Damit werden die biographischen Abstimmungen von Produktion und Reproduktion sowie die Arbeitsteilungen und Normen in der Familie brüchig, soziale Sicherungslücken der Frauen sichtbar usw. In den heute aufbrechenden Konflikten zwischen Männern und Frauen müssen so die ins Persönliche gewendeten Widersprüche einer Industriegesellschaft ausgetragen werden, die in der Durchmodernisierung und Durchindividualisierung die zugleich modernen *und* ständischen Grundlagen ihres Zusammenlebens aufhebt.

2. Die Individualisierung trennt **und** treibt zusammen.

Die Individualisierungsdynamik, die die Menschen aus Klassenkulturen herausgelöst hat, macht auch vor den Toren der Familie nicht halt. Die Menschen werden mit einer Gewalt, die sie selbst nicht begreifen und deren innerste Verkörperung sie bei aller Fremdheit, mit der sie über sie kommt, doch auch sie selbst sind, aus den Fassungen des Geschlechts, seinen ständischen Attributen und Vorgegebenheiten, herausgelöst oder doch bis ins Innerste der Seele hinein erschüttert. Das Gesetz, das über sie kommt, lautet: *Ich bin ich*, und dann: ich bin Frau. *Ich bin ich*, und dann: ich bin Mann. In dieser Distanz zwischen Ich und *zugemuteter* Frau, Ich und *zugemutetem* Mann klaffen Welten.

Dabei hat der Individualisierungsprozess in den Beziehungen der Geschlechter durchaus gegenläufige Konsequenzen: Einerseits werden Männer und Frauen in der Suche nach einem „eigenen Leben" aus den traditionalen Formen und Rollenzuweisungen *freigesetzt*. Auf der anderen Seite werden die Menschen in den ausgedünnten Sozialbeziehungen in die Zweisamkeit, in die Suche nach dem Partnerglück *hineingetrieben*. Das Bedürfnis nach geteilter Innerlichkeit, wie es im Ideal der Ehe und Zweisamkeit ausgesprochen wird, ist kein Urbedürfnis. Es *wächst* mit den Verlusten, die die Individualisierung als Kehrseite ihrer Möglichkeiten beschert. In der Konsequenz führt der direkte Weg aus Ehe und Familie meist früher als später wieder in sie hinein – und umgekehrt. Das Jenseits zu Frust oder Lust der Geschlechter ist immer wieder Frust oder Lust der Geschlechter, ihr Gegeneinander, Aufeinander, Untereinander, Nebeneinander, Ohneeinander, Füreinander – oder alles zugleich.

3. Durch die Entscheidungsmöglichkeiten werden
die Konflikte als private und als politische bewusst.

In *allen* Formen des Zusammenlebens von Frauen und Männern (vor, in, neben und nach der Ehe) brechen die *Jahrhundert-Konflikte* hervor. Sie zeigen dort immer nur ihr privates, persönliches Gesicht. Doch die Familie ist *nur* Ort, *nicht Ursache* des Geschehens. Man kann die Bühnen wechseln. Das Stück, das gespielt wird, bleibt dasselbe. Das Ineinander der Geschlechter in seiner Vielschichtigkeit von Arbeit, Elternschaft, Liebe, Beruf, Politik, Entfaltung und Selbstverwirklichung im und gegen den anderen ist ins Wanken geraten. In den ehelichen (und außerehelichen) Beziehungen entzündet sich die Bewusstwerdung der Konflikte an den aufbrechenden *Wahlmöglichkeiten* (z.B. auseinanderstrebende berufliche Mobilität der Ehepartner, Aufteilung der Hausarbeit und Kinderversorgung, Art der Empfängnisverhütung, Sexualität). Mit den Entscheidungen werden die unterschiedlichen und gegensätzlichen Konsequenzen und Risiken für Männer und Frauen und damit die *Gegensätze ihrer Lagen* bewusst. So wird zum Beispiel mit der Zuständigkeit für die Kinder über die berufliche Karriere der Ehepartner und damit über ihre gegenwärtige und zukünftige ökonomische Abhängigkeit und Unabhängigkeit mit allen damit wiederum verbundenen unterschiedlichen Konsequenzen für Männer und Frauen entschieden. Diese Entscheidungsmöglichkeiten haben eine persönliche *und* eine institutionelle Seite. Das heißt: fehlende institutionelle Lösungen (z.B. fehlende Kindergärten und flexible Arbeitszeiten, ungenügende soziale Sicherungen) potenzieren private Beziehungskonflikte, und umgekehrt: institutionelle Vorkehrungen entlasten das private „Hickhack" der Geschlechter. Entsprechend müssen private *und* politische Lösungsstrategien in ihrem Zusammenhang gesehen werden.

Die drei Grundthesen – der „ständische Charakter" der Industriegesellschaft, Individualisierungstendenzen im weiblichen und männlichen Lebenszusammenhang sowie die anhand von Wahlchancen und -zwängen bewusstwerdenden Konfliktlagen – sollen nun nacheinander entwickelt und erläutert werden. [...]

Szenarien künftiger Entwicklung – Gleichheit von Männern und Frauen

Als Gegenforderung wird die Forderung nach *Gleichstellung* der Frauen in allen gesellschaftlichen Bereichen erhoben. Die Allgeltung der Prinzipien der Moderne soll gegen ihre patriarchale Halbierung eingeklagt und durchgesetzt werden – in der Hausarbeit, in den Parlamenten und Regierungen, in den Fabriken, im Management usw. In den Diskussionen der Frauenbewegung wird diese Gleichheitsforderung meist mit dem Anspruch auf *Veränderung* der „Männerwelt Beruf" verbunden. Gekämpft wird für ökonomische Sicherheit, Einfluss, Mitbestimmung der Frau, aber auch, um dadurch andere „weibliche" Orientierungen, Werte und Umgangsformen in das gesellschaftliche Leben hineinzutragen. Was „Gleichheit" im Einzelnen heißt, bleibt interpretationsbedürftig.

Hier soll eine – meist ungesehene – Konsequenz einer bestimmten Interpretation zur Diskussion gestellt werden. Wenn „Gleichheit" im Sinne der Durchsetzung der Arbeitsmarktgesellschaft für alle gedeutet und betrieben wird, dann wird – implizit – mit der Gleichstellung letztlich die *vollmobile Single-Gesellschaft* geschaffen.

Die Grundfigur der *durchgesetzten* Moderne ist – zu Ende gedacht – der oder die *Alleinstehende* (L. GRAVENHORST). In den Erfordernissen des Arbeitsmarktes wird von den Erfordernissen der Familie, Ehe, Elternschaft, Partnerschaft usw. abgesehen. Wer in diesem Sinne die Mobilität am Arbeitsmarkt ohne Rücksicht auf private Belange einklagt, betreibt – gerade als Apostel des Marktes – die Auflösung der Familie. Dieser Widerspruch zwischen Arbeitsmarkt und Familie (oder Partnerschaft ganz allgemein) könnte so lange verdeckt bleiben, wie Ehe für Frauen gleichbedeutend war mit Familienzuständigkeit, Berufs- und Mobilitätsverzicht. Er bricht heute in dem Maße auf, in dem die Teilung von Berufs- *und* Familienarbeit in die Entscheidung der (Ehe-)Partner gelegt wird. Mit dieser marktkonformen Interpretation der Gleichheitsforderung erfasst die Individualisierungsspirale immer stärker die Beziehungen zwischen Männern und Frauen. Dass dies nicht nur ein Gedankenexperiment ist, zeigen die sprunghaft ansteigenden Zahlen für Einpersonenhaushalte und alleinerziehende Mütter und Väter im internationalen Vergleich. Es wird aber auch an der Art der Lebensführung deutlich, die den Menschen unter diesen Bedingungen abverlangt wird.

In dem Leben, das – bei aller sozialen Orientierung und Vielfalt – im Kern allein geführt werden soll beziehungsweise muss, sind Vorkehrungen erforderlich, die diese Art der Lebensführung gegen die in sie eingebauten Gefährdungen absichern. Kontaktkreise müssen aufgebaut und gepflegt werden für die verschiedensten Gelegenheiten. Dies erfordert viel Bereitschaft auf der eigenen Seite, die Lasten der anderen mitzutragen. Eine Intensivierung des Freundschaftsnetzes bleibt unverzichtbar und ist auch der Genuss, den das Single-Dasein bietet. Gerade auch die ausgesuchten Flüchtigkeiten haben ihre Reize. Alles dies setzt eine möglichst sichere Berufsposition voraus – als Einnahmequelle und als Selbstbestätigung und Sozialerfahrung –, die entsprechend gepflegt und behauptet werden muss.

Der so entstehende „Kosmos des eigenen Lebens" wird auf das Zentrum des Ich, seine Verletzlichkeiten, Möglichkeiten, Stärken und Schwächen hin zugeschnitten und ausbalanciert.

Doch in dem Maße, in dem diese individualisierte Existenzführung gelingt, wächst die Gefahr, dass sie zu einem unüberschreitbaren Hindernis für die ja meist doch angestrebte Partnerschaft (Ehe, Familie) wird. In dem Single-Dasein wächst die Sehnsucht nach dem (der) anderen ebenso wie die Unmöglichkeit, diesen Menschen in den Bauplan des nun wirklich „eigenen Lebens" überhaupt noch aufnehmen zu können. Das Leben wurde ausgefüllt mit der Nichtgegenwart des anderen. Jetzt ist kein Raum mehr für ihn (sie). Alles atmet die Abwehr von Einsamkeit: die Vielfalt der Beziehungen, die Rechte, die man ihnen einräumt, die Gewohnheiten des Wohnens, die Verfügung über den Zeitplan, die Arten des Rückzugs, um die hinter den Fassaden bohrenden Schmerzen zu bewältigen. Dies alles wird durch die erhoffte Zweisamkeit in seiner mühselig austarierten Feinbalance gefährdet. Die Konstruktionen der Selbständigkeit werden zu Gitterstäben der Einsamkeit. Der Kreis der Individualisierung schließt sich. Das „eigene Leben" muss besser gesichert, die Mauern, die die Verletzungen, vor denen sie schützen sollen, mitbedingen, höher gezogen, werden.

Diese Existenzform des Alleinstehenden ist kein abweichender Fall auf dem Weg der Moderne. Sie ist das Urbild der *durchgesetzten* Arbeitsmarktgesellschaft. Die Negation sozialer Bindungen, die in der Marktlogik zur Geltung kommt, beginnt in ihrem fortgeschrittensten Stadium auch die Voraussetzungen dauerhafter Zweisamkeit aufzulösen. Damit ist sie ein Fall paradoxer Vergesellschaftung, in der die hochgradige Gesellschaftlichkeit, die in ihr zum Durchbruch kommt, nicht mehr in Erscheinung tritt. In der hier vorgetragenen Art hat diese Überlegung zunächst eher „idealtypischen" Charakter. Wie die Daten zeigen, kommt ihr aber auch durchaus ein wachsendes Stück Realität zu. Mehr noch: *Sie ist die wahrscheinlich ungesehene und ungewollte Konsequenz, in die die Forderung der Gleichheit der Geschlechter unter den gegebenen institutionellen Bedingungen hineinführt.* Wer – wie Teile der Frauenbewegung – mit dem besten Recht Traditionen, unter denen die Moderne angetreten ist, weiterverlängert und die marktkonforme Gleichstellung von Mann und Frau einklagt und betreibt, muss auch sehen, dass am Ende dieses Weges aller Wahrscheinlichkeit nach nicht die gleichberechtigte Eintracht steht, sondern die *Vereinzelung* in gegen- und auseinanderlaufenden Wegen und Lagen, für die es heute unter der Oberfläche des Zusammenlebens bereits viele Anzeichen gibt.

Hans Hattenhauer

Christliche Ehe und weltliches Recht[1]

Die Ehe war immer eine Rechtsangelegenheit. Zwar trifft es zu, dass man sich im Ehealltag vor dem Streiten mit Rechtsgründen hüten soll und besser nicht darüber nachdenkt, was man sich gegenseitig nach dem *Bürgerlichen Gesetzbuch* schuldet. Wo der Rechtszwang an die Stelle der freiwillig erwiesenen gegenseitigen Dienste tritt, hat der Teufel schon eine Partie gewonnen. Aber ganz ohne Recht geht es nicht. Der Traum von der rechtsfreien Liebe, die heute viele mit einer *Ehe ohne Trauschein* verwirklichen wollen, bleibt ein Betrug.

Zu allen Zeiten haben die im Recht Verantwortlichen sich für die Ehe besonders interessiert. Das Recht ist die feste Schale, in der die ständige Bewegung des Ehealltags geborgen wird. Es ist um so besser, je weniger man sich seines Vorhandenseins bewusst ist und je selbstverständlicher man sich darauf verlässt. Wo in der Ehe die Liebe schwach wird, kann und soll das Recht die bergende Form sein, soll Bestand in der Krise geben, bis sich neue Kraft zur Gemeinsamkeit findet.

Wechselndes Eherecht

Das Eherecht hat sich im Laufe der Jahrhunderte oft gewandelt und den wechselnden Bedürfnissen angepasst. In den Zeiten der Großfamilie, als mehrere Generationen in einem Haus beieinander wohnten und gemeinsam für das Fortkommen sorgten, sahen die Ehe und das Eherecht anders aus als heute. Als es noch keine Sozialversicherung gab, hatte die Ehe eine andere Gestalt. Das Recht passte sich der Ehewirklichkeit an.

Aber auch das andere gilt: Wie man im Recht über die Ehe denkt, so richtet sich die Ehewirklichkeit ein. Die Vorstellung vom Wesen und Zweck der Ehe ist unmittelbar abhängig von der öffentlichen Ordnung, der Verfassung

---

[1] Hattenhauer, Hans/ Langenbach, Hans-Günter: Heiraten – in Gottes Namen, © R. Brockhausverlag, Wuppertal 1988
Dieser Beitrag ist im Buch wie folgt eingeordnet:
II.Christliche Ehe und weltliches Recht
1.Die Wurzeln unseres Eherechts
3.Der Kampf um die Ehemodelle
4.Verlobung und Eheschließung

des Staates. Das hat bereits der Kirchenvater AUGUSTIN vor über eintausendsechshundert Jahren ausgesprochen. Das Haus der Familie und Ehe müssen zum Haus der Gesellschaft und des Staates passen, wenn der private wie der öffentliche Friede bewahrt sein soll. [...]

Seit etwa siebenhundert Jahren ist das Eherecht eine Sache der Kirche. Eherecht war Kirchenrecht, weil die Kirche die modernste und befriedigendste Ehelehre anbot. Danach war – und ist in der katholischen Kirche bis heute – die Ehe ein Sakrament, das sich die Eheleute gegenseitig spenden. Die Ehe begründet eine unauslöschliche Prägung für das ganze Leben, einen *character indelibilis*. Die katholische Kirche verwaltete die Sakramente und wachte durch Lehre und Beichtstuhl, aber auch durch ihr Recht darüber, dass man die Ehe im gesamten öffentlichen Leben heilig hielt.

Dementsprechend gab und gibt es im katholischen Kirchenrecht bis heute keine Ehescheidung im Sinne des modernen Verständnisses. Die *Trennung von Tisch und Bett* war als äußerstes Mittel zur Überwindung von Ehekrisen erlaubt. Damit war auch die Frage ausgeschlossen, ob man sich nach erfolgter Scheidung wieder verheiraten dürfe. MARTIN LUTHER hat im Zuge der Reformation dieses absolute Eheverständnis zurückgenommen. Er bestritt den Sakramentscharakter der Ehe und sprach stattdessen von dem „weltlich Ding" und dem „heiligen Ehestand". Auch die Scheidung wurde für Notfälle zugelassen. Sie war vor allem für die Fälle des „böslichen Verlassens" vorgesehen. Doch blieb sie ein Ärgernis, Schuld und Sünde. Daher erlaubte LUTHER den Geschiedenen die Wiederverheiratung nicht.

Natürlich gab und gibt es auch unter der Lehre von der Unscheidbarkeit der Ehe Schleichwege und Umgehungstechniken. Man war auch damals nicht besser, als wir es heute sind. Das vollkommene Glück hat die christliche Kirche mit ihrer Ehelehre aber auch nicht herstellen wollen. Dass das Leiden in der Ehe als von Gott auferlegt zu tragen sei, wusste damals jeder. Aber einen Vorteil hatte und hat die Lösung: Sie ließ und lässt den Fluchtweg in die Scheinlösung *Ehescheidung* nicht zu und nötigt die Ehegatten zu vermehrten Anstrengungen bei der Suche nach neuer Gemeinsamkeit.

Als man vor zwei- bis dreihundert Jahren sich von den angeblichen Fesseln der Kirchenlehre lösen und „mündig" werden wollte, kam auch die christliche Ehe in Schwierigkeiten. Nun wurde behauptet, die Ehe sei nur ein Vertrag, den die beiden Eheleute jederzeit einverständlich lösen könnten. Ihren wichtigsten Niederschlag im Recht fand diese Ausweitung der Scheidungsmöglichkeiten in der Französischen Revolution der Jahre nach 1798.

Allerdings hielt dieser Traum der Wirklichkeit nicht stand. Nur zwei Jahrzehnte später fand das vom Evangelium neu entflammte Bürgertum zurück zu einem neuen, zeitgemäßen Verständnis der christlichen Ehe. Man ließ zwar die Ehescheidung weiter zu, doch galt sie wieder als ein Skandal. Wer sich scheiden ließ, machte sich bei den Nachbarn „unmöglich". Ehescheidung war für den Bürger Schuld. Man wusste sich verantwortlich für das Schicksal seiner Ehe und wurde verantwortlich gemacht, wenn man sie nicht ordentlich führte. Die Ehescheidung wurde auch im Recht bis vor zwanzig Jahren als ein Notstand, als Schuld angesehen. Zwar hatte man 1875 der Kirche die Zuständigkeit für das Eherecht genommen und das weltliche Eherecht, die *obligatorische Zivilehe*, eingeführt. Die christlichen Grundlagen des Eherechts kamen dadurch aber vorläufig nicht ins Wanken. Auch nach dem Ende der Monarchie änderte sich 1918 im Recht nichts. Zwar unternahm man damals von sozialistischer Seite angeregte Versuche zur Freigabe der Ehescheidung. Das christliche Verschuldensprinzip sollte durch das sogenannte *Zerrüttungsprinzip* abgelöst, die Ehe sollte beliebig scheidbar gemacht werden.

Zu der angestrebten Änderung des Eherechts kam es aber erst 1938, und auch da nur zum Teil. Die Juristen des Reichsjustizministeriums mochten sich nicht zur schrankenlosen Freigabe der Ehescheidung entschließen. Die christlichen Wurzeln des weltlichen Eherechts wurden auch 1938 nicht abgeschnitten.

Auch nach dem „Zusammenbruch" des Hitlerreiches tat man vorläufig nichts für die Abschaffung des überlieferten Eherechts. In der Verfassung unseres Staates wurde sogar der Ehe und der Familie besonderer Schutz zugesagt. Auf Betreiben der katholischen Kirche nahm der *Parlamentarische Rat* 1949 in Artikel sechs des Grundgesetzes den Satz auf: „Ehe und Familie stehen unter dem besonderen Schutz der staatlichen Ordnung."

Ehemodelle

Zu allen Zeiten haben die Theologen und Juristen das Wort von dem Ein-Fleisch-Sein in verständliches Recht zu fassen gesucht. Hier hat die katholische Kirche, unter Berufung auf das Wort *Dies Geheimnis ist groß* (Eph 5,32), die eheliche Gemeinschaft als Sakrament gedeutet. Im weltlichen Recht fasste man die Lehre von der Ehe als einer über dem Willen der Eheleute stehenden Einrichtung in den Begriff der *Institution*. Wenn diese *Institutionenlehre* auch noch Inhalt unseres Verfassungsrechtes ist, so hat man sich in den letzten zwanzig Jahren doch entschlossen einer anderen Ehelehre zugewandt, die seit dreihundert Jahren angeboten wird: der *Vertragslehre*. Die Ehe kommt durch einen *Vertrag* zustande. Daraus folgert man zu Unrecht, dass sie wie jeder andere Vertrag durch den Willen der Eheleute nach Belieben gelöst werden und sogar einseitig gekündigt werden könne. Nach der *Vertragslehre* ist die Ehe in ihrem Bestand allein abhängig vom Willen des einzelnen Ehegatten.

Für Christen ist die *Vertragslehre* unannehmbar. Zwar wissen wir, dass die Ehe zu ihrer Begründung der Willensübereinstimmung der Brautleute bedarf. Die Kirche hat seit je den Satz *consensus facit nuptias* (Die Willensübereinstimmung der Verlobten begründet die Ehe) besonders hochgehalten. Aber zu dem „Vertrag" tritt das Ja Gottes. Indem der Stifter der Ehe unsere Ehe zusammenfügt, wird sie unserem Willen entzogen. Weltlichjuristisch gesprochen ist unser Eheverständnis nur mit der *Institutionenlehre* zu vereinbaren. Für Christen ist die Ehe auch, aber nicht nur ein Vertrag.

Den heute miteinander streitenden unterschiedlichen Ehelehren liegen unterschiedliche Ehemodelle zugrunde. Bei uns galt bis vor zwanzig, dreißig Jahren im Recht wie in der Praxis das Modell der *bürgerlichen Ehe*. Diese *bürgerliche Ehe* entsprach auch den Überzeugungen der Christen. Sie bestand dem Grundsatz nach in einer Gleichberechtigung von Mann und Frau. Dabei wurde jedem Ehegatten eine seinem Geschlecht entsprechende Aufgabe zugewiesen. [...]

Dem Mann kam früher und kommt in vielen Ehen mit gutem Erfolg auch heute der Beruf, das „Draußen", der Frau die bewahrende Pflege der Familie, das „Drinnen", zu. Wie gut dieses Ehemodell gearbeitet hat, wird heute gern verschwiegen. Inzwischen haben sich die Zeiten gewandelt. Die Industrialisierung, der Satz von der Gleichberechtigung in seiner heute gängigen Auslegung sowie die Berufstätigkeit der Frauen haben das alte Ehemodell in Zweifel gezogen.

Der Gesetzgeber hat daraus die Konsequenz gezogen und verzichtet heute auf die Verordnung eines bestimmten Ehemodells. Alle Ehegatten sollen selbst entscheiden, nach welchem Modell sie ihre Ehe einrichten wollen. Wer eine „Hausfrauenehe" führen will, soll das ebenso können wir der, der in einer „Doppelverdienerehe" leben will oder sich von Anfang an zu einer „Kinderlosenehe" entscheidet.

Für Christen gibt es geistliche Grundsätze für die Einrichtung ihrer Ehen. Doch müssen sie diese nun selbst deutlich in die Praxis umsetzen. Sie können sich nicht mehr darauf verlassen, dass die *bürgerliche Ehe* im Wesentlichen dem entspricht, was auch ihr Glaube sagt. Christen müssen, wie alle anderen Verlobten, selbst miteinander und mit ihrem Herrn abmachen, wie ihre Ehe aussehen soll. Das ist eine schwierige Aufgabe. Damit wird von ihnen verlangt, dass sie ein für Christen in unserer Zeit passendes, biblisch begründetes Ehebild entwerfen, danach leben und unserer Welt vorleben.

Was heute zu einer christlichen Ehe gehört, ist auch in den Kreisen der „Frommen" umstritten. Unerschütterlich müssen wir auf die Lebenslänglichkeit dieser Stiftung Gottes und damit auf ihrer Unscheidbarkeit bestehen. Auch sind wir weiterhin davon überzeugt, dass zwischen Mann und Frau ein gottgewollter Wesensunterschied besteht, den man nicht ohne Schaden in Frage stellen kann. Festhalten müssen wir schließlich daran, dass unser Verständnis von *Gleichberechtigung* in der biblischen Botschaft von der Liebe Jesu zu uns begründet ist, die es uns erst ermöglicht, dass wir uns gegenseitig vorbehaltlos so annehmen, wie wir nun einmal sind.

Verlobung und Eheschließung

Im Unterschied zu anderen Gesetzbüchern sagt unser *Bürgerliches Gesetzbuch* auch etwas über das Verlöbnis. Sein wichtigster Satz lautet: „Aus einem Verlöbnis kann nicht auf Eingehung der Ehe geklagt werden." Man kann sich also jederzeit wieder voneinander trennen, braucht auch keinen Grund für seinen Abschied anzugeben, solange man verlobt ist.

Der strengen Bindung der Ehe ist eine Zeit der Vorbereitung und des gegenseitigen Kennenlernens vorgeschaltet, die ihren praktischen Sinn und Nutzen hat. Gerade Christen, die sich auf Lebenszeit aneinander binden, haben allen Grund, die Zeit und Einrichtung des Verlöbnisses ernst zu nehmen. Die Erfahrung lehrt, dass die unsterblichste Liebe so unsterblich nicht ist. Wo gestern heiße Schwüre ewiger Liebe geschworen wurden, geht man heute fremd aneinander vorbei und kann sich an nichts erinnern. Um die künftige Ehe wirklich ernst- und als Gottes Tat anzunehmen, gehört von Seiten der Menschen auch die Klugheit: das Verlöbnis. Es ist ratsam, eine Zeit zu haben, in der man sich zwar die Ehe verspricht, aber dennoch weiß, dass man nicht verheiratet ist und dass die letzte Treue noch nicht zugesagt worden ist.

Verlöbnis ist nicht Ehe. Die beiderseitige Gemeinschaft erreicht noch nicht jene Vollkommenheit, die durch die Ehe bewirkt wird. Noch sind beide Verlobte nicht „ein Fleisch". Tatsächlich erweist sich der Grundsatz, dass es erst in der Ehe zur vollen Lebensgemeinschaft und damit auch zur Geschlechtsgemeinschaft kommen soll, als eines der wichtigsten Fundamente der Ehe, als stabilisierende Kraft.

Eine Ehe, die so angefangen wird, ist seltener von Eifersucht und Angst belastet. Wer weiß, dass der andere geduldig und ohne sich selbst zu vergessen auf ihn und die Ehe gewartet hat, kann beruhigt davon ausgehen, dass die eheliche Treue von Bestand sein wird.

Die Ehe kommt nach unserem Recht dadurch zustande, dass „die Verlobten vor dem Standesbeamten persönlich und bei gleichzeitiger Anwesenheit erklären, die Ehe miteinander eingehen zu wollen". Eheschließung ist also keine private Sache und geschieht nicht im stillen Kämmerlein. Die Verlobten erklären vielmehr vor aller Welt, dass ihre Ehe von diesem Tage an beginnt.

Das geschieht auch um der Rechtsfolgen willen, die an die Eheschließung geknüpft werden. Die Öffentlichkeit will aus guten Rechtsgründen wissen, ob und seit wann zwei Menschen miteinander in einer Ehe leben. So privat und persönlich die Motive für die Ehe auch sind, so haben sie doch immer Wirkungen auf die Gemeinschaft aller Bürger.

Auch die Verlobten selbst sollen durch diese besondere Form noch einmal zum ernsten Nachdenken über ihren Ehewillen bewogen werden und sich um so deutlicher nun aneinander gebunden wissen. Geheime Schwüre mögen noch so glühend sein – erst das öffentliche Jawort lässt die Ehe zustande kommen.

Was soll noch die kirchliche Trauung, wenn die rechtlich entscheidende Sache vor dem staatlichen Standesbeamten geschehen muss? In der Tat hat die kirchliche Handlung für das Recht keinerlei Bedeutung. Um die kirchlichen Wurzeln des Eherechts zu tilgen und den Grundsatz der staatlichen Eheschließung zu sichern, lässt unser Staat, im Unterschied etwa zu England oder den USA, den Verlobten nicht die Wahl, ob sie sich rechtsverbindlich vor dem Standesbeamten oder dem Pastor das Jawort geben wollen. Es ist dem Pastor sogar bei Strafe verboten, eine Trauung vorzunehmen, bevor die Erklärung vor dem Standesbeamten stattgefunden hat. Ob Menschen zur Hochzeit in die Kirche gehen, soll nach unserem Recht eine reine Privatsache sein. Wenn sich Verlobte deshalb nur noch zum Standesamt und nicht mehr anschließend zur Kirche begeben, so ist das rechtlich durchaus in Ordnung.

Warum gehen Menschen dann trotzdem zur Kirche? Weil sie Gottes Beistand und Segen durch sein Wort und die Anteilnahme der Gemeinde in Anspruch nehmen wollen. Weil sie wissen, dass Gott sie „zusammenfügt", wollen sie von ihm nun auch „äußerlich" zusammengebunden werden. In der kirchlichen Trauung soll geschehen, was für den ganzen kommenden gemeinsamen Lebensweg Vorbild und Grundlage ist: Gottes Wort soll zur Sprache kommen. Sie bezeugen, dass sie in seinem Namen heiraten, ihn um seinen Beistand für alles Kommende anrufen und dies in der Überzeugung tun, dass allein seine tägliche Gegenwart sie bewahren kann und wird.

Mögen der Staat und die Juristen das anders sehen, mögen gute Gründe für ein Wahlrecht der Verlobten zwischen den Trauungsformen sprechen – für Christen ist die kirchliche Trauung ebenso wichtig wie die staatliche. Christen leben *in der Welt, aber nicht von der Welt.* Für christliche Verlobte kommt dies dadurch zum Ausdruck, dass sie in der Welt das Rechtsband knüpfen, die Kraft zum gemeinsamen Weg aber nicht von der Welt erbitten.

Martin Haizmann

Hoffnung auf einen neuen Anfang
Predigt zu Johannes 8,3-11[1]

Ich sitze mit einigen Studierenden, allesamt keine Christen, in der Küche eines Studentenwohnheims. Es geht um Gott, um Jesus, um den Glauben. Und es geht sehr lebhaft zu.

Plötzlich meint eine Studentin: „Christsein, das ist doch weltfremd; und die Bibel, die ist doch völlig veraltet und überholt. Ihr Christen lebt doch hinterm Mond." „Zum Beispiel?" „Zum Beispiel die Zehn Gebote: Vater und Mutter ehren; nicht ehebrechen – das passt doch alles nicht in unsere Zeit!" Und der Anfang unseres heutigen Predigttextes hätte ihnen sämtliche Vorurteile bestätigt!

Wir blenden zweitausend Jahre zurück. Jesus sitzt in irgendeiner der Tempelhallen in Jerusalem. Um ihn herum einige 'zig Leute, die zuhören, wie dieser Zimmermann Jesus von Nazareth ihnen das Alte Testament auslegt. Und dann passiert Folgendes:

Die Schriftgelehrten und Pharisäer brachten eine Frau zu ihm, beim Ehebruch ergriffen, und stellten sie in die Mitte und sprachen zu ihm: „Meister, diese Frau ist auf frischer Tat beim Ehebruch ergriffen worden. Mose aber hat uns im Gesetz geboten, solche Frauen zu steinigen. Was sagst du?" Das sagten sie aber, ihn zu versuchen, damit sie ihn verklagen könnten. Aber Jesus bückte sich und schrieb mit dem Finger auf die Erde. Als sie nun fortfuhren, ihn zu fragen, richtete er sich auf und sprach zu ihnen: „Wer unter euch ohne Sünde ist, der werfe den ersten Stein auf sie." Und er bückte sich wieder und schrieb auf die Erde. Als sie aber das hörten, gingen sie weg, einer nach dem andern, die Ältesten zuerst; und Jesus blieb allein mit der Frau, die in der Mitte stand. Jesus aber richtete sich auf und fragte sie: „Wo sind sie, Frau? Hat dich niemand verdammt?" Sie antwortete: „Niemand, Herr." Und Jesus sprach: „So verdamme ich dich auch nicht; geh hin und sündige hinfort nicht mehr."

---

[1] Predigt, gehalten im März 1990 in Unterweissach.

Hinterm Mond

Hinterm Mond – so kommen uns diese Pharisäer und Schriftgelehrten vor. Die haben offensichtlich nichts Besseres zu tun, als nachts durch die Straßen zu gehen und Sittenpolizei zu spielen. Und dann erwischen sie tatsächlich zwei, die nichts anderes tun, als sich zu lieben. Der Mann entwischt – vielleicht haben sie ihn auch laufen lassen –, die Frau wird geschnappt und mitgezerrt, um sie vor Gericht zu stellen. Die Rechtslage war klar: Auf Ehebruch stand die Todesstrafe; meistens vollzogen durch Steinigung.

Man könnte sich wahnsinnig aufregen über diese Pharisäer: kleinkarierte Moralapostel. Und über die alttestamentliche Gesetzgebung: Kann denn Liebe Sünde sein? Es könnte uns aber dabei passieren, dass wir selbst plötzlich völlig daneben liegen. Die Pharisäer haben uns nämlich etwas voraus: Sie haben etwas begriffen von der Gesetzmäßigkeit menschlichen Lebens und von der Verheißung des Segens, den Gott in ein Leben hinein schenkt, das im Gehorsam gegen sein Gebot gelebt wird. Die Bibel beschreibt das einmal folgendermaßen: „Was der Mensch sät, das wird er ernten." (Gal 6,7).

Das hatten diese Pharisäer begriffen: Wer Gottes Gebote missachtet, der zerstört sein eigenes Leben und das anderer Menschen mit dazu. Und umgekehrt: Wer Gottes Gebote ernst nimmt, der erfährt, wie Gott Segen gibt, wie er beschenkt und Leben gelingen lässt. Und deshalb hatten sie ihr ganzes Leben dem strikten Gehorsam gegen Gottes Gebot verschrieben und hatten es sich zur Aufgabe gemacht, sich für die Einhaltung der Gebote in ihrem Volk einzusetzen – damit Gott Segen schenken kann. Der Kampf der Pharisäer um das sechste Gebot *Du sollst nicht ehebrechen* ist uns deshalb so anstößig, weil uns das Geheimnis der Ehe fremd geworden ist. Dieses Geheimnis, dass Gott uns unendlich liebt und in unverbrüchlicher Treue an uns festhält und dass unsere Ehe, mein Verhältnis zu meiner Frau, ein Abbild dieser Liebe und Treue Gottes sein darf: dass dort, wo zwei Menschen das miteinander leben, Gott dabei ist und segnet.

Als ich den Studierenden in der Wohnheimküche erzählte, was meiner Frau und mir unsere Ehe bedeutet, warum wir uns versprochen haben, beieinander zu bleiben, *bis der Tod uns scheidet*, was uns Treue und Liebe bedeuten – da wurden sie ganz still. Mir ist dabei klar geworden: Mit dem, was ich lebe, lebe ich in ihren Augen hinter dem Mond. Aber gleichzeitig ist da eine große Sehnsucht nach verlässlichen, heilen Beziehungen. Sie haben nicht nur Gottes Gebote verloren, sie haben auch die Liebe verloren.

Allein mit der Sünde

Die Pharisäer hatten in mancher Beziehung mehr von Gott verstanden als wir. Dennoch sind sie die tragischen Personen dieser Geschichte. Da sind sie also mit der Frau unterwegs zum Gericht. Sie schleppen sie durch den Tempel und kommen dabei an dieser Gruppe um Jesus vorbei. Der kommt ihnen gerade recht. Jesus, der so großzügig war im Umgang mit Sündern – jetzt konnten sie ihn entlarven als den, der es mit dem Gesetz Gottes nicht so genau nahm. Sie stellten die Frau in die Mitte und sprachen zu ihm: „Meister, diese Frau ist auf frischer Tat beim Ehebruch ergriffen worden. Mose aber hat uns im Gesetz geboten, solche Frauen zu steinigen. Was sagst du?"

Jetzt muss er Stellung beziehen: Die Pharisäer lauern auf die Antwort. Und Jesus – er schweigt, malt in den Sand. Die Pharisäer geben nicht nach. Sie drängen auf eine Antwort. Endlich steht Jesus auf, und er sagt einen Satz, mit dem keiner gerechnet hat: „Wer unter euch ohne Sünde ist, der werfe den ersten Stein auf sie." Mit einem Schlag waren die Pharisäer und Schriftgelehrten still. Ohne Sünde?! Jesus bückt sich wieder nieder – schreibt wieder in den Sand. Aber in den umstehenden Menschen arbeitet es. Wie ein Hammerschlag fällt ihnen dieses Wort ins Herz: Ohne Sünde!

Plötzlich steht nicht nur diese Frau vor Gericht, sondern jeder einzelne der Anwesenden. Sie stehen nicht vor den Richtern dieser Welt, sondern sie stehen Jesus gegenüber. Und wer vor Jesus steht, der steht vor dem Gericht Gottes. Da bäumt sich innerlich noch einmal alles auf gegen diese Erkenntnis: Ja, auch ich. „I be scho recht!", hätten sie gesagt, wenn sie Schwaben gewesen wären. „Ich habe mir nichts vorzuwerfen, keinen Mord, keinen Ehebruch, und im Vergleich zu dem da ...! Nein, mit mir kann Gott zufrieden sein. Wenn alle so wären wie ich ...!"

Aber wenn man Jesus gegenübersteht, dann bleibt einem die Selbstrechtfertigung im Halse stecken. Ohne Sünde – da blättert alles ab, was nur äußerlicher wohlanständiger Anstrich ist. Vor Jesus wird alles offenbar:

- wie sie zwar für Gottes Gebote kämpfen, dabei aber in schlimmster Weise die Würde dieser Frau verachten: sie bloßstellen in aller Öffentlichkeit und sie dann zur Sache degradieren, die herhalten muss, um Jesus eins auszuwischen;

- wie ihr Eifer für das Gute sich verkehrt hat in Unbarmherzigkeit und Menschenverachtung;

- wie ihr eigenes Leben eine einzige Heuchelei geworden ist.

Alles wird aufgedeckt. Ihr ganzes Leben steht unbestechlich vor ihnen.

„Da gingen sie weg, einer nach dem anderen, die Ältesten zuerst." Einer nach dem anderen stiehlt sich davon. Wir wissen, warum. Wir wissen es ganz genau. Wir alle hätten auch weggehen müssen. Aber gerade im Weggehen liegt die Tragik dieser Menschen: Da wurde ihnen ihr ganzes in Menschenverachtung und Heuchelei verfehltes Leben aufgedeckt – und dann gehen sie weg – gehen weg mit ihrer Schuld und bleiben mit ihrer Sünde allein.

Bei Jesus

„Und Jesus blieb allein mit der Frau, die in der Mitte stand." Nur zwei bleiben zurück: Jesus. Er darf bleiben. Ohne Sünde – das ist er; er allein. Und die Frau. Sie weiß, dass sie vor dem Gesetz Gottes den Tod verdient hat. Dieses Gesetz, das das Leben schützt und den bestraft, der sich an diesen lebenserhaltenden Ordnungen vergeht. Nun wartet sie auf das Urteil Jesu.

Und Jesus? Warum wirft er nicht den ersten Stein? Ist das großzügige Toleranz nach dem Motto *Alles halb so schlimm?* Warum hat er geschwiegen, als die Pharisäer ihn nach dem Gesetz des Mose fragten? Will er das Gebot Gottes aufheben? Nein. Er nimmt Gottes Gebot ernster als die Pharisäer. Er hat es nicht aufgehoben, sondern verschärft: „Ich sage euch: Wer eine Frau ansieht, sie zu begehren, der hat schon mit ihr die Ehe gebrochen in seinem Herzen." So hat er es in der Bergpredigt gesagt.

Aber er weiß – und das ist anders als bei den Pharisäern: Sünde wird nicht durch Strafe aus dieser Welt geschafft, auch nicht dadurch, dass man sie ausmerzt oder die Menschen ausmerzt, die schuldig geworden sind. Sünde wird durch den aus der Welt geschafft, der selbst ohne Sünde ist: „Siehe, das ist Gottes Lamm, welches der Welt Sünde trägt" (Joh 1,29). So hat es Johannes der Täufer den Menschen zugerufen, die mit ihrem schuldbeladenen Leben zu ihm hinaus in die Wüste gepilgert sind, um dort ihre Sünde im Jordan zu ersäufen. Und Jesus stieg auch hinein in diesen Fluss. Nicht um Sünde loszuwerden, sondern um als der Sündlose in den Dreck der Welt zu steigen und ihn ans Kreuz zu tragen. So wird Sünde aus der Welt geschafft! Nur so!

Deshalb fällt das Urteil Jesu jetzt ganz anders aus als die Frau erwartet. „Jesus richtete sich auf und fragte sie: ‚Wo sind sie, Frau? Hat dich niemand verurteilt?' Sie antwortete: ‚Niemand, Herr.' Und Jesus sprach: ‚So verurteile ich dich auch nicht.'" So kann nur Jesus reden. Nur er kann Menschen freisprechen von ihrer Schuld. Er hat es getan. Hier bei dieser Frau. Und er tut es bis heute. Überall, wo Menschen beten *Vergib uns unse-*

re Schuld. Da haben diese Pharisäer in übelster Absicht die Frau zu Jesus geschleppt, haben sie zur Sache degradiert, mit der sie Jesus „reinlegen" wollten, und haben doch in ihrer Bosheit das einzig Richtige getan: diese in Schuld gefallene Frau zu Jesus gebracht.

Bei Jesus. Darauf kommt es an! Die Pharisäer sind weggelaufen – mit ihrer Sünde. Die Frau ist geblieben – geblieben bis zum Freispruch: „Ich verurteile dich nicht; dir ist vergeben."

Die Geschichte darf noch nicht zu Ende sein. Jesus hat noch nicht alles gesagt, was er zu sagen hat. „So verurteile ich dich auch nicht; gehe hin und sündige hinfort nicht mehr." Wenn Jesus Schuld vergibt, ist das mehr als das Durchstreichen der Schuld. Jesus hat dieser Frau vergeben, und er hat Hoffnung für diese Frau. Ihr Leben darf nicht und es muss nicht in den alten Bahnen weiterlaufen. Es ist nicht mehr festgelegt in diesen lebenszerstörerischen Strukturen. Sie muss ihre Sehnsucht nach Liebe nicht mehr in außerehelichen sexuellen Beziehungen befriedigen. Jesus will und wird sie fähig machen zu Treue und Liebe. Er fordert die Frau auf, von nun an im Lebensraum der Gebote Gottes zu leben, damit sie etwas von dem Heilsamen und dem Segen erfährt, den Gott in menschliche Beziehungen hineinschenkt.

Damit bin ich wieder bei den Studierenden in der Wohnheimküche. Warum waren sie so still geworden, als ich ihnen von Treue, von gegenseitigem Vergeben, von Verlässlichkeit, von einem Leben ohne Eifersucht erzählte? Weil das ihre uneingestandene Sehnsucht war. Und weil ihr eigenes Leben so ganz anders verlaufen ist.

Bei Jesus. Wie sehr würde man ihnen wünschen, dass sie das erfahren: dass Jesus alles Schuldhafte aus ihrem Leben ausräumt; dass sie ihre Bitterkeiten und ihren Hass loswerden können; dass sie anderen vergeben können; und dass sie begreifen, dass Gott Hoffnung für sie hat. Er will in ihrem mit dreiundzwanzig Jahren schon fast kaputten Leben etwas ganz Neues beginnen. Liebe wachsen lassen. Beziehungsfähig machen. „Dir ist vergeben; sündige hinfort nicht mehr" – Hoffnung auf einen neuen Anfang.

Das gilt nicht nur den Studierenden, die ohne Jesus leben, sondern auch den vielen Ehen von Christen, in denen die Liebe kalt geworden ist. Auch die dürfen zu Jesus. Das gilt uns allen – heute und egal, mit welcher Schuld unser Leben belastet ist. Bei Jesus ist Vergebung. Lasst uns nicht weggehen mit unserer Sünde, sondern lasst uns aushalten, wenn Jesus aufdeckt. Aushalten bis zu seinem Wort der Vergebung: „Ich verurteile dich nicht, gehe hin, sündige hinfort nicht mehr." Amen.

denken. glauben. erleben. **smd**₊

▋PORTA

Pro Exemplar € 3,--:

66 Christentum
67 Erlebnis ist alles

68 Gemeinde leben
69 Frauen und Männer
70 Weltmission

▋PORTA*impulse*

12 Sabine Löchner
   Promovieren – Christlicher
   Promtionsratgeber
   2000, 150 S., **€ 6,80**

13 Sabine Kalthoff,
   Peter Leupold (Hrsg.)
   Kunst-Chaos-Charisma
   Leitung in SMD-Gruppen
   2000, 124 S., **€ 5,--**

   Matthias Clausen
   Neu an der Uni
   2002, 51 S., **€ 2,--**

▋PORTASTUDIEN

20 Gerd Propach (Hrsg.)
   Geht hin und heilt - Zeichen
   der Freundlichkeit Gottes
   2000², 256 S., **€ 9,80**

21 Martin Haizmann (Hrsg.)
   Treue – Trauung – Trauma?
   Biblische Perspektiven
   zu Partnerschaft und Ehe
   2003³, 223 S., **€ 7,80**

28 M. Weyer-Menkhoff (Hrsg.)
   Sein Angesicht sehen.
   Die Botschaft der
   »Offenbarung«
   2002², 352 S., **€ 15,95**

31 Alfred Krabbe,
   Hans W. Valet (Hrsg.)
   Kosmologie. Die Wissen-
   schaft vom Universum und
   der Glaube an Gott, den
   Schöpfer
   2001, 128 S., **€ 9,80**

▋miniPORTA

Roland Werner
Christ werden –
Mensch sein
2002², 64 S., **€ 2,95**

▋*porta mini-*IMPULSE

Jochen Katz
Mit Muslimen über den Glauben
sprechen
2002, 82 S., **€ 3,95**